邹鲁文化丛书

天下邹鲁

高善东 吴 婧 主编

齊鲁書社

图书在版编目(CIP)数据

天下邹鲁/高善东,吴婧主编.—济南:齐鲁书社,2017.6

ISBN 978-7-5333-3757-5

Ⅰ.①天… Ⅱ.①高… ②吴… Ⅲ.①文化史-介绍-山东 ②诗集-中国 Ⅳ.①K295.2 ②I22

中国版本图书馆CIP数据核字(2017)第085903号

天 下 邹 鲁

高善东 吴 婧 主编

主管单位	山东出版传媒股份有限公司
出版发行	齊魯書社
社　　址	济南市英雄山路189号
邮　　编	250002
网　　址	www.qlss.com.cn
电子邮箱	qilupress@126.com
营销中心	(0531)82098521 82098519
印　　刷	日照日报印务中心
开　　本	880mm×1230mm 1/32
印　　张	12.5
插　　页	3
字　　数	325千
版　　次	2017年6月第1版
印　　次	2017年6月第1次印刷
标准书号	ISBN 978-7-5333-3757-5
定　　价	**58.00元**

《邹鲁文化丛书》编委会

《天下邹鲁》编委会

总 序

邹、鲁是西周和春秋战国时期的两个诸侯国，这块古老文明的东方圣地曾经孕育了我国历史上著名的思想家、教育家孔子以及颜子、曾子、子思子、孟子等文化巨人，是儒家文化发源地和中华文明的重要发祥地。“邹鲁”并称常见于史籍而一直延续至今。《庄子·天下篇》记载：“其在于《诗》《书》《礼》《乐》者，邹鲁之士、搢绅先生多能明之。”《史记·货殖列传》中亦说：“邹鲁滨洙泗，犹有周公遗风，俗好儒，备于礼”“诵读之声不绝于耳”。《汉书·韦贤传》中称赞邹鲁为：“济济邹鲁，礼义唯恭，诵习弦歌，于异他邦。”韦贤、韦玄成父子丞相，被誉为“邹鲁大儒”。近代思想家梁启超《论孟子遗稿》中提出：“邹鲁学者多断断于礼容之末节而不见其大，惟子思述家学以作《中庸》。”可见，“邹鲁”一说自古有之。两千多年来，邹鲁作为文教兴盛之地，备受尊崇，影响深远。以儒家思想为核心的邹鲁文化，已经深深扎根于中华文明的精神血脉之中。

邹鲁文化是中国传统文化的重要内容，是中国古代东夷文化与华夏文化长期融合的产物，是中国远古时代思想文化发展的一个必然结果，它的产生、形成与发展，是与当时整个人类社会发展的大趋势紧密相联，是对中国原始文化的一种超越，而这一“超越”，对中国传统文化以及人类文明都具有重大历史意义和现代价值。

邹鲁文化产生之初，是一种地域文化，但随着历史的变迁，这一文化逐渐向其他地区传播与蔓延。在春秋战国“百家争鸣”时期，邹鲁文化是一家之言、是一门显学。至西汉武帝时期，“罢黜百家，独尊儒术”，便由一家之言的学术思想，上升为社会意识形态，成为统治者治理国家的指导思想、学校教育的教科书和选拔人才的一种标准，成为古代士人读“经”为官、光宗耀祖的事业。而邹鲁文化亦由原来的一种地域性文化，逐渐成为中国传统文化的核心内容和主流，影响深远。历经魏晋南北朝隋唐五代，“邹鲁”一词逐渐由地域概念转变为一种文化学术的代名词；宋元之后，“邹鲁”便成为一种文化的象征。天下邹鲁，一脉相传。在此后的历史发展过程中，在全国各地乃至海外的许多人文荟萃之地便出现了众多的以“邹鲁”相称的文化城市。如福建的泉州、漳州、福州、厦门、莆田，广东的汕头、揭阳、潮州、普宁，海南的文昌、儋州等有“海滨邹鲁”之称；南平、邵武、建阳、武夷山市等地称之为“闽邦邹鲁”；安徽的黄山、宣城、徽州、绩溪、歙县、黟县等地有“东南邹鲁”之称；浙江的宁波、温州、金华、义乌等地有“江南邹鲁”“小邹鲁”之称；湖南长沙有“荆湖邹鲁”之称；云南建水有“滇南邹鲁”之称；黑龙江的呼兰区有“江省邹鲁”之称；四川的蓬溪县有“梓东邹鲁”之称；甘肃的秦安县有“陇右邹鲁”之称；贵州的思南县有“云贵邹鲁”之称；韩国的安东市称为“海东邹鲁”“邹鲁之乡”，等等，这些邹鲁文化城市，在漫长的历史发展过程中，都曾参与了邹鲁文明的创造和发展。

对于邹鲁文化的研究，杜维明先生曾经提出：“为什么曲阜、邹城形成的区域文化影响到中原，继而到全世界？这其中经过怎样的曲折和发展，逐渐成为主流……都很值得探究。”任继愈先生则称赞“邹鲁文化与齐文化在春秋战国时期处于领先地位”，并指出“历史长、造诣深、层次高的是荆楚文化与邹鲁文化”。李学勤先生十年前也曾提出：“邹鲁文化何以会孕育出孔子及儒学？孔子和儒学又怎样塑造与推进了邹鲁文化？以孔子、儒学为代表的邹鲁文化是在什么环境条件下形成的，与其他区域文化存在着如何的关系？要回答这一类问题，必须对邹鲁文化进行全面的考察分析，说明其本质和特征。”这些问题的提出，代表了新时期学术界对邹鲁文化研究的一种热切期望。

邹城市委、市政府以高度的文化自觉和责任担当，先后于2014年和2015年召开了两届邹鲁文化城市座谈会，邀请曾经在各个历史时期引领中华文化发展潮流和方向的邹鲁文化城市的代表和专家学者，共同探讨邹鲁文化的优秀思想成果和当代价值，围绕“邹鲁文化的渊源与传承”“邹鲁文化的时代价值”“邹鲁文化的交流与合作”等主题，对邹鲁文化的产生、演进、传承及发展进行了广泛的研究与探讨，同时组织人员编纂了《邹鲁文化丛书》。该丛书第一辑内容涵盖了哲学、历史、文化、民俗、人物、文艺等多个方面。这是一项功在当代、惠及后世的重大学术工程。其中《邹鲁文化探源》一书，收集了近年来邹鲁文化研究领域的最新学术成果，对邹鲁文化的内涵、渊源、形成与传播，进行了多方位的探讨；《天下邹鲁》，对各邹鲁文化城市的文化底蕴以及在传承弘扬邹鲁文化方面所做的工作进行了介绍，使我们能够感受到邹鲁文化强劲的传播力；《邾鲁春秋》，在古国史的研究领域中填补了一项空白，读者可以从这部眉目清楚、叙述简要的著作中看到邾、鲁两国的来龙去脉和盛衰兴亡。其他书籍也分别从不同角度对邹鲁文化进行了阐释和探究。

近年来，党中央高度重视中华优秀传统文化的传承与弘扬。2013年11月，习近平总书记在山东考察时深刻指出：“一个国家、一个民族的强盛，总是以文化兴盛为支撑的，中华民族伟大复兴需要以中华文化发展繁荣为条件。”今年在庆祝中国共产党成立95周年大会上又强调“要坚定道路自信、理论自信、制度自信、文化自信”，而“文化自信，是更基础、更广泛、更深厚的自信”。以上讲话，正是我们研究中华文化包括邹鲁文化必须遵守的指导思想和原则。

《邹鲁文化丛书》的出版，适应了当代社会文化发展的潮流，是对邹鲁文化的创造性转化和创新性发展。对于唤起学术界对邹鲁文化的重视，推动邹鲁文化研究的繁荣与发展，加强邹鲁文化城市圈的交流与合作，具有重要的学术价值和现实意义。

“欲穷千里目，更上一层楼。”希望各邹鲁文化城市及有关专家学者充分把握当前文化发展的机遇，再接再厉，把这项研究工作继续深入进行下去。是所至盼。

安作璋

2016 年 11 月 28 日

邹鲁文化宣言

两千多年前，在这北枕泰岱、南襟徐淮的古老土地上，邹鲁文化润泽而生，孔子、孟子等先贤巨擘横空出世，照亮了世界东方的天空。从此“济济邹鲁，礼义唯恭，诵习弦歌，于异他邦”，邹鲁文化金声玉振，海内共仰。在这中华民族伟大复兴、文化扬帆远航之际，今日，我们聚于“孔孟桑梓之邦，文化发祥之地”—— 邹城市，共同发出邹鲁文化宣言：

怀揣人民幸福、国家富强的美好愿望，
寄托中华儿女千百年来深深的精神追求，
传承中华民族的优秀灿烂文化，
汲取先贤大师们的伟大智慧，
增强民族的文化自信，
实现伟大的中国梦。
我们倡讲仁爱——
亲亲而仁民，仁民而爱物；
我们共重民本——
民为贵，社稷次之，君为轻；
我们倡守诚信——
仰不愧于天，俯不怍于人；

我们追崇正义——
养吾浩然之气；
我们尊尚和合——
君子和而不同；
我们追求大同——
四海之内皆兄弟。
门抽杞梓，家握芳兰；
天下邹鲁，一脉相传。
为了开拓创新，迈向美好未来，
我们呼吁——
让我们面对面，共同唱响文明前进的嘹亮歌声；
让我们心连心，共同弘扬中华民族的优秀美德；
让我们手牵手，共举中华民族独特的精神标识；
让我们肩并肩，共同实现中华民族的伟大复兴。
我们祈愿——
伟大祖国，繁荣昌盛，国泰民安！
邹鲁文化，薪火相传，福佑万年！

2014 年 4 月 29 日，首届邹鲁文化城市座谈会发布宣言城市：

山东省邹城市　曲阜市　滕州市　山亭区　福建省厦门市　漳州市　南平市　武夷山市　南安市　晋江市　浦城县　浙江省温州市　金华市　金东区　平阳县　广东省普宁市　安徽省绩溪县　歙县　休宁县　江西省婺源县　海南省文昌市　湖北省黄冈市　四川省蓬溪县（排名不分先后）

2015 年 4 月 28 日，第二届邹鲁文化城市座谈会发布宣言城市：

山东省邹城市　曲阜市　滕州市　山亭区　江苏省徐州市

浙江省黄岩区　金华市　义乌市　安徽省黄山市　郎溪县　休宁县　黟县　福建省三明市　尤溪县　晋江市　惠安县　上杭县　南安市　建阳区　福鼎市　武夷山市　南平市　延平区　建瓯市　松溪县　政和县　江西省上饶市　婺源县　弋阳县　湖南省浏阳市　广东省潮州市　潮安区　饶平县　海南省文昌市　四川省蓬溪县　台湾省台北市　韩国安东市

目　录

天下邹鲁

文化邹鲁

寻梦邹鲁

诗情邹鲁

天下邹鲁

邹 城 市

邹城位于山东省南部偏西地区，是我国古代著名思想家、教育家、儒家文化重要代表孟子的故里，素称“孔孟桑梓之邦，文化发祥之地”。邹城是国家级历史文化名城、中国优秀旅游城市、全国综合实力百强县市。市内境域面积1616平方公里，常住人口115万，辖16个镇街、2个省级经济开发区、895个行政村（居）。

历史悠久，文化灿烂。据城南6公里处的大汶口文化和龙山

孟 庙

文化遗址——野店遗址发掘证明，在距今六千多年到四千多年的新石器时期，处于原始社会母系氏族向父系氏族过渡期间，境内即有东夷少昊氏族部落繁衍生息。至夏代，属徐州；殷商时，属奄国。周克商灭奄，封颛顼玄孙陆终第五子晏安之苗裔曹侠于此，国号邾。战国中期，邹穆公改“邾”为“驺”。同鲁国并称为“驺鲁圣地”，为文化兴盛之地。秦统一中国后始设驺县。新莽时期一度废驺县设驺亭，后不久恢复。唐初改驺为邹，属河南道兖州鲁郡。宋神宗熙宁五年（1072）至元丰六年（1083）曾将邹县设置为镇，元丰七年（1084）复设邹县，明清沿袭。1948 年 6 月，成立邹县人民政府。1983 年 10 月，撤济宁地区设济宁市，邹县为济宁市所辖县。1992 年 10 月，撤销邹县，设立邹城市，为山东省直辖、济宁市代管的县级市。历史上人杰地灵、圣贤迭出，有“三迁择邻、断机教子”的古代良母——孟母，有“继往开来”的儒学大师——亚圣孟子，有“一经传家”的西汉父子丞相韦贤、韦玄成，有“凿壁偷光”刻苦治学的西汉丞相匡衡以及“建安七子”的王粲，西晋军事家刘宝、医学家王叔和等。历史名人孔子、秦始皇、司马迁、李白、杜甫、苏轼、赵孟𫖯、乾隆等都曾到过邹城，留下诸多诗词文赋，为邹城灿烂的文化史增添了光辉的一页。

区位优越，交通便利。邹城市东依沂蒙山区，西临鲁西平原，南襟徐淮要冲，北枕泰岱南脉。地貌类型大体分为低山丘陵和山前倾斜平原两大类。按地形可分为低山、丘陵、平原、洼地和水面五种类型。境内最高点为邹城市凤凰山（648. 8 米），位于张庄镇东北 10 公里处。属暖温带大陆性季风气候，四季分明，降水集中，雨热同步，冷热季和干湿季区别明显。属淮河流域南四湖湖东区水系，境内有水库 111 座，白马河与京杭大运河相连，水上运输可直达苏、沪、浙一带。距济南遥墙机场一百九十多公里，距徐州机场一百八十多公里，距济宁（曲阜）机场六十多公里。京沪铁路纵贯南北，新石铁路横穿东西，京沪高速铁路穿过城区东部，104 国道、京台高速等十余条公路干线遍布全境。

文旅融合，美丽宜居。境内有各类文物古迹五百余处，其中国家级重点文物保护单位 7 处。有饱经岁月沧桑还依然展示着往昔风采的 4A 级景区“三孟”（孟庙、孟府、孟林）古建筑群，佛教文化及书法艺术精品“四山”摩崖刻石，京南江北最大的地下宫殿——明鲁荒王陵，被誉为“邹鲁秀灵”“岱南奇观”的历史文化名山、4A 级景区——峄山……丰富的人文景观和自然景观交相辉映，形成了邹城独具特色的“山·水·圣人”综合旅游区，是研究中国与东方文化的“历史博物馆”和著名的文化旅游胜地。

资源丰富，经济繁荣。境内藏煤面积 357 平方公里，地质储量 41 亿吨以上，年产原煤二千多万吨，电力总装机容量 536 万千瓦。经济的加快发展，使民生持续改善，社会呈现出和谐稳定的良好态势。先后荣获全国十佳投资创业城市、全国食品安全示范市、全国社会文化建设先进市、全国粮食生产先进市、全国生态建设突出贡献奖等荣誉称号。

（徐爽）

曲 阜 市

曲阜位于山东省西南部，北距山东省省会济南 135 公里，西南距济宁 45 公里。曲阜北依泰岱，南瞻凫峄，东连泗水，西抵兖州。全市总面积 896 平方公里，总人口 64 万。

邹鲁之“鲁”，即商朝时期的奄国、西周时期的鲁国、现在的曲阜市。曲阜是一座因孔子而扬名海内外的东方圣城，一座因儒家思想而泽被后世的历史文化名城，也是东方文化的重要发祥地和世界历史上最古老、最伟大的文化圣地之一。千百年来，她的头衔从神农故都、黄帝生地、少昊之墟、商殷故国、周汉鲁都到孔子故里，人们怀着对孔子的崇敬，绵绵不断地来到这座圣城，追忆、抚摩、朝觐，感受着儒家文化的历史印痕。

曲阜是国务院首批公布的全国 24 个历史文化名城之一，“曲阜”之名最早见于《礼记》，东汉应劭解释道：“鲁城中有阜，委曲长七八里，故名曲阜。”上下五千年的中华文明，泱泱千年的鲁文化、儒文化，在曲阜大地上具象为各级重点文物保护单位 194 处。有殿阁峙空、浮光耀金、桧柏苍郁、碑碣如林、规模宏大、气势雄伟的我国著名三大古建筑群之一的孔庙；有楼堂厅轩鳞次栉比、长廊拱曲扑朔迷离的中国历史上延时最长、规模极大、富丽堂皇、肃穆庄

孔庙大成殿

严的号称“天下第一家”的贵族世家府第“衍圣公府”；有墓冢累累、碑碣点点、古木参天、苍藓绣地的世界上延时最久、面积最大的氏族墓地、人造平原园林——孔林。孔庙、孔林、孔府已于1994年12月被联合国教科文组织列入“世界文化遗产”。曲阜还有举世罕见的距今两千多年前西周时期的城市遗址——鲁国故城遗址、汉高祖刘邦东巡过鲁时修建的祭祀复圣颜回的庙宇——颜庙、祭祀周公的元圣庙（即周公庙）、被誉为“中国金字塔”的中国五帝之首的少昊的陵墓——少昊陵，及孔子父母葬地“梁公林”、孔子诞生地“尼山夫子洞”、尼山孔庙和传说曾是孔子讲学的地方的尼山书院和洙泗书院。另外，还有我国古代思想家孟子的故宅和孟母林；有年代久远的九龙山汉墓群；有宋代宋徽宗皇帝在黄帝诞生地——曲阜“寿丘”为祭祀黄帝而雕制的高17米、宽3.75米、厚1.14米、重三百八十多吨，雕刻精巧、气势宏伟，堪称“世界之最”的宋宣和巨碑和宋庆寿巨碑；还有孔府古籍、孔府档案、明清服装、出土文物、汉画像石刻、稀世碑碣等数以万计的珍贵文物。

曲阜不仅人文景观十分丰富，自然景观也颇具魅力。如孔子诞生地、山清水秀、风光旖旎的国家级森林公园尼山；山峰高峻、泉涧纵横、洞壑幽深、古木苍翠的又一国家级森林公园石门山等，都是闻名遐迩的游览胜地。曲阜悠久的历史文化、众多的文物古迹和与其交相辉映的水光山色，构成了曲阜独特而丰富的文物旅游节庆资源优势。

曲阜是著名的“诗书之府”、文化名城、教育之乡，境内现有百年名校——曲阜师范学校和曲阜师范大学、济宁学院、曲阜远东职业技术学院等10余所大中专院校。顺应儒学热潮，赶乘文化大发展大繁荣机遇，孔孟文化遗产地保护开发得到文化部支持，曲阜国家级文化产业示范园区的设立和发展，勾勒出文化产业大发展大繁荣的新框架。文化旅游产业快速发展，明故城、圣尼山、石门山休闲观光等系列项目加快推进，“三孔、两城、四山”旅游格局基本形成。孔子文化节被评为中国十大节庆活动之一。

（徐爽）

滕 州 市

滕州，历史悠久，是古代伟大思想家、教育家、科学家、军事家和社会活动家墨子的故里。简称“滕”，又称“善国”“滕国”等，素有“滕小国”之称。古为泗水流域的政治、经济、文化中心，因境内泉水“腾涌”而得名。滕州还是鲁班的故乡，也被誉为“中国建筑之乡”。滕州位于山东省南部，面积 1485 平方公里，城区在黄淮冲积平原之上，遥望龙山，荆河穿越而过与美丽的微山湖相连，是山东省人口最多的县级市，全国百强县（市）之一。

墨子纪念馆

滕州是一个历史厚重的城市。古为“三国五邑之地、文化昌明之邦”（“三国”是指滕国、薛国、小邾国；“五邑”是指“灵丘、昌虑、欢城、戚城、湖陵"五座城邑),这里距今7300年前是古代东夷炎族后裔——滕、蕃、郳、薛等氏族的摇篮和商代始祖的发祥地,表明滕州是中华民族最早的人类文明发源地之一;这里名人辈出、人文荟萃,是"科圣"墨子、"工匠祖师"鲁班、造车鼻祖奚仲、招贤纳士的孟尝君、勇于自荐的毛遂的故里,素有"善国"美誉。滕始于黄帝,周灭商后,武王封其异母弟叔绣于滕,乃称"滕国"。公元1182年金置滕阳州,1184年改为滕州,这是"滕州"名字最早的起源,距今已八百多年的历史。贞观年间,唐太宗李世民之弟李元婴曾被封于滕州,为滕王,且于滕州筑一阁楼,名曰"滕王阁",后滕王李元婴调任江南洪州(今江西南昌),因思念故地滕州,便修筑了著名的"滕王阁",此阁因王勃一篇《滕王阁序》为后人熟知。

滕州还是中国文化旅游名城,境内著名景点有古滕八景、微山湖红荷湿地、微山湖古镇、盈泰温泉、龙山、莲青山、墨子纪念馆、鲁班纪念馆、龙园、荆河、龙泉塔、毛遂墓、滕国故城、薛国故城。古滕八景,即龙岭晴云、谷翠双峰、微湖夜月、趵突跳珠、池莲四面、文公古台、真仙灵柏、浮屠峙玉。

滕州素有"鲁南粮仓"之称。这里经济蓬勃发展,市场繁荣兴旺,被国家和山东省列为商品粮基地、优质蔬菜基地,是中国农业部命名的"中国马铃薯之乡"。工业拥有煤炭、电力、机械、化工、建材、轻工、纺织等37个门类。并且商业网络众多,已建成批发市场和综合市场一百七十余处,年市场成交额达70亿元,已成为鲁南重要的商品集散地。

(靳昱昊)

山 亭 区

山亭是山东省枣庄市的市辖县级区，历史悠久，钟灵毓秀，自古以来就是文明礼仪之邦，历史文化源远流长。早在七千多年前的新石器时代，这里就有人类繁衍生息。明万历《滕志》载："山亭，在高山前，於菟城后，飞云台上，俗传於菟丞相所筑，山亭之名以此，亭废台尚存。"山亭被中国经济林协会授予"中国经济林之乡"称号，有"全国绿化模范县"之称。

山亭区历史文化源远流长，是春秋早期小邾国的故里，有著名的大汶口文化伏里遗址、郳国遗址、汉画像石、汉墓群和战国时期的灵丘、梁王故城遗址等；有唐宋以来修建的普照寺、灵泉观、灵芝寺塔等人文、历史景观。春秋时期小邾国就在山亭境内，小邾国是西周晚期至战国时期地处齐、鲁、宋、楚等大国之间的一个诸侯国。春秋时期，邾武公夷父颜有功于周王朝，周王分封他的庶子友来，国号叫倪国，友来的曾孙倪犁来得周王之命晋封"子"爵。为表示自己的国家由同宗邾国分立而建，国号又有区分，倪犁来更改国号，把倪国更名为小邾国。

山亭区境内自然景观、名胜古迹星罗棋布，民俗风情纯朴而浓郁。国家森林公园——抱犊崮雄居沂蒙七十二崮之首，融自然景

小邾国故城遗址公园

观与人文景观于一体，号称“天下第一崮”；国家地质公园——熊耳山有双龙大裂谷、溶洞群等，是“山东仅有、全国罕见”的岩溶地质地貌奇观。这种奇峰与溶洞交汇、平湖与青山辉映的天然景色，被誉为齐鲁大地上的“天然公园”，亦被称作枣庄“后花园”。

（徐爽）

新 泰 市

新泰位于山东省中部，取新甫山、泰山首字而得名。新泰是一片古老而美丽的土地，这里被山带河、风光秀美，历朝在此建制置县，经营相继。数千年来，帝王巡幸，圣贤流连，名臣牧守，可谓风云际会，演绎过不少威武雄壮的活剧。新泰本地英彦辈出，名贤不绝，犹如日月经天，令人仰止，也演绎出了灿烂的新泰古代文化。

“新泰人”是中华大家庭中资格较老的人种之一。距今3～5万年乌珠台智人牙齿化石的在此出土，证明新泰是上古东夷区域开化最早的地方。东夷人在泰山周围创造的大汶口文化、龙山文化、岳石文化，在新泰都发现了多处遗址。东夷先民对泰山崇拜的文化活动，以及后世的既封泰山又禅梁父等，也深深影响了新泰。到西周时建立新泰，属于鲁国，记载于《左传》。西汉时期建郡置县。西晋名臣羊祜取故里新甫山、泰山首字，改名为新泰，寓有国泰民安之意。其后的新泰饱受孔子洙泗讲学的熏陶，又接受了邻邦齐国活跃的稷下学风。在齐风鲁雨中，这片沃壤文明之花盛开：柳下惠著名于春秋，高堂生传礼于西汉。魏晋以降，羊氏家族世代簪缨，流风遍于大江南北。唐代伟大诗人李白与孔巢父等人隐居徂徕山麓，时人称为“竹溪六逸”，成为诗坛佳话。而且理学先驱徂徕夫子石介的孙婿——金朝大书法家、文学家党怀英也居于此地，特以“竹溪”为号。浓厚的文化氛围，使新泰宋代以迄明清，成为科第不绝、甲于邻县而冠盖相望的读书之乡。

徂徕山摩崖刻经

新泰市风景秀丽。《诗经》有“徂徕之松，新甫之柏”“汶水汤汤”的诗句，咏赞这里被山带河、风光秀美。黄河、淮河两大水系在此分界，致使此地峰岭叠彩，河流萦回。徂徕山苍松傲立，柴汶河源远流长，新甫山古柏涌翠，青云湖碧波荡漾，金斗山天台曝书，敖山山峰直上青天，梁父山史册闻名，白马寺银杏参天，龙女庙古今传奇。莲花山被誉为“北方普陀，观音胜景”，集北方山脉之大气与南方水之神韵于一身，以自然、和谐、幽静、淳朴为特色，是世界地质公园、国家4A级景区、国家森林公园。

（徐爽）

徐 州 市

“彭城自古列九州，龙争虎斗几千秋”。这是人们形容徐州历史悠久、自古为兵家必争之地的习惯说法。徐州有灿烂多元的文化。一国之历史，是一国之灵魂；一方之文化，是一方之精神。徐州是彭祖文化、两汉文化的发源地，也是南北文化的交融、集萃之地。

徐州在历史上为华夏九州之一，自古便是北国锁钥、南国门户、兵家必争之地，有超过6000年的文明史和2600年的建城史，被称为“帝王之乡”，有“九朝帝王徐州籍”之说。徐州作为两汉文化的发源地，拥有大量文化遗产、名胜古迹和深厚的历史底蕴，也被称作“东方雅典”“邹鲁旧国”。明朝嘉靖年间，江苏共建书院19所，徐州就占有6所。雍正十三年(1735)，知府李根云为“涵育而熏陶士子”，在徐州创设了闻名遐迩的徐州云龙书院。书院为徐州培养了诸多人才，仅光绪朝，就有韩志正、张伯英、周祥骏、王一夔等。

徐州历史胜迹浩繁，文化遗产和名胜古迹尤以“汉代三绝”——汉兵马俑、汉墓、汉画像石为代表的两汉文化最为夺目。厚繁的历史古迹、优美的自然风光和现代化城市风貌交相辉映，相

龟山汉墓

得益彰，形成了北雄南秀、富有鲜明个性的城市风格。徐州还是中华饮食文化及养生文化的鼻祖栖息地，留下了大量宝贵的彭祖饮食文化、养生文化等遗产。相传大彭氏国的创始人彭祖活了800岁，是中国烹饪和气功的创始人。彭祖养生文化的精髓是“药食同源，以食养生”。

徐州的民间艺术也历史悠久，是中国民间工艺美术的兴盛地之一。新石器时代绚丽的彩陶、精致的骨雕、栩栩如生的汉代陶塑、深沉雄浑的汉画像石都出自徐州民间艺人之手。这里流传至今的农民画、剪纸、泥玩、布玩、面人、风筝、彩灯、糖人、木雕、石刻、刺绣、木版年画、柳编、刺绣等，异彩纷呈，各具特色。

（徐爽）

宁波市

宁波，地处东南沿海，位于中国大陆海岸线中段，长江三角洲南翼，东有舟山群岛为天然屏障，北濒杭州湾，西接绍兴市的嵊州、新昌、上虞，南临三门湾，并与台州的三门、天台相连，是中国大运河南端出海口、“海上丝绸之路”东方始发港。

天一阁

宁波，取自“海定则波宁”，简称“甬”，早在七千年前，宁波就创造了灿烂的河姆渡文化，有“江南邹鲁”之称。宁波人文积淀丰厚，历史文化悠久，历史上形成了三个学派：四明学派，南宋淳熙年间，有“淳熙四先生”之称的明州学者杨简、袁燮、沈焕等人研究、师承陆九渊的以“心”为构成宇宙万物来源的“心理”合一的“心学”，兼综朱子理学诸学说而形成。姚江学派，其创始人为明代哲学家、文学家、军事家、政治家余姚人王守仁，王守仁继承和发扬了南宋陆九渊的心学，集中国古代主观唯心主义之大成，史称“王学”，其主要继承人有钱德洪、沈国模、史孝咸等。浙东学派，其创始人为明末清初启蒙主义思想家、余姚人黄宗羲。黄宗羲在政治上公开揭露和批判君主专制制度，经济上提出“工商皆本”，学术上提倡“经世致用”。这一学派除哲学、史学外，对天文、地理、数学、文学、艺术、宗教等都有研究，是清代最有影响的学派。后期其代表人物有万斯大、万斯同、全祖望等。

宁波人好学成风，藏书为乐。在宁波众多的藏书楼中，最著名的是天一阁。这座建于明代的建筑是我国现存历史最久的私人藏书楼之一。它不仅以藏书丰富名扬四海，而且在建筑方式和书籍管理上也独具匠心。虽然历经洗劫，天一阁仍然拥有 30 万卷藏书，为宁波城平添一股熏人的书香。藏书成癖的宁波人中，比较著名的还有明代大思想家、军事家王守仁（王阳明）。出生在宁波的著名文人还有唐初四大书法家之一的虞世南，以写意花鸟闻名的国画大师潘天寿，名列四大须生之一的京剧表演艺术家周信芳等。

宁波除了拥有众多文化古迹，西靠四明山，东临东海，独特的地理位置也赋予了宁波独特的自然风光。松兰山、九峰山、九龙湖、五龙潭、南溪温泉、浙东大峡谷等是宁波有名的生态旅游景点。

（徐爽）

金华市

金华市位于浙江省中部，东邻台州，南连丽水，西毗衢州，北与杭州、绍兴接壤。金华古称婺州，自秦王政二十五年（公元前222）建县至今，已有二千二百多年的历史。因其“地处金星与婺女两星争华之处”而得名金华。

邹鲁碑刻（摄影　米怀志）

金华悠久的历史和灿烂文化，使这里成为人文荟萃、教育鼎盛的历史文化名城，从古至今，素有“江南邹鲁”“文物之邦”之称。金华在文学、诗词、戏曲、书画、科学等方面人才荟萃、代有名家，文坛巨匠、丹青大师、爱国志士、民族英雄、专家学者，金华土地上代不乏人。“初唐四杰”之一的骆宾王、“诗书画皆奇绝”的五代诗僧和书画家贯休、宋代抗金名将宗泽、南宋“浙东学派”代表人物吕祖谦和陈亮、金元四大名医之一的朱丹溪、明朝“开国文臣之首”的宋濂、清代戏曲家与戏曲理论家李渔，近现代有国画大师黄宾虹、一代报人邵飘萍、诗人艾青等，他们彪炳史册，光照千秋，为后人留下了宝贵的精神财富。崇文重教的风气沿袭至今，形成了如今金华“千名教授汇一市，百名博士集一乡”的盛况。

金华山清水秀，是山川秀丽、环境优雅的旅游胜地，是一个生态环境良好、整洁亮绿、文明有序、居住舒适的现代化山水园林城市。金华市区的地势是两山夹一川，即位于北山（金华山）和南山（仙霞岭余脉）中间这块“金衢盆地”中部最富饶的土地上。金华北山双龙现为国家级风景区，重峦迭嶂，林木参天，岩洞奇特，有水石、风雾和洞天奇观。尤以“一水穿开岩底石，片槎引入洞中天”的双龙洞、“一瀑垂空下，洞中冰雪飞”的冰壶洞和“洞落千寻通地脉，光生一线透天门”的朝真洞最为著名。

（靳昱昊）

义 乌 市

义乌市位于浙江省中部，南通广东、福建，西接长江腹地，东靠中国最大城市上海，面对太平洋黄金通道。这里历史悠久，建县于前222年，距今已有二千二百多年的建县史，同时也孕育一大批名人志士。市境东、南、北三面群山环抱，面积1105平方公里。

骆宾王公园

义乌，一座充满传奇的城市。小商品与市场，是一张义乌的国际名片。全球最大的小商品市场，让这个有着二千二百多年悠久历史，原本默默无闻的小县城名扬海内外。义乌国际商贸城被国家旅游局授予中国首个4A级购物旅游区荣誉称号，“小商品海洋，购物者天堂”已成为繁荣、文明的义乌市的代名词。2013年国际权威机构福布斯在其官网发布“中国最富裕10个县级市”，义乌位居第一并遥遥领先。

义乌不仅仅是一座拥有全球最大批发市场的商贸城市，也更是一座历史文化名城，具有深厚的人文积淀，史上的义乌早有“小邹鲁”之誉。

义乌的文化，可谓源远流长，自秦嬴政二十五年（前222）置乌伤县，公元624年改称义乌，1988年撤县建市。古老的乌伤大地上，自秦修史以来，就名人辈出，风流迭起，堪称人杰地灵之地。两千多年来，文献渊薮，名贤辈出，莫不以道德文章著称于世，抑或以独有气节与风骨弘扬后人。三国名将骆统，梁代“三教合一”倡导者傅大士，“固不仅以文章显，文气冠绝者也”，首推唐代一檄文章成名天下的“初唐四杰”之一骆宾王，宋朝抗金名将，至终尚三呼“渡河”的宗泽，南宋刚直不阿的理学家徐侨。

元有才华横溢的“儒林四杰”之一黄溍，金元“四大名医”滋阴学说的创立者朱丹溪，明代开国文臣浙东二儒之一“才思之雄”的王祎，抗倭儒将吴百朋和随戚继光抗倭而屡立战功、威震敌胆的“义乌兵”，明末清初才情双绝“李清照式的传奇人物”倪仁吉，清有治河专家、被奉为“河神”的朱之锡，“言论侃侃，不避贵戚”的士大夫朱一新等文化名人，无不以自己独特的风格和著述而饮誉华夏，名扬海外，无不是推介义乌走向国内国际的一张张金灿灿的名片。他们代表了勤耕、好学、刚正、勇为、诚信、包容的义乌精神，是义乌的骄傲。

义乌的风景名胜有：冯雪峰故居、华溪森林公园、娄山塘风景区、滴水岩、黄山八面厅、骆宾王公园等。

（徐爽）

金 东 区

金东区地处浙江中部的金衢盆地，东邻国际小商品城义乌，南连中国五金城永康，西接金华城区，是浙中城市群的重要核心区，也是金衢、义乌黄金主轴的重要节点。

金东区成立于2001年2月，是一个年轻的行政区域。区域为原金华县东郊乡镇。区政府设在多湖街道办事处。金华市域春秋时属越国。秦、汉为乌伤县，属会稽郡。三国吴宝鼎元年(266)置郡名东阳，以郡在瀫水(即衢江)之东、长山之阳得名。金华设立郡府建置自此始。

金东人杰地灵，英才辈出，被称为“江南邹鲁”，是我国南宋抗金名将郑刚中、新民主主义革命先驱施复亮、人民音乐家施光南、诗坛泰斗艾青的故乡。区内历史遗存丰富，赤松宫、卧羊山等黄大仙胜迹闻名中外，赛龙舟、迎花树、迎銮驾、迎大蜡烛、打行锣等都是金东盛行的民间风俗活动，始于三国时期的东方斗牛更是一绝。

双龙洞景区是双龙风景名胜区核心景区之一，位于景区中心，主要由双龙洞、金华观、二仙洞、冰壶洞、桃源洞等著名景点组成。黄大仙景区为道教第三十六洞天所在地。景区内林木葱郁，空气清新，湖泊水碧如镜，溪泉潺潺流畅，气候凉爽宜人。历史悠久的大佛寺，佛教文化积淀厚重，寺院依千层丹崖而筑，有五百罗汉堂、玉佛殿、江南一龙等建筑，还有鸳鸯林、金华碑林、锣鼓洞等景点。浙中桃花源生态旅游区位于金东区唯一一个生态山区乡源东乡，空气清新，水质清澈，森林植被茂盛，具有“幽、秀、古、神”的特色。

雄踞浙中大地的金东区，自然风光秀美奇绝，人文积淀深远厚重，历经两千多年漫漫历史长河的洗礼，龙文化、茶文化、山水文化、名人文化、帝王文化兼收并蓄，道、释、儒文化璀璨一时，承载着金东文化的历史传承。

（徐爽）

温 州 市

温州古代称瓯越。早在五六千前的新石器时代，就有先民在这里劳动生息。战国时属越国，秦始皇统一六国后，设置闽中郡。汉惠帝三年封越王勾践后裔驺摇为东海王，建都东瓯，俗称东瓯王。汉顺帝永和三年(138)置永宁县，东晋明帝太宁元年(323)设永嘉郡，唐高宗上元二年(675)改置州，因气候温暖，“虽隆冬而恒燠”，故名温州。

温州是历史悠久、人杰地灵、文化灿烂的东瓯名镇，有“东南邹鲁”之称。温州历代人才辈出，在学术、文学艺术和科技方面都取得卓著成就。南宋时期，学术上形成了以叶适为代表的“永嘉学派”，在我国学术史上有着很高的地位和深远的影响。文学方面，诗坛上出现了“永嘉四灵”诗派；戏曲上首创了“南戏”这种民间戏剧形式。南宋淳熙年间，医学家陈无择以《三因方》为理论基础创立了永嘉医派；两宋及元明清各代也都有不少杰出人才，如黄公望、刘基、孙诒等。当代文化教育界更是群星灿烂：夏鼐、夏承焘、苏步青、谷超豪……温州是中国数学家的摇篮、中国南戏的故乡，温州人被国人称之为东方犹太人。温州方言也被评为中国最难懂方言之一。境内国家级重点风景名胜区有：雁荡山、楠溪江、百丈漈—飞云湖等，素有“东南山水甲天下”之美誉。

温州文化遗存丰富，瓯越文化、山水文化、民族文化等源远流长，民间音乐、民间舞蹈、戏曲、造型艺术、民间美术、民间手工技艺、民间习俗等有着深厚的底蕴和独特的价值，非物质文化遗产资源十分丰富。

温州历史上以手工业发达著称，还是青瓷发源地之一，造纸、造船、丝绸、绣品、漆器、鞋革等在我国历史上均有一定地位。这里南宋时就被辟为对外通商口岸，有“一片繁荣海上头，从来唤作小杭州”之称。

（徐爽）

瑞安市

瑞安地处浙江东南沿海，东临东海，是浙江省温州市代管县级市，位于中国黄金海岸线中段，属江南鱼米之乡，是浙江重要的现代工贸城市、历史文化名城和温州大都市区南翼中心城市。

有人说，走进瑞安，一条石板路，十步一文物。在老城区的国家级文物保护单位和非遗中心构成了城市的文化客厅，展示了这座置县一千七百多年历史老城的旧事与新貌。

文化自信，是一座城市内涵的象征。瑞安市素被称为“东南小邹鲁”，相较于秀美的云山绿水和敢拼敢闯的温商精神，它的“人杰地灵”更为世人所称道。

瑞安历史悠久，文化底蕴深厚。瑞安于三国吴赤乌二年(239)开始置县，至今已有一千七百多年历史。是中国重商文化的圣井山石殿发源地，素有“理学名邦”“东南小邹鲁”之美称。瑞安自古人杰地灵，南宋时以陈傅良、叶适为代表的“永嘉学派”，提出事功学说，与朱熹理学派、陆九渊心学派鼎足而立。涌现出“南戏鼻祖”高则诚、朴学大师孙诒让等一大批名人名家。瑞安素有“鼓词之乡”的美誉，温州鼓词源于瑞安，自清代流行至今不衰，除鼓词外还有弹词、莲花、道情、花鼓、排街等，声腔音乐各有特色而又受鼓词影响,均为地方特色曲艺品种。元代南曲作家高则诚根据民间戏剧改编的《琵琶记》,译成多国文字传播海外。明清书画名家任道逊的山水、楷书,孙隆父女的梅花,姜立纲的楷书大字均享誉海外。林沌贤的书画、孙衣言的柳字、孙诒泽的篆字名震四海,还有许苞、杨绍谦、邹梦禅等书法家也是全国知名。

瑞安文物史迹丰富,境内已发现史前遗址和各类文物史迹600处。玉海楼是浙江四大著名藏书阁之一,是清太仆寺卿孙衣言与让章太炎叹为"三百年绝等双"、郭沫若称之是"启后承前一巨儒"的其子孙诒让所建。虽然已经一百多年历史,但穿行在建筑之间,前人在此读书生活的气息依稀可闻。完成藏书使命,这里腾出了两个房间,成为"城市书房"。人文科学类图书依书架排开,供访客、读者坐下来歇一歇时,读一读历史。所以说,自古瑞安人爱藏书,爱读书。历史是这座城的根,是它的年轮与记忆;文化是一个城市的魂,是它的神韵和精神。然而,无论是历史或文化,都离不开人。

瑞安还拥有七大风景名胜区、十大旅游区点,寨寮溪、圣井山、梅龙溪、玉海文化游览区、江溪龙潭等;还有四处国家级重点文物保护单位,玉海楼、石棚墓、利济医学堂、圣井山石殿;一处国家级森林公园——花岩等众多名胜古迹。

(靳昱昊)

永嘉县

永嘉县，中国浙江省温州市下辖的一个县，位于瓯江下游北岸，东邻乐清、黄岩，西连青田、缙云，北接仙居，南与温州市区隔江相望，总面积2674平方公里。

永嘉历史悠久、人文荟萃，是一个人杰地灵、风景秀美、充满活力的千年古县，是温州历史之根、文化之源，有“溪山邹鲁”之称。永嘉建县已有1800多年历史，汉顺帝永和三年(138)始建永宁县，隋开皇九年(589)改称永嘉县，取“水长而美”之意，是温州地区文化的起源地。书圣王羲之、山水诗鼻祖谢灵运等先后出任永嘉太守，特别是谢灵运任永嘉太守期间游遍永嘉山水，写下了许多不朽的诗篇，永嘉也因此被誉为中国山水诗的摇篮。从唐至清，永嘉中进士者达七百多人，哲学史上诞生了倡导务实弃虚、理财治国的“永嘉学派”。永嘉学派是南宋时期能够与朱熹理学、陆九渊心学成鼎足之势的重要学术思想流派，创始人是郑伯熊兄弟、薛季宣、陈傅良等，他们分别是温州鹿城和瑞安人，因永嘉是当时的州治所在地，故称为“永嘉学派”。稍后的思想家叶适是瑞安人，继承和发展了永嘉之学，进一步扩大了“永嘉学派”的影响，在当时的学术思想界有举足轻重的地位。文学史上有南宋著名的“永嘉四灵”；戏曲史上有人类口头遗产和非物质遗产——有“百戏之师”之称的永嘉昆曲。

永嘉历史悠久，山水秀美，人文鼎盛，被誉为“天下第一溪”的楠溪江贯穿全境。境内的楠溪江风景区，面积达671平方公里，山水风光十分优美，生态环境得天独厚，以“水秀、岩奇、瀑多、村古、滩林美”而闻名遐迩，是国内唯一以田园山水风光见长的国家4A级风景名胜区，先后被列为世界地质公园、世界文化和自然双遗产备选清单名录。永嘉古树名木资源数量多，物种丰富，共有古树名木1000株。其中散生古树812株，古树群10处188株，属一级保护古树80株，二级保护古树206株，三级保护古树714株。著名景点有楠溪江景区、古村落、革命遗址等。

“伊洛微言持敬始，永嘉前辈读书多”。壮美江山，孕育出了灿烂的文化。到了两宋，永嘉更是人才辈出，文风颇盛。独树一帜的永嘉学派，几乎与中原理学同时崛起，影响深远。就连大诗人苏东坡，也曾发出“自言官长如灵运，能使江山似永嘉”的感慨。

（靳昱昊）

平阳县

平阳位于浙江东南沿海，地处温州市南翼区域经济的中心，是革命老根据地县、沿海经济开放县、海洋大县、文化大县。始建于西晋太康四年（283）的平阳已有一千七百多年历史，文风鼎盛，物华天宝，人杰地灵，素有文雅之邦和“东南小邹鲁”之美誉。

会文书院

平阳名人辈出，群星璀璨。清代县令余丽元在《龙湖书院》序中说：平阳“夙称小邹鲁，宋明以来，理学、名儒、科举辈出”。据民国《平阳县志》统计，南宋时期出了文武进士608人。南宋末爱国诗人、平阳人林景熙在其《会芳集序》中说，仅平阳南湖薛氏家族，“登文武进士者六七十人，高蹈隐逸者五六人，著书立说者三四人，以诗章名世者八九人”。今邑人徐祥地先生主编的《平阳历代名人》，辑入平阳历代有代表性的名人达155人。其中较为著名的文化人众多：“三苏”——温州人物画泰斗苏昧朔，数学泰斗、全国政协副主席苏步青，文史哲与佛学专家、华东师大教授苏渊雷；曾被周恩来称为“爱国象棋家”的百岁棋王谢侠逊；著名外语教育家、英国语言文学家、主编中国第一部《汉英词典》的吴景荣；享有国际殊荣的报人、新闻巨子马星野；著名书法家、省文史馆馆员张鹏翼等。古代的名人有杰出的思想家宋衡、出使金国机警应对的宋之才、教育家刘绍宽、山水画家黄公望、爱国诗人林景熙等。

平阳历史文化名人的相继涌现，在平阳大地上形成一个巨大的“文化场”，形成一个“精神平阳”“文化平阳”，滋养、影响着一代又一代平阳人。

平阳生态环境优良，夏冬长、春秋短，四季分明，无严寒酷暑，春秋宜人。平阳已形成融山、水、洞为一体，集史、地、文于一身的大旅游体系，新老风景名胜旅游项目缀遍境内。有“贝藻王国”和“碧海仙山”之美誉的国家级海洋自然保护区南麂列岛；有儒释道三教荟萃而著称的国家级风景名胜区南雁荡山；有林木参天、碧浪排空的国家级南雁森林公园；有被称为“傍海洞府”的西湾风景区；有香火旺盛的千年古刹百僧堂、宝兴寺和东岳观等众多景点。

（靳昱昊）

温 岭 市

温岭地处浙江东南沿海，是长三角地区的南翼，三面临海，东濒东海，南连玉环，西邻乐清及乐清湾，北接台州市区。全市陆域面积 926 平方公里，海域面积 1079 平方公里，大小岛屿 170 个，海岸线长 317 公里，滩涂面积 155 平方公里。温岭全境“四山一水五分田”，是著名的温黄平原所在地，素称“鱼米之乡”。

温岭历史悠久，文明起源较早，被誉为“东南邹鲁”。早在新石器时期，就有人类在此生息繁衍。据专家考证，在温岭大溪镇发现的徐偃王古城遗址为战国时期古迹。另外在古城附近，仍保留唐、宋时期的七座古窑址，这些都说明温岭具有灿烂的历史文化。温岭从明代设县建制以来，距今有五百多年的历史，文化积淀较为深厚，社会文明程度相对较高。温岭著名人物有：王居安，字简卿、资道，南宋淳熙十四年（1187）进士，甲科第三名，任徽州推官十年，后任江东提刑使、国子正太学博士、工部侍郎；戴复古，南宋著名的江湖派诗人，字式之，常居南塘石屏山，故自号石屏；宋代植物学家陈泳，著有中国第一部植物学辞典《全芳备祖》；谢铎，明代藏书家、文学家。

温岭自古是佛教胜地，长屿的崇国讲寺、南嵩岩的嵩岩寺、温峤的明因讲寺、大溪的流庆寺、方山的云霄寺等都有较早的历史。除佛教寺庙外，道观也是温岭著名宗教景观。现存佛教、道教寺观几百处。温岭新河、箬山被批准为省级历史文化保护区。海洋渔业文化、海洋盐业文化、海洋美食文化和海洋渔民风俗文化积淀深厚。方山—长屿硐天景区荣获世界地质公园和最具特色的中国十大风景名胜区等称号，其中长屿硐天为国家4A级旅游区和国家重点风景名胜区，虽是人凿，宛若天成，为数众多的石硐形成了千姿百态的石壁长廊，亚洲唯一的自然“岩洞音乐厅”，独具魅力。世界地质公园、国家级重点风景名胜区方山南嵩岩，危崖绝壁，奇峰深谷，恍若“空中花园”，世所罕见。风景如画的石塘渔村，被称为“东方的巴黎圣母院”和“东海好望角”，又因新千年、新世纪中国大陆第一缕曙光首照地而名扬四海。

（靳昱昊）

黄岩区

黄岩地处浙江省中部沿海，俗有“七山一水两分田”之称，东连椒江区、路桥区，南邻温岭市、乐清市，西接仙居县、永嘉县，北界临海市，全区总面积988平方公里。

孔 庙

黄岩历史悠久，人文荟萃，自古有“小邹鲁”之美誉，已有一千三百多年建县历史。考古学家发现，黄岩大唐岭古城遗址即东瓯王国的都城——徐偃王城，附近出土的西周礼祭器物七十余件，皆来自中原地区。徐国人渡过长江，翻越天台山，抵达黄岩。历经磨难，奋起抗争的徐人，在这片大海与群山环抱的土地上休养生息，带来了先进的文化和技术。一百多年后，这里崛起了跨越灵江、瓯江流域和沿海岛屿的东瓯王国，建都徐偃王城。黄岩地灵人杰，从此英才辈出，史有“十八进士共一家”之盛，曾产生“南宋第一相”杜范、诗人戴复古、东海枭雄方国珍、文史学家陶宗仪、三边总督曾铣、军机章京王彦威等一大批俊杰贤人。近代以来更是人才辈出，涌现了“两弹一星”功勋陈芳允、中国植物生理学创始人之一罗宗洛等 8 位黄岩籍“两院”院士，以及革命家、艺术家陈叔亮等。

境内文物古迹众多，拥有五代沙埠青瓷窑址、北宋瑞隆感应塔、瑞岩净土寺塔、五洞桥、孔庙等 5 处省级文保单位，以及委羽山中国道教“第二洞天”、佛教日本曹洞宗祖庭瑞岩寺、翠屏山朱熹讲学堂遗址等名胜古迹。黄岩翻簧竹雕入选国家级非物质文化遗产名录。

黄岩山水秀美，城区永宁江、南官河、西江河、东官河“一江三河”穿城而过，方山、翠屏山、松岩山众山环绕。西部山区是台州城市的后花园和生态屏障。著名风景区有划岩山、黄岩大瀑布群、富山大裂谷、浙东十八潭、船山大峡谷、松岩山、黄岩石窟、九峰公园、永宁公园、院桥鉴洋湖国家湿地公园等。

（靳昱昊）

黄山市

黄山市，位于安徽省最南端，西南与江西省交界，东南与浙江省为邻，古称新安、歙州、徽州。

黄山市历史文化源远流长，歙县、祁门和黄山区等地发现的遗址表明，在新石器时期黄山市一带已有先民活动。1958 年，在屯溪奕棋发掘的西周古墓出土了一批精美的青铜器和原始瓷，这些出土文物表明至迟在西周时期这里已有定居居民，且他们的文化颇为发达。春秋战国时期先后为吴、越、楚国属地。秦设黟、歙二县，属鄣郡；汉改丹阳郡；三国吴孙权置新都郡；晋改新安郡；隋、唐为歙州，辖黟、歙、休宁、祁门、婺源、绩溪 6 县；五代十国时期先后属吴、吴越、南唐；宋改歙州为徽州；明、清为徽州府。徽派文化底蕴丰富，内涵深广，是中国三大区域文化（藏学、敦煌学、徽学）之一，涵盖了哲、经、史、医、科、艺诸多领域。1987 年 11 月撤销徽州地区，设立地级黄山市。1988 年 4 月黄山市正式成立，辖屯溪区、黄山区、徽州区和歙县、休宁县、祁门县、黟县。

黄山市境内汇聚丰富的自然资源与历史人文遗迹于一身，文风昌盛，自古有“东南邹鲁”之称，是著名的国际旅游城市。古代徽州历来有“山深不偏远，地少士商多”之说。每当中原战乱之秋，这里就成了藏龙卧虎之地，它既是乱世的世外桃源，又是治世的人才宝库，因此历史上各种人才应运而生。例如，活字印刷术创始人毕昇，宋代理学集大成者朱熹，明清三朝元老、军机大臣许国，富可敌国的大盐商鲍漱芳，著名戏剧家汪道昆，医学家汪昂，徽墨、歙砚高手李廷，新安画派的创立者渐江，哲学家戴震，理财家王茂荫（马克思《资本论》中提到的唯一中国人），近代教育家、学者有陶行知、胡适，还有工程技术专家詹天佑、郑复光，孙中山元帅府秘书长、近代法学家徐谦等。

古徽州文风郁郁，教育发达，“十室之村，不废诵读”，因此历史上以才入仕、以文垂世者，代不乏人，灿若繁星。据不完全统计，明清两代中进士 542 人，举人多达 1513 人，“连科三殿撰，十里四翰林”“父子宰相”“四世一品”者并不鲜见。明清时代徽商称雄商界长达二三百年，有“无徽不成镇”“徽商遍天下”之说。徽商贾而好儒，“官、贾、儒”三位一体，形成了独具特色的徽州文化。

同时，由徽商兴盛而形成了新安理学、新安医学、新安画派、徽派盆景、徽墨歙砚、徽派建筑、徽雕、徽刻、徽剧、徽菜等独具地方特色的文化流派。

直至今日，黄山大地上仍遍布古桥、古塔、古亭阁、古宗祠、古牌坊，犹如一座天然的历史大博物馆。其秀美瑰丽的大好山河与世外桃源般的田园风光让多少文人骚客魂牵梦绕，让人由衷发出“一生痴绝处，无梦到徽州”的人生感叹。

（赵婷）

徽 州 区

徽州区位于徽派文化发祥地安徽省黄山市，成立于1987年11月，因古徽州而得名。距今约4500年前，就有先民在此活动，桐子山文化遗址出土的大量文物，是新石器晚期文明的标志。古徽州文化旅游区由徽州古城、牌坊群鲍家花园、唐模、潜口民宅、呈坎五大精品景区组成，北依黄山，南接千岛湖。徽州古城是徽州府治所在地，是保存最为完好的中国四大古城之一。

徽州棠樾牌坊群为中国最大的牌坊群落，由明清七座紧紧相连的石坊组成，蔚为壮观。唐模，有中国水口园林第一村的美誉，田园风光优雅别致。呈坎，被誉为中国风水第一村，是我国保存最完好的古村落之一。这里融自然山水为一体，按《易经》八卦风水理论选址布局，二圳五街九十九巷，聚集着不同风格的亭、台、楼、阁、桥、井、祠、社及民居，诠释了天地万物相生相克的朴素哲理。全村现保存着明清建筑一百余处，其中有罗东舒祠、长春社、罗润坤宅等国家和省级文物保护单位3处，精湛的工艺和精美的石雕、砖雕、木雕、彩绘将徽州古建筑艺术的古、大、美、雅体现得淋漓尽致，被中外专家和游人誉为“中国古建筑艺术博物馆”。呈坎自建村以来，人才辈出。其中宋代罗颂、罗愿兄弟曾进孔庙的乡贤祠，相传,朱熹曾为此题写过对联:“呈坎双贤里,江南第一村。”潜口民宅被誉为我国明清民间建筑艺术的活专著,荟萃了明清时期徽州最经典、最具代表性的徽州民居。古徽州文化旅游区通过对古城生活、宗祠文化、牌坊文化、徽商文化、村落文化、民居文化的聚集,将中华三大地域文化之一的“徽文化”完美鲜活地呈现于世。

仁和楼

千百年来,徽州区得山水清气,极天地大观,古徽州以文风昌盛、才俊辈出而著称于世,有“东南邹鲁”之称。特别是明清之际,徽商崛起,更促进了区域文化的发展。“连科三殿撰,十里四翰林”“父子尚书”“兄弟丞相”“同胞翰林”代相传颂,新安书画、新安医学、徽派篆刻、徽派版画、徽派建筑以及徽戏、徽州文房四宝等,无不独树一帜、源远流长,形成徽州文化特有的风格和传统,也派生出灿若繁星的人文古迹。时至今日,“徽”字,仍是安徽最大的特点,最有个性的标志;“徽学”,成为具有世界影响的中国三大区域文化之一,与藏学、敦煌学竞相辉映。

徽州山灵水秀,人文景观极为丰富。境内保存着徽派古建筑三百余处，古徽建筑三绝（古祠堂、古牌坊、古民居）星罗棋布，列入国家重点文物保护单位的潜口民宅博物馆、贞靖罗东舒先生祠、呈坎明清古村落、老屋阁、绿绕亭与省、市重点文物保护单位唐模檀干园、岩寺文峰塔、凤山台、新四军军部旧址、沙堤亭等史迹交相辉映。徽州文化园、蜀源休闲养生游和灵山画家基地、丰乐湖水上扬帆等新开辟的一批各具特色的旅游休闲项目，使古徽新城锦上添花，更具魅力。

（赵婷）

歙 县

歙县位于安徽省南部，北依黄山，南邻千岛湖，东近天目山，西临齐云山，是黄金旅游线上的一颗璀璨明珠。清澈明媚的新安江，蜿蜒曲折地盘绕于崇山峻岭之中，“深潭与浅滩，万转出新安”，将古徽州与杭州连在一起。

歙县历史悠久，文风昌盛。秦始置县，古称新安，自隋唐以来，一直为州治、府治所在地，史称“徽州府”，是古徽州政治、经济、文化中心，素有“东南邹鲁”“文化之邦”的美誉，是中国三大地域文化之一——徽文化的主要发祥地和集中展示地，也是著名的“中国徽墨之都”和“中国歙砚之乡”，更是在明清两代曾辉煌近四百年的徽商故里。徽商的发展，带来了歙县经济的繁荣。他们在家乡“盛馆舍以广招宾客；扩祠宇以敬宗睦族；立牌坊以传世显荣”。其数量之多，工艺之精，实为国内罕见。经济的繁荣进一步促进了文化的发展，程朱理学、新安画派、徽派建筑、徽派盆景、新安医学、新安文学及徽戏、徽墨、歙砚、徽菜等都闪耀着徽文化的灿烂光芒，在中国文化中独树一帜。

歙县人才荟萃，名人辈出。据典籍记载，自唐至清，歙县共中文武进士 770 人，摘取状元、榜眼、探花、传胪、会元、解元等桂冠者达五十多人，甚有兄弟同登科、父子为尚书、祖孙两军机的佳话。明、清两代收入《诗林》《文苑》《儒林》的歙县人达三百四十余人。仅清康熙年间，全县就有社学、书院一百二十六所，出现了“十室之村，不废诵读”的文风昌盛局面。此外，歙县还孕育了戏剧家汪道昆，物理学家郑复光，训诂学家程瑶田，“扬州八怪”中的罗聘和汪士慎，经济学家王茂荫，新安画派奠基人渐江、黄宾虹，经学大师吴承仕，人民教育家陶行知，革命音乐家张曙等一大批历史文化名人。

东南邹鲁(摄影　付宏)

歙县文物众多、特产丰富。全县共有各级文物保护单位 223 处，其中全国重点文物保护单位 6 处，省重点文物保护单位 26 处。“古建三绝”的古牌坊、古祠堂、古民居，数量众多，架构精美，为国内罕见，堪称“古建筑博物馆”。“砖、木、竹、石”四雕作为古建筑上重要的建筑装饰，广泛应用在牌坊、祠堂、民居的建筑构件上，一架架古桥、一座座牌坊、一幢幢祠堂、一处处民居、一道道门楼、一扇扇窗椟,无处不是汇集四雕工艺的佳作,处处彰显出歙县“东南邹鲁”“文化之乡”的特有风格。徽州古城、棠樾牌坊群、鲍家花园、新安江山水画廊为国家4A级景区。境内自然资源和农特产品得天独厚,盛产茶、林、果、菊、中药材等,其中,黄山毛峰、黄山贡菊、三潭枇杷、三口蜜桔、三坑核桃、富岱杨梅、上丰雪梨、宋村葡萄享有盛誉。歙县具有全国名优茶之乡、全国生态农业建设先进县、全国绿化先进县、全国经济林先进县之美誉。

歙县区位优越,山水秀丽。徽州古城四水回澜,五峰拱秀,山水交融,是名副其实的山城、水城、桥城;南部清凉峰系安徽省自然保护区,拥有众多珍贵的动、植物和原始森林;新安江山水画廊一水如带,蜿蜒百里通往千岛湖,两岸青山相拥,村落处处,粉墙黛瓦,徽派民居与四季花果互为映衬,构成极具特色的古徽州村落文化,被誉为“皖南漓江”。

(赵婷)

黟 县

黟县，隶属于安徽黄山市，徽州六县之一，位于安徽省南端、黄山风景区西南麓，距离黄山风景区三十余公里，总面积857平方公里。黟县县名的由来，据《新安志》《徽州府志》载：“黄山旧名黟山，秦置黟县。取义于此。”自宋隶属古徽州，是“徽商”和“徽文化”的发祥地之一，黟县也是安徽省省级历史文化名城，被誉为“东南邹鲁”。

黟县历史上名人荟萃，汪勃、张小泉、俞正燮、赛金花、黄士陵、汪大燮、舒绣文等名人均出自于此。西递、宏村、南屏先后被列入“全国重点文物保护单位”，屏山和赛金花故居被列入“省级重点文物保护单位”，西递、宏村、南屏、屏山、关麓被列入全国历史文化名村。浓厚的文化积淀形成了极具浓厚地域文化色彩的非物质文化遗产，徽州篆刻、徽州祠祭、徽州彩绘壁画、余香石笛制作技艺、利源手工制麻技艺、徽州楹联匾额等已成功入选省级非物质文化遗产保护名录，清代著名学者俞正燮的《癸巳类稿》《癸巳存稿》影响很大；“西泠四家”之一奚冈的金石书画，“黟山派”篆刻鼻祖黄士陵的篆刻艺术，也闻名于世。

黟县四周群山环抱、山清水秀，境内清溪回流、阡陌交错。自然风光绮丽，文物遗迹众多，素有“世外桃源”之称。古村落星罗棋布，古建艺术名闻遐迩，民俗民风淳厚古朴。南唐诗人许坚有《入黟吟》：“黟县小桃源，烟霞百里宽。地多灵草木，人尚古衣冠。”宋代进士孙抗赞美黟县“洞里栽桃不计时，千载渔郎去不归”，有“桃花源里人家”“中国画里乡村”的美誉，先后荣获全国首批“绿色小康县”“国家级生态示范区”等称号，五溪山、木坑竹海入选省级森林公园。全县有世界文化遗产、5A 级景区西递、宏村，4A 级景区赛金花故居、南屏景区、打鼓岭景区等 13 个景区。

西递村，古名西川，又称西溪，都有水势西流之意。据史料记载，西递始祖为唐昭宗李晔之子，因遭变乱，逃匿民间，改为胡姓。西递村奠基于北宋时期，发展于明景泰年间，鼎盛于清乾嘉年间，至今已有近千年的历史。村落建房多用黑色大理石，两条清泉穿村而过，九十九条高墙深巷，各具特色的古民居，使游客如置身迷宫。村头有座明万历六年（1578）建的三间四柱五楼的青石牌坊，峥嵘巍峨，结构精巧，是胡氏家族地位显赫的象征。村中有座康熙年间建造的“履福堂”，陈设典雅，充满书香气息。村中另一古宅为“大夫第”，建于清康熙三十年（1691），为临街亭阁式建筑。宏村背山临水，风景优美。“烟火千家，栋宇鳞次，森然一大都会矣”。村中的人工水系在皖南古村落中独树一帜，村内水圳绕家串户，与村中央的月沼、村南面的南湖相互贯通，形成了山、水、人家相协调的最佳人居环境。村内有保存完好的明清民居一百四十余幢，其中承志堂“三雕”精湛，富丽堂皇，被誉为“民间故宫”。著名景点还有：南湖风光、南湖书院、月沼春晓、牛肠水圳、双溪映碧、亭前大树、雷岗夕照等，被誉为“画中的村庄”。

（赵婷）

休 宁 县

休宁县隶属于安徽省黄山市，位于安徽省最南端，与浙、赣两省交界，属古徽州“一府六县”之一，可以说是“交通枢纽重地、徽州文化宝地、休闲养生胜地”。

休宁历史文化厚重，名人辈出，是徽州文化宝地。自东汉建安十三年(208)建县，距今已有一千八百余年历史。县名为隋文帝钦定，取休阳、海宁各一字，含“吉庆平宁”之意。自古以来，休宁便以山水之美、林茶之富、商贾之多、文风之盛而闻名遐迩，被誉为“东南邹鲁”。古语云：“织自有锦，唯人制之；地自有灵，唯人钟之。”休宁乃状元故里，人文底蕴厚重。赵汸在《商山书院学田记》中称：“四方谓新安为东南邹鲁”，新安又以“休宁之学特盛”。自南宋嘉定十年(1217)至清光绪六年(1880)，休宁出了 19 名文武状元，居全国各县之首，有“中国第一状元县”之称。千百年来，钟灵毓秀的休宁山水哺育了一代又一代的风流人物，名儒朱升、戴震，珠算宗师程大位，戏曲家汪延讷和汪士慎、丁云鹏、胡正言、海阳四家等书画艺人都曾生长在这块土地上，是中国三大显学——徽文化的主要发祥地，也是蜚声中外的徽商的主要发源地。

休宁旅游资源丰富，是休闲养生胜地。境内山清水秀，风光旖

状元博物馆牌坊(摄影　付宏)

旎，文人墨客中广有“休宁山色横江水，回首依依勒马看”的赞誉。拥有国家4A级风景名胜区、国家森林公园、国家地质公园以及中国四大道教名山之一的——齐云山，被乾隆皇帝誉为“天下无双胜境，江南第一名山”，李白、朱熹、唐寅、海瑞、徐霞客、郁达夫等都曾为齐云山留下许多佳句墨宝，尚存众多的摩崖碑刻；还有被誉为“活动着的《清明上河图》”的万安古镇；“三江源头”六股尖；被徐霞客称为比浙江天台更具神韵的云岩湖、古城岩风、三溪大峡谷、夹溪河漂流和盐铺山越风情园及溪口阳干村、五龙山、源芳大峡谷等一批绝佳的生态旅游资源。

(赵婷)

祁门县

祁门县位于安徽省南部，黄山市西南部，黄山西麓，与江西毗邻，东北与黟县接壤，东南与休宁县为邻，西北连石台、东至县，西南与江西县浮梁县接壤。因城东北有祁山，西南有阊门而得名，是一个“九山半水半分田”的山区县，素有“茶戏之乡”的美誉。

祁门历史文化恢宏，属徽文化一脉，属古徽州“一府六县”之一，建县于唐永泰二年（766），被誉为“东南邹鲁”。有风格独具的古建筑“曾国藩行辕”“贞一堂”“一府六县”等。县西闪里镇有全国罕见的江南古戏台群，还有“双桥映月”之誉的平政、仁济双桥。祁门古戏台，在中国戏曲舞台史上占有极为重要的地位，特别是明清以来各个时期遗存的11座古戏台是一部完整的徽州舞台史及实物例证，从一个侧面反映了徽州建筑艺术的造诣和成就。主要有余庆堂古戏台、敦典堂古戏台、嘉会堂戏台、敦化堂古戏台、叙伦堂古戏台、和顺堂古戏台、顺本堂古戏台、聚福堂古戏台等。祁门民间艺术自古以来丰富多彩，郑之珍的“目连戏”、江南采茶戏、黄梅戏、扑蝶舞、嬉灯等闻名中外。

徽州同知姚杏山在康熙《祁门县志·序》中说：“祁门山川奇峭，多产异人，文章勋业，不下他邑。”据记载，从唐朝到清末出进士

172 人。“金瓯激士子”“一榜六进士”成为祁门的科举佳话。祁门古镇人文荟萃，有许多名垂青史的人物：王伯彦官至右仆射（右丞相），是祁门县历史上品阶最大的官员；朱熹亲授弟子谢琎，系宋代名儒；程笃凤文武全才，乃科举时代祁门唯一的武状元；南宋文学家及诗人方岳；明代有新安医学奠基人汪机、著有《古今医统大全》的医学家徐春甫、戏曲家郑之珍；清代著名的盐商和藏书家马曰琯、马曰璐等。

祁门县旅游资源独具特色。境内有华东地区最大的国家级自然保护区——牯牛降，群峰竞秀，沟壑纵横，远眺恰如一条牯牛横卧顶峰，奇松、怪石、飞瀑、云海和佛光称之为牯牛降风光之五绝，被誉为“动植物天然宝库”“亚热带边缘的绿色自然博物馆”“珍稀物种的天然基因库”，2004 年 2 月被国土资源部批准为第三批国家级地质公园。考坑大峡谷景区纵深近 20 公里，一直延伸至牯牛降腹部，幽深曲折，景色奇绝。整个峡谷一分为二，其上则林茂草深，坡陡崖险，但景色更加瑰丽雄奇，是探险旅游的好去处；下部为观溪、观石之佳处，群峰如聚，怪石绝壁，千姿百态，云雾缭绕，气象万千。近年来，又相继开发了九龙池、龙池坡、橹溪湾等多处景点，“绿色、生态、古朴、原始”已成为旅游特色品牌。祁门茶叶生产历史悠久，早在唐代就有十分繁盛的茶市，被誉为“中国红茶之乡”。

（赵婷）

旌 德 县

旌德县，隶属于安徽宣城市，位于皖南山区，地处黄山北麓，东临苏浙沪，北枕皖江，距黄山风景区仅30公里。建置于唐宝应二年(763)，时属宣州。宋、元、明、清一直隶属宁国府。民国初属芜湖道。1938年划属徽州地区，1959年1月至1961年12月曾与绩溪县合并，1988年1月1日划归宣城地区。2001年1月1日宣城撤地建市，旌德隶属宣城市至今。

文 庙

旌德历代重诗书，勤课诵，文风昌盛，人文荟萃，有“东南邹鲁”之称。晚唐诗人吕从庆，迁居旌德西乡后，著有诗集《丰溪存稿》传世。南唐状元舒雅，工文善画，曾参与纂校《文苑英华》《论语正义》

《册府元龟》等书，重绘《山海经图》文庙10卷，是宋初“西昆体”著名诗人。北宋汪澥著有《汪仲容文集》30卷。元代著名农学家王祯曾在旌德任县尹六年，他见“山城萧然”，达官贵人恣意“苛敛不已”，为实现“仓廪实而府库足”，潜心钻研农业生产，著成《农书》22卷。他在任期间，受邹鲁文化影响颇深，为生民立命，修堤坝，建学宫，改革印刷术，“教民勤树艺”，颇有惠政。明代梅鹗、梅鷟兄弟，分别著有《皋山集》和《尚书考异》《春秋指要》等传世之作。明、清两代，主要画家有饶震元、程宝显、饶大振、金士海、方应召、吕焕章等。清末至民国时期，书法名家有吕朝瑞、吕凤岐、江志伊、江荀朴、王鸣、江辛、汪彭年、程幼芝、方伯西等十余人。近代杰出女词人吕碧城著述丰富，深受海内外识者赞誉。

旌德山川毓秀，是国家级生态示范区建设试点县，境内重峦叠翠，山水相间，黄山支脉自西南蜿蜒而入，自然生态环境保持良好，人文景观众多，是安徽省“两山一湖”景区的重要组成部分。旌德因长期隶属徽州，受徽州文化影响很大，徽派建筑和徽州文化随处可见。始建于北宋崇宁元年（1102）的旌德文庙以及江村父子进士坊、溥公祠均被列入全国重点文物保护单位。皖南第二大石桥旌德三溪乐成桥、乔亭文笔石峰、兴隆表灵塔等把山清水秀、民风淳朴的旌德点缀得更加美丽。旌德还有灵芝、苎麻、茶叶等地方特产，2008年被中国经济林协会授予“中国灵芝之乡”称号。

（赵婷）

绩 溪 县

绩溪县是位于安徽省南部，徽州六县之一，是徽州文化的发源地之一，被称为“徽厨之乡”，现隶属于宣城市管辖。

山水交错绩溪县，位于徽州地区的核心地带，历史久远。汉为歙县地，属丹阳郡。三国吴属新都郡。晋属新安郡。《太平寰宇记》：南朝梁大同元年（535），析歙县地置梁安县，后废。《新唐书·地理志》：永徽五年（654），析歙县地置北野县，后改绩溪县。《元和郡县志》：大历二年（767）置绩溪县，属歙州。宋属徽州。元属徽州路。明清属徽州府。从历史渊源上看，徽州文化的孕育离不开绩溪，徽州文化中充满了众多“绩溪元素”。

绩溪风光秀丽，历史悠久，人文璀璨，文化底蕴极为厚重，是徽文化的重要发祥地，有“东南邹鲁”之称。被誉为和谐之源、文化名城、名人故里、徽菜之乡。绩溪拥有丰饶的物质和非物质文化遗产，各种历史遗迹和人文景观耀若群星，遍布徽岭南北。据统计，境内现有文化遗存三百余处，其中祠堂一百三十余幢，徽派古民居、古道、亭庙、古水口、古桥随处可见，有文物保护单位 53 处。有“木雕艺术殿堂”美誉的龙川胡氏宗祠，宗祠内极负盛名的隔扇门裙板木雕荷花图，寓意“和谐”“和美”“和顺”“和鸣”，处处体现出以和为贵的传统儒家思想，是体现徽文化思想的经典之作，被誉为和谐之源；始建于宋代的绩溪文庙是皖南规模最大、保存最好的孔庙，占地面积1439平方米；明伦堂考棚始建于明洪武五年(1372)，为国内目前留存为数不多的考棚之一；周氏宗祠始建于明，占地面积1156平方米，整体建筑保存完好，宗祠内陈列有大量的徽派石雕、木雕、砖雕文物精品。徽文化里的非物质文化遗产多出自绩溪，胡开文墨庄所制“地球墨”，曾获巴拿马万国博览会金质奖章；由绩溪民间乡土菜肴演变形成的徽菜，跻身于中华八大菜系；原生态的徽剧徽调和极具乡土文化气息的“赛琼碗”、秋千抬阁等徽风民俗，历史悠久，自然醇和，至今仍在民间流传。

“唐宋八大家”之一的苏辙曾任绩溪县令。《宋史》记载说：苏辙年19岁，与其兄苏轼同登进士科。苏轼因诗获罪，苏辙受株连，贬谪筠州，监盐酒税，“五年不得调”。苏辙受儒家思想影响，勤政爱民，有邹鲁之风。淳熙《新安志》记曰：元丰八年(1085)，苏辙知绩溪县，有惠政。当时正值朝廷征集战马，而江东诸郡素来缺马，别县的官吏乘机胁迫勒索，民间“为之骚然”。绩溪令苏辙虽不敢违背“朝旨”，但能体恤民情，借口“事忌太遽，徐为之备”。采取拖延措施，最后此事不了了之。绩溪县民众因此欢呼“邑人幸矣”。绩溪县城西门外有长堤，为苏辙所筑，后人名为苏公堤。

正因为徽文化的长期熏陶，绩溪自古就有“邑小士多，代有闻人”的美誉，涌现出一批在社会历史进程中颇具影响力的著名人物。如明朝抗倭名臣、兵部尚书胡宗宪，清朝一代巨贾、红顶商人胡雪岩，徽墨制作大师胡天注，著名茶商胡炳衡，近代著名学者、新文化运动倡导者胡适。

(赵婷)

福 州 市

福州市是我国东南沿海著名的历史文化名城，素有“海滨邹鲁”的美称，是我国首批对开放的沿海港口城市，是福建省省会和全省的政治、经济、文化中心。

“沿江、临海、依山”是福州地域经济和文化的一大特色。据考古研究，由于地理优越，史前的福州就有闽越族土族居民繁衍生息；先秦时期福州就逐渐形成人口聚集之城；汉灭秦后，福州正式成为汉朝在福建推行的第一个县份——治城；汉末，福州设侯官县；两晋以来，由于中原内乱，大量北方人口南移入闽，史称“衣冠南渡”。此时，福州人口大增，商贸云集，已逐渐发展成我国东南沿海经济社会比较发达的都市。

福州作为历史文化名城，全兴时期始于唐末王审知治闽。王审知重仕兴教，“延揽中原文学之士”；“采劝保境息民”，开辟甘棠港，发展海运贸易。王审知重视教育、农业、商贸和民生，对福建的发展做出了巨大的贡献，因此，王审知也有着“闽王”的美称。经济的繁荣也促进了文化发展，为福州以后各个时期英才辈出打下了良好基础。唐、宋、明、清以来，福州籍进士达三千六百多人，其中，文状元 16 人，武状元 7 人，位居全国各城市的前列。位于鼓楼区南后街的“三坊七巷”，以及城内的“三山两塔”是福州古城的重要标志和见证。唐末五代以来，因福州城内拥有“三山”即闽山（乌山）、九仙山（于山）、越王山（屏山），故福州又有“三山”的别称；宋治平元年（1064）太守张伯玉编户植榕，致使全城“绿荫满城，暑不张盖”，福州又有“榕城”的美称。

明初，福州已成为我国对外贸易的主要港口城市，郑和七次下西洋，途经福州并把长乐太平港作为船队基地，不仅促进了福州地区工商业、造船业、海运业的繁荣和发展，也奠定了福州作为对外贸易港口城市的重要地位。近代史上，福州曾经是我国近代海军、造船业的发祥地，为我国培养出一批早期著名的海军英才，如严复、沈葆桢、萨镇冰等。

19 世纪中叶，西方帝国主义看重福州的优越地理位置，并在中英鸦片战争后，将其辟为五口通商口岸之一。在辛亥革命期间，福州作为辛亥革命的前沿阵地，为配合广州起义于 1911 年 9 月举行了声势浩大的推翻清廷地方政权的起义，成功地光复了福州，成立临时政权。在中国共产党领导下的新民主主义革命期间，中共福建省委机关设在福州，领导全省人民开展推翻“三座大山”的革命斗争，并配合中国人民解放军于 1949 年 8 月 17 日解放福州。

福州是我国著名的侨乡，也是福建省主要的侨乡。据统计，旅居海外的福州籍侨胞有 250 万人。福州是我国与台湾距离最近的省会城市，闽台、榕台两地同胞同根同祖，有着悠久的经济、文化联系。改革开放以来，福州面临难得的历史机遇，1996 年福州被国务院定为两岸直航的首批试点口岸之一。

（孟文晴）

福 清 市

福清位于福建省东部沿海，是福州市辖县级市。福清简称“融”，雅称“玉融”，取自“山自永福里，水自清源里，来会于治所”一语中的“永福”（今福建省永泰县）、“清源”（今福建省莆田市）二词。福清是一座古老而又年轻的城市，历史悠久，自古就有“海滨邹鲁，文献名邦”的美誉。

福清历史悠久，从福清市东张新石器时期遗址的发现，证实早在公元前2000年，福清市就已经有人类活动。春秋战国时期，福清地属七闽。战国中期，越国被楚国所灭，越国王族航海入闽，定居于越迁山，这是有历史记载的先进文明民族第一次进入福建。隋唐时期，福清市最早的建制为万安县，后来又数次改变县名。宋元时期，福清人开始移居海外。到了明朝时期，福清市的重大历史事件为戚继光抗倭。清朝以降，历经民国社会动乱，到新中国成立后，福清已然成为福建省人口大县、经济大县。

福清是中国传统的中原文化和新兴的海洋文化交汇融合的代表性区域之一，并以此为基础，孕育了石竹山祈梦文化、抗倭文化、侨乡文化等三大特色民俗文化，也正是这三大特色文化铸就了福清人慷慨豪迈、矢志创业的群体特性和开放融合、拼搏争先的福清精神。石竹山祈梦文化是道教文化、禅文化、儒家文化在福清融合的一个缩影,它所倡导的导人向善的思想深深地影响着每一代福清人。抗倭文化则为福清的民间艺术、民间习俗等带来了一系列深刻的变化,铸就了福清人团结协作、奋勇拼搏的精神特质,也成了福清凝聚乡情的重要纽带。侨乡文化的发展则为福清经济社会的腾飞插上了翅膀,推动着侨乡经济社会30年间的跨越式发展。

福清有着众多的杰出历史人物,如清朝后期政治家和思想家、诗人、民族英雄、"开眼看世界第一人"的林则徐,北宋参知政事郑侠,南宋著名学者、诗人兼诗论家敖陶孙,乾隆朝太傅杨振及叶向高、翁承赞等。

福清域内人文自然景观众多,拥有"中华梦乡"石竹山、全国最大的瑞岩山弥勒石佛造像、日本三大佛教流派之一黄檗宗的祖庭万福寺、南少林寺遗址、灵石国家森林公园、大姆山草场、瑞云塔、黄阁重纶石坊、弥勒岩、目屿岛、大化山风景区等诸多名胜古迹。石竹山原名石所山,《徐霞客游记》中曾记载:"春游石所,秋游鲤湖",因山多幽岩怪石,又盛产筱竹,雨后筱竹苍翠欲滴,为山中之胜,故又名"石竹山",古人誉为"兹山奇绝,雅胜鼓山"。灵石山国家森林公园在东张镇三星村西南,古木参天,郁郁葱葱,峭拔的山势形成了灵石山各种自然胜景,著名的有九叠峰、留雪峰、报雨峰、香炉峰、弹峰、仙人岩等。

(孟文晴)

长 乐 市

长乐市隶属于福建省福州市，其名取自《诗经》中“长安久乐”之义。长乐市位于闽江口南岸，处于长江口与珠江口海岸线的正中，与台湾岛隔海相望。长乐市拥有空海陆三轴交通，是国内屈指可数的空海“两港”城市。

长乐市是福建省会福州的门户，素有“海滨邹鲁、文献名邦”的称誉。长乐市不仅是郑和七下西洋出发地，还是贡茶“方山露芽”与贡盐的产地。

长乐市历史悠久，文化积淀深厚，人文荟萃。长乐市设县始于唐武德六年(623)，至今有一千三百多年的历史。从唐开元二年起，长乐一共出了 11 名状元、955 名进士，为福建省状元最多的县级城市，并留下了许许多多世代相传的科举佳话，如“凤岗二刘，砥砺德成”，验证了当时治学之孜求；“金枝玉叶世裔，青灯黄卷名家”，反映了当时文风之蔚然；“父子两进士，兄弟五联芳”“九官六进士，四世五中丞”，则折射出当时人才之鼎盛。长乐文化积淀深厚，历代文人荟萃，明清时期有大文学家谢肇淛、梁章钜，近现代有文学家、考古学家郑振铎和文学家冰心等。此外，这里书画名人辈出，宋代有画龙高手陈容，民国时期有书画家李兆珍、黄葆钺等。

海滨邹鲁（摄影　米怀志）

长乐市境内负山际海，山岩石谷磅礴瑰丽，奇山秀水星罗棋布，文物古迹荟萃。计有闽中名刹龙泉寺、灵感天王寺、圣寿宝塔，抗元将领杨梦斗纪念祠、高应松枢密第与忠烈祠、江田三忠祠，明初建造保存完好的梅花城，航海家郑和立的“天妃灵应之记”碑、太平港、天妃宫、出洋平安鼓，清代三江口水师旗营遗址，江田南阳中共福建省委旧址和玉田灵隐墓等多处文物史迹。长乐的山河景观，有首石凝云、壶江泛月、龙潭晓瀑、寒岩晚钟、五峰岚横、七岩星绕、筹峰积雪、龙角含烟、屏障铺霞、灵峰迎旭、梅城弄笛、御国归帆、金刚濯足诸景。长乐名山胜景之中，也留下许多历代文人的题刻，存有杨发、蔡襄、李纲、苏舜元、文天祥、朱熹、郑和等人的摩崖石刻。

（孟文晴）

厦门市

厦门市，别称鹭岛，简称鹭，位于福建省东南端，有着“海上花园”的美称。厦门市是闽南地区的主要城市之一，与漳州、泉州并称“厦漳泉”，是闽南金三角经济区。厦门市是中国最早实行对外开放政策的四个经济特区之一，也是现代化国际性港口风景旅游城市，并拥有第一批国家5A级旅游景区——鼓浪屿。美国前总统尼克松曾赞美厦门为“东方夏威夷”。

厦门良好的地理位置和独特的人文环境，创造了厦门内涵丰富的地域文化；千百年的文化传承，铸就厦门“海滨邹鲁、文教昌明”的盛誉。历史文化名人有北宋宰相、天文学家、药物学家苏颂，近代民族英雄陈化成，爱国华侨领袖陈嘉庚等。

“城在海上，海在城中”。厦门是一座风姿绰约的“海上花园”。岛、礁、岩、寺、花、木相互映衬，侨乡风情、闽台习俗、海滨美食、异国建筑融为一体，四季如春的气候更为海的魅力锦上添花，可以说这里是全国环境最好的城市之一。由于生态环境良好，厦门的空气清新，栖息着成千上万的白鹭，形成了厦门独特的自然景观，又因为厦门的地形就像一只白鹭，因此它被人称为“鹭岛”。厦门的鼓浪屿风景名胜区包括日光岩、菽庄花园、皓月园、钢琴博物馆、厦

海滨邹鲁石刻(摄影　米怀志)

门海底世界、郑成功塑像、厦门博物馆、金榜公园等，为国家 5A 级旅游景区。鼓浪屿钢琴博物馆位于鼓浪屿上的菽庄花园，是中国唯一一家钢琴博物馆，里面有稀世名贵的镏金钢琴，有世界最早的四角钢琴和最早最大的立式钢琴，有古老的手摇钢琴，有产自一百多年前的脚踏自动演奏钢琴和八个脚踏的古钢琴等。屿上居民喜爱音乐，钢琴拥有密度高，故被赞为琴岛。其他著名景点还有南普陀寺、万石植物园、胡里山炮台、厦门古城遗址、鸿山、望高石、集美学村、海沧大桥、同安影视城、园博园、中山街等。

（孟文晴）

泉州市

泉州，简称“鲤”，别名“鲤城”“刺桐城”“温陵”，地处福建省东南部，是福建省三大中心城市之一。泉州北承省会福州，南接厦门特区，东望台湾宝岛，西毗漳州、龙岩、三明。

海滨邹鲁

泉州素有“海滨邹鲁”“光明之城”的美誉，是国家首批 24 个历史文化名城之一。泉州保留着弥足珍贵的戏曲文化遗产，有梨园戏、高甲戏、打城戏、“嘉礼”戏等剧种，其中蜚声海内外的有晋唐士乐余韵南音、宋元南戏“活化石”梨园戏和中国一绝“提线木偶”。伊斯兰教、印度教、古基督教、摩尼教、犹太教、佛教等世界多种宗教在泉州广泛传播，留下大量遗迹，使泉州成为多元文化交汇处。泉州作为唐朝中期以后中原移民集中的地区之一，保留了唐代中期以来的大量文化信息，包括语言、艺术、风俗、宗教等。泉州出土的西周礼乐器和原始壁画，反映出了二三千年前泉州原住民古闽越族人的原始舞蹈风貌。明清时期，泉州地方戏曲、民间歌舞发展到一个新的高峰。清代乾隆《泉州府志》中记载了上元节泉州城内游灯、踩街歌舞活动“一国若狂”的热闹景象。新中国成立以来，泉州民间舞蹈更是一枝独秀，蜚声全国。

泉州旅游资源丰富，其中极负盛名的有中国现存最早的伊斯兰教清真寺、世界唯一的摩尼光佛像石刻、中国最大的老君石刻造像、葬有唐代到泉州传教的穆罕默德门徒三贤四贤的灵山圣墓、千年古刹开元寺及东西塔、记载古代海上交通和贸易的九日山祈风崖刻、广受台胞和海外侨胞信众膜拜的天后宫妈祖、民族英雄郑成功史迹与陵墓、宋代蔡襄修建的洛阳桥、号称“天下无桥长此桥”的安平桥，以及与惠东民俗、海滨风光、石雕艺术融为一体的崇武古城等。

（孟文晴）

晋 江 市

晋江素有“声华文物、雄称海内”“泉南佛国”“海滨邹鲁”之美誉，位于福建省东南沿海、泉州市东南部、晋江下游南岸，三面临海。从古至今，晋江是一个中原文化、闽南文化、历史文化、侨乡文化、海丝文化等多元文化交融之地，拥有安平桥、草庵、陈埭丁氏宗祠、金交椅山古窑址、衙口施琅宗祠、东石白沙古战场、深沪狮峰山烽火台、龙山寺、东石南天寺、金井西资岩、龙湖施氏宗祠、安海星塔、俞大猷墓等历史文物古迹。

著名侨乡——“十户人家九户侨”是晋江最大的人文特色。祖籍晋江的华侨、华人和台港澳同胞二百多万人，因而有“海内外300万晋江人”之称。

文化名城——晋江的中原文化、海洋文化、闽南文化、华侨文化、宗教文化等多元文化相互交融、相映生辉。晋江拥有“安平桥”“草庵”、深沪湾海底古森林、龙山寺等121处市级以上文物保护单位。郑成功、施琅、朱熹、曾公亮、欧阳詹、俞大猷、张瑞图等著名历史人物，都为晋江留下了丰富史迹和人文遗产。

晋江是著名的文化名城，闽南金三角的核心，与台湾一水之隔。因特殊的地理位置，历史上，晋江在经济、军事、文化方面占据重要地位，是古代“海上丝绸之路”重要起点之一。清代，晋江与南安、惠安，合称泉州三邑，有“泉南佛国”的美誉。

晋江市以依山傍海的地理位置、源远流长的历史沿革、丰富独特的文化艺术，形成了以山、海、林为主的自然景观和以古文化、古建筑及民俗风情为主的人文景观，旅游资源相当丰富，是福建省富有开发潜力的旅游胜地之一。晋江的自然景观类主要有深沪古森林—牡蛎礁遗址、紫帽山、灵源山、罗裳山、石圳—围头角海滩、围头沙滩、衙口沙滩、深沪华海沙滩、白沙塔头沙滩。树林有紫帽山、灵源山、罗裳山的亚热带森林和晋南海滨防护林；古树名木有莲雾树与加冬树互为寄生的紫帽山情侣树和四百多年的磁灶龙眼王、草庵古桧等。

（孟文晴）

南 安 市

南安市位于福建省东南沿海，历史悠久，曾为闽南地区政治、经济、文化中心，是古代“海上丝绸之路”东端起点，拥有较为厚重的文化遗产。

南安历史悠久。三国吴国永安三年(260)置东安县，隋开皇九年(589)始称南安县。西晋末年，北方战乱，中原士族大批入泉州，多沿江而居，晋江由此得名，这也是中原文化与闽越文化的一次大融合，中原人所带来的先进技术和文化，促进了晋江流域经济文化的发展。

南安人杰地灵。三国东吴置县，距今已有一千七百多年的历史，南安曾一度是闽南的政治、经济和文化中心，曾辖兴(化)、泉(州)、漳(州)三地，蔚成“文化发达，代出英才，人文荟萃”的诗礼之邦，得“海滨邹鲁”之称。唐代就有名人的读书处和书院的设立，历代的南安名人、学士，对南安的文化教育起了推动作用。唐贞元八年(792)，南安欧阳詹首登八闽甲第，得进士第二名，与韩愈、李观同科，时称“龙虎榜”，他的登科鼓舞和推动了福建的文化教育。晚唐时王审父子在南安设招贤院，一时名士云集。宋代朱熹在南安九日山书院讲学，影响尤著。南安还是明末清初军事家、抗清名

九日山摩崖石刻

将、民族英雄郑成功的故乡。南安先后登进士第共 296 人，明清两朝考中举人 835 人，在乡试、会试和殿试时，中状元、会元、榜眼、探花、传胪、解元者比比皆是。

南安名胜众多，拥有一批知名的历史文物和名胜古迹，郑成功陵墓、九日山摩崖石刻、“天下无桥长此桥”的安平桥、蔡氏古民居建筑群闻名遐迩；雪峰寺、凤山寺、灵应寺、五塔岩、天心洞等众多寺观名胜，构成一道神奇的宗教文化风景线；天柱山、黄巢山、大佰岛等，是生态旅游观光胜地。

在这块古老的土地上，人们可以沉醉在浓郁如酒的乡情和美妙神奇的艺术境界中，游览遍布南安全境的儒、释、道宗教文化活动场所，倾听中国古典音乐“活化石”的南音珍品，参观千姿百态璀璨夺目的人工彩扎和剪纸工艺，观赏“民族艺坛奇葩”的高甲戏和木偶戏，领略南安独特的人文。

（孟文晴）

惠 安 县

惠安县,是一座千年历史古县,隶属于福建省泉州市,与晋江、南安合称为泉州三邑。惠安县位于福建省东南沿海,东北部介于泉州湾和湄洲湾之间,东临台湾海峡。惠安海岸有黄金海岸之称,崇武海岸则被国家地理杂志评选为“中国最美的八大海岸”之一。

孔 庙

惠安县是闽南著名侨乡和台湾汉族同胞主要祖籍地之一,素有“海滨邹鲁”之美誉，是国学大师辜鸿铭的故乡，也是《康定情歌》的采编者吴文季的故乡。

惠安县以惠安女独特民俗及石雕而闻名，这里有中国唯一穿着奇特服饰的汉族女性群体，也有“南派石雕之都”的美誉。惠安女服饰、惠安雕艺被纳入国家第一批非物质文化遗产名录。县境内的北宋洛阳桥、明代崇武城均为国家重点文物保护单位。惠安风俗，含岁时节日、衣食住行、婚丧喜庆、行业习俗、信仰崇拜、礼仪风尚等，是经过千百年来古越族文化、中原文化以及海外华侨文化长期交融，嬗变而逐渐形成的，颇具闽南侨乡特色的民俗风情，显得古朴淳厚而又五彩缤纷。

惠安旅游资源丰富，全县拥有国家4A级旅游区1个、国家工业旅游示范点1个、国家重点文化保护单位2个、省级工业旅游示范点1个、省级森林公园2个。风景名胜有崇武古城、科山寺、科山森林公园、净峰寺、平山寺、一片瓦寺、聚龙小镇、中新花园、溪滨公园、中国雕艺城、山霞青山宫、山霞青山湾、崇武半月湾、崇武西沙湾、小岞惠女民俗风情保护区、崇武赤湖海滨森林公园、崇武石雕博览园、紫山笔架山、涂寨文笔峰、涂寨安固石亭、辋川虎屿岩景区、辋川侯卿古驿道、螺阳盘龙古驿道、螺阳灵山仙境、黄塘施琅将军陵园、螺阳王潮墓、大岞山新石器时代文化遗址、音楼山新石器时代文化遗址、走马埭现代农业观光园、净峰金熊观赏园、武功大夫第、西沙湾解放军烈士庙、獭窟妈祖庙、龙山书院、玉岭古寺等。

（孟文晴）

漳 州 市

漳州位于福建最大的漳州平原上，东临福建厦门市，南与广东交界，与台湾隔海相望，地处“闽南金三角”，是厦深高铁、龙厦高铁、鹰厦铁路交汇的重要枢纽城市。

文 庙

漳州系历史文化名城，素有“海滨邹鲁”的美誉。漳州是闽南文化的发祥地之一，早在一万年前就有先民在这里繁衍生息。漳州于唐垂拱二年(686)建州，迄今已有一千三百余年历史。漳州在历史上人才汇集、俊贤辈出，如宋代著名理学家陈淳、明代《东西洋考》的作者张燮、清初“闽海才子”黄道周、近现代文化名人许地山以及杨骚、林语堂等，皆饮誉海内外。漳州自唐元和十一年（816）龙溪县周匡物第一个进士及第后，截至清代，漳州进士及第 977 人，其中状元 3 人。

漳州是著名的“鱼米花果之乡”，是闽南商贸重镇和富有亚热带风光的海岸地区。境内有东山岛、漳州滨海火山公园、南靖土楼、云洞岩等景点。漳州民间文艺丰富多彩，有锦歌、竹马戏、大车鼓舞蹈和精致的剪纸艺术，还有誉满海内外、多次出国献艺的布袋木偶戏、芗剧、潮剧。漳州有世界文化遗产、国家 5A 级景区南靖土楼，国家 4A 级旅游景区、号称“闽南碑林”、朱熹题称“溪山第一”的云洞岩，国家 4A 级旅游景区、有“天下第一奇石”美誉的东山风动石，国家 4A 级旅游区、省级风景名胜区三平风景区，国家地质公园漳州滨海火山公园，全国重点文物保护单位、全国首批涉台文物白礁村慈济宫，保存着 53 座完整土楼的云水谣古镇，国家级自然保护区漳江口红树林保护区，明代旅游家徐霞客二度漂游的九龙江北溪，被黄道周赞誉为“与黄山相似，当无不及或有过之”的灵通岩。此外，漳州还有长泰天柱山国家森林公园、东山乌礁湾国家海滨森林公园、南靖乐土亚热带原始雨林保护区等旅游景区景点。

（孟文晴）

龙 海 市

龙海市位于福建省东南沿海九龙江出海口，地处福建省东南部、漳州市东部，西北群山环抱，东南濒临东海和南海。龙海市东与厦门市接壤，南与漳浦县交界，西和漳州市区、南靖县、平和县毗邻，北与长泰县相接，全市总面积1128平方公里。

龙海自古以来就有“海滨邹鲁”的美誉，人文荟萃。其古代著名人物有漳州建州后第一个进士周匡物，被尊为大道公、保生大帝的吴夲，南京户部尚书潘荣，开台王颜思齐，郑成功虎将之一的甘辉等；近代著名人物有闽南小刀会起义首领黄位、黄得美，甲午战争时任督办全台团防大臣的林维源等。龙海也是20世纪60年代闻名全国的“龙江风格”的诞生地。

龙海境内人文旅游资源丰富，地热资源分布广泛，呈现出郯山讲堂滨海温泉、花果生态和九龙江人文三大旅游特色：“海上兵马俑”牛头山古火山口傲然矗立；西至程溪，背靠山林，“漳州千岛湖”湖后水库掩映林间；九龙江横贯全境，交汇入海，大航海时代“万棹成集、盛极一时”的月港。城区有东郊步月、北岸含烟、锦水归帆、河埭蛙鼓诸景。港尾南太武山为宋代所辟游览地，与金门岛北太武山隔海相望。江东桥（虎渡桥）古称“三省通衢”。郯侯山麓有郯

郯山讲堂

山讲堂旧址。梧浦万松关(万嵩关)自古为兵家必争之地。颜厝白云岩寺始建于唐代,朱熹曾居此,有明代黄道周题刻“白云深处”。九龙岭下木棉庵是宋义士郑虎臣诛奸臣贾似道处。海澄有戚继光所建晏海楼,曾为郑成功指挥所。屿子尾镜台山“天南锁钥”南炮台为清末闽浙总督邓廷桢为配合林则徐禁烟御侮备战而筑。港尾枪城为民族英雄郑成功所建的镇守厦门、收复台湾的重要外围据点。角美白礁纪念“医灵真人”吴夲的慈济宫名闻海内外。

(孟文晴)

漳 浦 县

漳浦县地处闽南金三角的南部，位于福建东南沿海南端，东临台湾海峡与台湾隔海相望，南隔东山湾与东山县对峙，西南与云霄县相连，西及西北与平和县、龙海市毗邻，北及东北与龙海市接壤。

紫薇书室

漳浦县历史悠久，素有“海滨邹鲁”“金漳浦”美誉。在远古时期就开始发展生产，是千年文明古县，建县于唐垂拱二年（686）。

漳浦县在商周时期的荒芜江南海疆，已能生产锛、镞石器工具及龟纹陶罐。漳浦县的大车鼓、竹马戏、剪纸艺术、妈祖文化、紫薇书室等古老民俗流光溢彩，是全国文化先进县。尤其是漳浦剪纸艺术，名扬四海，被称为“剪纸之乡”。漳浦在历史上名人辈出，特别是明中期到清中期，著名的有高东溪、林士章、朱天球、卢维祯、黄道周、蔡世远、蔡新、蓝理、蓝廷珍、蓝鼎元等。

漳浦县属于南亚热带海洋性季风气候，优越的气候条件造就了优美的生态环境。这里名胜古迹繁多，被列入中国文物地图册文物点近六百处，国家级文物保护单位 4 处，省级文物保护单位 9 处。境内有古雷港、东南花都、西湖公园、漳浦威惠庙、抽象画廊、滨海火山地质公园、林进屿滨海火山景区、乌石妈祖庙等景点。抽象画廊游览区位于漳浦县六鳌半岛东部的崂岈山，其东面正临台湾海峡，西面越过二公里宽的半岛即为旧镇海湾，南、北面为连绵九公里长的黄金沙滩和茂密的防风林带，四周环境空阔，尽得海天之胜。崂岈山以奇特的地质地貌和优美的海滨风光，被中科院等考察国家风景区的有关专家誉为“抽象画廊”，周边的沙滩也被认为是“真正的黄金海岸”。

（孟文晴）

东 山 县

东山县，是福建省漳州市辖县，是全国第六大、福建省第二大海岛县。东山县位于福建省南部沿海、东海与南海交汇处，介于厦门与汕头两个经济特区之间。东山县东临台湾海峡与台湾岛隔海相望，是祖国大陆距台湾南部最近的县份，南濒南海靠近广东省潮汕地区，西隔诏安湾与诏安县对峙，东北隔东山湾与漳浦县古雷半岛为邻，西北跨过八尺门海峡即是云霄县境。

东山人文历史厚重，被誉为“东南邹鲁”。东山是理学家黄道周的出生地，是戚继光抗倭扎寨的练兵地，是郑成功、施琅收复台湾的出征地，是东山保卫战的发生地，是谷文昌精神的发祥地，是举国闻名的闽南海疆英雄岛。

东山还是台胞主要祖居地之一，具有良好的对台关系，“东山陆桥”是海峡两岸源远流长的历史渊源见证，铜陵关帝庙是台湾上千座关帝庙的香缘祖庙。

东山的才俊辈出，著名的有唐文灿、黄道周、林日瑞、陈士奇、陈瑸、蔡玉卿、张进、唐朝彝、朱旋、林美圆、张学敏等。

东山的非物质文化遗产东山南音，又称南曲，是历代积淀多元文化形成的中国现存最古老的乐种之一，其乐器始于汉唐，定型于

海滨邹鲁石刻（摄影　米怀志）

五代至宋，其乐曲始于隋唐古曲，自成体系。演奏时，右为琵琶、三弦，左为洞箫、二弦，唱者居中，亲执拍板，依韵而唱，与乐和歌，一气呵成，曲调委婉优美，被誉为“中国古典音乐的明珠”“中国音乐历史的活化石”。

在生态文化旅游业方面，东山拥有六大类、48 种旅游资源，“天蓝水碧海湾美、沙白林绿岛礁奇”，海岛风光、海洋文化、海鲜风味、海峡风情，构成了东山岛滨海旅游的独特魅力。目前已建成国家4A 级“风动石一塔屿”景区和马銮湾景区，以及滨海文化艺术走廊、海湾公园金銮湾段等一批风景名胜，还有谷文昌纪念馆、南正院景区、石庙山景区、八尺门海堤、西山岩风景区、乌礁湾景区、九仙山景区、东门屿景区等。

（孟文晴）

诏 安 县

诏安县地处福建省最南端，处于闽粤交界处，素有“福建南大门”和“漳南第一关”之称，是海西主体联系珠三角及港澳地区的“桥头堡”和先行先试的前沿平台。

诏安历史悠久，山川毓秀，地灵人杰，文风炽盛，书画艺术源远流长。明嘉靖九年(1530)置县，素有“海滨邹鲁”“书画之乡”之美称。诏安书画之风兴于唐代，经历代书画家的辛勤耕耘，丹青耀眼，翰墨飘香，名家佳作层出不穷，至明代达鼎盛时期。到了清代，著名画家沈锦洲及其弟子开创了“诏安画派”，使诏安书画以其独特的风格屹立于中国书画艺林之中。习书作画和书画欣赏、收藏成为诏安最重要的群众性文化活动，形成了瑰丽的地方文化景观，也积淀了温文尔雅的社会风气，诏安作为“书画之乡”名扬中外。

诏安人文景点众多，城区内的怀恩古井系唐代开凿，清泉不竭；九侯山誉称“南闽第一峰”，有九侯禅寺、望海楼、福胜岩、陈吊洞和历代名人题刻；闽粤通衢分水关有“闽粤之交”“漳南第一关”石坊，郑成功曾屯兵于此；梅岭是俞大猷、戚继光抗倭纪念地；秀篆镇有总长约 3.5 公里的龙凤谷；太平镇白叶村为元初畲汉农民军陈吊眼出生地和首义地点；诏安湾北岸港口人工湖游览区内接田园庄舍,外连汪洋入海,城州岛绿草如茵。其他的名胜古迹还有:城区澹园院、南门关帝庙、梅岭悬钟城、望洋台、祥麟塔、七贤庵、西潭斗头岩、深桥南山寺、桥东甲洲临江亭、洋尾桥等。

(孟文晴)

莆田市

莆田史称“兴安”“兴化”，又称“莆阳”“莆仙”。莆田市地处福建沿海中部，东面台湾海峡与台湾隔海相望。一方水土养育一方人，也孕育一方文化。自古以来莆田以其独特的地理位置和人文文化，展现着种种神秘的色彩。透过历史的烟云，揭开神秘的面纱，便可发现这种地方文化的结构主体中，既有古闽文化的遗存，也有汉唐以降中原文化的传承，还有阿拉伯、波斯和西方文明的交融。于是，莆田文化不断丰富，形成了鲜明的特色。

莆田历史悠久，文化源远流长，自古是福建中部的政治、经济、文化中心，素有“海滨邹鲁”“文献名邦”之美誉。莆田是福建省“历史文化名城”，为福建历史上八府（军）之一，湾口的湄洲岛是海内外闻名的和平女神妈祖祖庙所在地、妈祖文化的发祥地。

莆田背山面海，西北部重峦叠嶂，东南部平原广阔与逶迤的木兰溪、延寿溪、秋芦溪构成了江南水乡。全市拥有众多风景名胜和文物古迹，其中著名的有莆田二十四景。湄洲岛上的妈祖祖庙遐迩闻名，三教祖祠是唯其独有，湄洲妈祖祖庙和三教祖祠在全国、东南亚及世界许多国家和地区都有重要的影响。省级老鹰尖自然保护区、九鲤湖风景区以湖、洞、瀑、石四奇著称，是“福建三绝”之一;距离市区5千米的大型古堰木兰坡,是我国现存最完整的古代大型水利工程之一;广化寺为福建省四大禅林和“十佳风景游览区”之一;玄妙观三清殿是福建省保存最完好的唐代道教建筑群之一。莆田有现已被论证的南少林寺遗址,还有宋代的古谯楼及蔡襄墓与拟列为莆田市第五批重点文物保护单位涉台文物宋太师黄府陵、瓷窑古遗址及明代的抗倭名城莆禧城等一大批古建筑遗址,也有千年古树荔枝树“宋家香”,宋家香是已发现树龄最高的荔枝树,属国家一级保护古树名木。

（孟文晴）

仙 游 县

仙游地处福建沿海中部、湄洲湾南北岸结合部,位于木兰溪中上游,隶属于莆田市。县境东接莆田市区,西接永春、德化,南连惠安、南安、泉州鲤城区,北接永泰,东南濒临湄洲湾,挨天然良港秀屿港,接肖厝港。县域东西宽 49 公里,南北长 63 公里,海岸线长 5 公里,区域总面积 1815 平方公里。

仙游被誉为“山中邹鲁”。仙游自古文化昌盛,其辖下游洋镇地处县境东北部山区,境内有汉代古堡龙穿城、南宋古惠政桥、将军城、古寨岭、兴山书院等名胜古迹,曾出过金鲤、史宾、詹万钟、白金等名人。

仙游是中国“戏剧之乡”,莆仙戏是全国最古老的剧种之一,鲤声剧团六度晋京献演。莆仙戏《团圆之后》是中国近代十大悲剧之一,参加国庆十周年演出,受到周恩来总理的接见;《春草闯堂》是中国近代十大喜剧之一,参加国庆 30 周年献礼演出,2010 年被文化部列入“全国优秀保留剧目”;《白兔记》一举囊获福建省第 24 届戏剧汇演五项大奖,并在 2011 年第五届巴黎中国戏曲节上,获得最佳传统剧目奖。

仙游是全国“国画之乡”,由李霞、李耕、黄羲所开创的仙游画

东门石坊

派，以古典人物画饮誉海内外。仙游还是全国“工艺美术之乡”“中国古典工艺家具之都”，已成为全国最重要的红木集散地之一。

仙游名胜古迹众多，城南虎啸山有烈士纪念碑，城区古迹有文庙、天地坛、雁塔、东门“乐善好施”坊、明代抗倭战场虎啸潭、九战尾、十八战，枫亭有宋端明殿学士及书法家蔡襄墓、宋代荔枝树、会元寺、明末所立戚继光纪念碑。钟山九鲤湖景区素以水胜名天下，飞瀑九祭，佳景各异。凤冠山危岩突兀，八峰环拱，有九座寺、龙潭、无尘塔诸景。其他著名景点还有游洋龙穿城、大济广化堂、榜头闽越王鸡子城遗迹、度尾南潮宫、杨泗宫、龙华狮子岩、仙门寺、龙化寺、鲤城金石山、九龙岩等。

（孟文晴）

南平市

南平市是福建辖区面积最大的设区市。南平市地处福建省北部、武夷山脉北段东南侧，具有中国南方典型的“八山一水一分田”特征，位于闽、浙、赣三省交界处，俗称“闽北”。

朱熹纪念馆（摄影　米怀志）

南平是文化大市，是福建文化的发源地之一、中原文化入闽的主要通道，被誉为“闽邦邹鲁”和“道南理窟”。南平历史上曾出过二千多位进士和17位宰相，配祀孔庙的13位福建人士中10位属于闽北籍。南平是抗金英雄李纲、婉约首唱柳永、法医鼻祖宋慈、西昆诗人杨亿的故里。南平还有江淹、辛弃疾、陆游、蔡襄、袁崇焕、海瑞、郑成功等众多历史名人，特别是朱熹在闽北“琴书五十载”，朱熹在武夷山讲学四十余年，晚年定居建阳讲学并葬于此处，闽北因此也被誉为朱子理学的摇篮。

南平历史悠久，是福建开发最早的地区之一。早在四千多年前的新石器时代，南平就有土著人在此繁衍生息。东汉时期，南平、建瓯、浦城就已建县，距今达一千八百多年。建阳、邵武、武夷山等县也有千年历史。隋唐、五代十国时期，闽北两次成为福建政治、经济、文化中心；宋代，闽北的经济、文化发展一度居于全省甚至全国领先位置，如“建窑”成为全国八大名窑之一，矿冶业鼎盛时期，全国以福建为重点，福建又以闽北为中心。又如，建阳、建安（今建瓯）二县刻书占全国三分之一强，闽北印刷业十分发达，建阳麻沙成为全国三大印刷中心之一。

南平市山清水秀，气候宜人，自然风光优美，名胜古迹甚多，是华南地区不可多得的旅游资源密集区之一。武夷山是全国仅有的4个“世界自然与文化遗产”地之一，武夷山产的大红袍茶叶是武夷岩茶中的“茶中之圣”，历史悠久，品质特异，其传统制作工艺已被列为茶叶类唯一的国家级非物质文化遗产。此外，南平市还拥有延平茫荡山、建瓯万木林、邵武天成岩、光泽乌君山、武夷天池、顺昌华阳山等旅游资源，风景名胜有武夷山和平古镇、九峰山、溪源峡谷、石佛山、圣公殿、宝山寺、天心永乐禅寺、武夷宫、朱熹纪念馆、游定夫祠、开平寺、明翠阁、城村汉城遗址、闽越王城遗址、白云禅寺、武夷山自然博物馆、光孝寺、宝山清莲寺、余庆桥古迹、虎山庙大屠杀旧址、武夷山紫阳楼、武夷山古汉城遗址等遗迹。

（孟文晴）

建瓯市

建瓯，古称建州，雅称芝城，地处福建省北部，是武夷山下、建溪河畔的一座古老而美丽的城市。全市总面积 4233 平方千米，居福建各县之首，总人口 53 万，居闽北各县之冠。

建瓯作为八闽首府、殷国首都，历史悠久，人杰地灵，是一座有着一千八百多年建县史的历史文化名城，有“东南邹鲁”之誉。建瓯曾先后设立为“汉置第一郡——建安郡”“唐置第一州——建州”“闽国古都——建州”和“八闽首府——建宁府”等，其中有文字记载的历史就有三千多年，因而建瓯是福建最古老的城市之一。这里的闽源历史最重，这里的闽学文化最深，这里的闽域行政建制最老。

建瓯名人辈出，人才荟萃，曾出过 1154 名进士、6 名状元（叶齐、徐奭、徐遹、翁德舆、黄硕、陈应行）、10 名宰辅大臣、1 位侯王，是全国仅有的 18 个千名进士县之一，素有“八闽第一府，千名进士县”的美称。五代的练氏夫人被誉为“芝城之母”，宋代理学家朱熹成长于建瓯，史称“三杨辅政”的政治家之一杨荣和历史学家袁枢、音韵学家吴域、外交家徐竞、文学家吴激、现代革命先驱杨峻德等一些名垂青史的人物诞生于此。陆游、辛弃疾、李纲以及世界著名

孔　庙

旅行家马可·波罗等曾驻足建瓯并留下赞誉。

建瓯山川秀美，古迹繁多，旅游资源较为丰富。建瓯境内特异独秀的山峰众多，有聚武夷风光于一炉的省级风景名胜区归宗岩，有"辰山拱北斗"之称、海拔1822米的闽北第二高山辰山，有被誉为"森林博物馆"的国家级森林保护区万木林，有堪称"中华一绝"的妈祖木雕神像，有福建历史最久、规模最大被誉为"南有开元、北有光孝"的佛教圣地光孝禅寺，有闽国帝都标志性建筑"五凤楼"，有宋敕茶神张三公庙及北苑御焙遗址，有福建省现存规模最大、具有浓郁宋代建筑风格的建宁府孔庙，有威武门、临江门、通济门、通仙门等4处古城门，还有东岳庙、圆通寺、宋朝理学家朱熹主持开凿的艮泉井等名胜古迹。

（孟文晴）

邵 武 市

邵武市，为福建省南平市下辖市，位于福建省西北部，地处武夷山南麓、富屯溪畔，史称“南武夷”，又称“铁城”。

樵溪楼

邵武是历史文化名城，被称为“闽邦邹鲁”。三国吴永安三年(260)建县，因晋朝避司马昭讳改名邵武，迄今已有一千七百多年的历史，曾为福建八府之一。邵武是人居福地，人杰地灵，历史上曾出了 2 位宰相、7 位尚书、271 位进士，是世界黄氏宗亲寻根谒祖之地。宋代名相李纲、文学评论家严羽、太极宗师张三丰均是邵武人，袁崇焕曾在邵武任职。邵武在历史上是入闽的重要通道，中原、闽越等文化在此汇聚交融，回、畲、满等二十多个少数民族和谐共处。

邵武地处闽西北“绿三角之旅”的中心，距世界双遗产地武夷山仅 71 公里，南毗国家级风景名胜区泰宁金湖仅 74 公里，与省级风景名胜区将乐玉华洞 141 公里，是沟通闽西北“绿三角”武夷山、金湖、玉华洞三个“角”的必经交通枢纽。境内有天成岩、4A 级云灵山大峡谷漂流、4A 级瀑布林温泉旅游度假区、和平古镇、千岭度假区、千年银杏树、音乐喷泉、黄氏峭公祠、民俗馆、李纲祠、严羽公园、熙春公园、唐建宝严寺、李忠定公祠、沧浪阁、宋窑遗址等众多自然和人文景观。

值得一提的是，在邵武，有一座千年文化古镇——和平古镇。宋儒杨时幼时在这里启蒙，理学宗师朱熹多次来此讲学，抗清将领袁崇焕为这块土地题书“奎星高照”。古镇中林立着“大夫第”“中翰第”“司马第”“郎官第”“进士宅”“贡员宅”等豪宅近百幢，北门谯楼、黄氏大夫第、和平书院、廖氏大夫第、岁进士、李氏大夫第、县丞署、东门谯楼等建筑如今默默展示着和平镇旧日的辉煌。和平书院，创办于五代后唐，是中国最早创建的书院之一，不仅开了宗族办学的先河，更营造了和平千余年来读书求学、重视教育的氛围。宋至清，和平书院培养进士即有 133 名，古镇被专家学者誉为“中国进士之乡”。上官家族是中国几个朝代的显赫家族，也是和平古镇历史上的名门望族，这一家族重教、重学，整个家族在历史上出进士六十多人，最鼎盛时期，同朝为官达七十多人，在中国历史上也是绝无仅有的。

（刘晓）

延平区

南平市延平区位于福建省中部,建溪、西溪汇合处。东邻古田、闽清,西接顺昌,南交尤溪、沙县,北连建瓯。城区等部分地区通行南平话,其他地区分别通行闽东语、闽中语、闽北语和客家语。延平有着丰厚的历史文化底蕴。

名人文化丰富厚重。因所处地理位置独特,“占山溪之雄,当水陆之会,为八闽之襟喉”,这种“八闽四达之冲”的区位优势及其历史所形成的枢纽地位,使延平当之无愧地成为闽北政治、军事、经济、文化的中心城市,进而成为许多具有重要影响力的历史名人的出生地和纪念地。这里诞生了诸如“延平四贤”杨时、罗从彦、李侗、朱熹等先贤大儒,赢得了“理学之邦、东南邹鲁”的美称。这里还是有“延平郡王”之称的民族英雄郑成功的军政生涯起点,奠定了在闽台“成功文化”交流中的重要地位。此外,海瑞、文天祥、辛弃疾、宋慈、黄巢等名人或留下足迹或留有诗文,让延平历史文化积淀更加深厚。

历史遗存分布广泛。延平山清水秀,风光旖旎,既有国家自然保护区延平郡王祠茫荡山,又有4A级风景区溪源峡谷,同时还遗存有宋碑亭、峡阳土库、开平寺等古代建筑。这些都是延平历史发展的真

郡王祠

实见证。另外,古建筑、古墓葬的李侗墓、罗从彦墓、李延平祠、罗从彦特祠、杨龟山祠等都是与朱子文化有关的历史遗存。茶洋窑址在中国陶瓷史学的研究等方面起到了不可替代的作用。《南剑州重建州学记碑》是研究闽学形成和福建思想史、教育史以及书法碑刻艺术的重要实物资料。樟湖蛇王庙是闽江流域崇蛇民俗文化圈中现存最完整最典型的福建民间信仰庙宇文物。还有近现代重要史迹王台八角楼、苏维埃旧址等,都为延平留下了不可磨灭的红色记忆。

民俗文化古韵古香。一方水土养一方人,延平独特的文化风情来源于百姓的创造和积累,融进了大众的衣食住行中,有的已被列入非物质文化遗产名录,有的传承在千年不变的地域节俗中,各具特色,精彩纷呈:列入省、市级非遗名录的15项中,樟湖蛇崇拜承继了闽越文化的遗风,溪口崇蛙、萧公圣君民俗信仰、西芹猎神信仰体现了民间信仰的多元性,还有曲艺类的南词、大腔金线木傀儡、南剑戏,民间舞蹈类的太平鼓、战胜鼓、黄龙灯舞,音乐类的十番音乐、岭炳洋畲歌以及独特的延平方言等无不渗透中原民间文化与延平民间文化的血缘关系,反映延平老百姓的审美观念和艺术情趣,彰显延平灿烂的文明史。此外,"双剑化龙""程门立雪"等典故和众多民间传说流传至今,给延平的文化增添了无穷魅力。

(刘晓)

建阳区

南平市建阳区又称潭城，位于武夷山南麓，东邻松溪、政和，南接建瓯、顺昌，西连邵武、光泽，北依武夷山、浦城，是福建省最古老的五个县邑之一。远在4000年以前的新石器时代，就有先民在此劳动、繁衍、生息。建阳区以“闽北粮仓”“茶果基地”“林海竹乡”著称于福建省。历史上，特别是宋代曾以“图书之府”和“理学名邦”闻名于世。

建阳史称朱熹、蔡元定、刘爚、黄干、熊禾、游九言、叶味道等“七贤过化”之乡。南宋时，著名思想家、哲学家、教育家朱熹在建阳讲学授徒、著书立说长达23年，晚年定居于建阳考亭，集儒学之大成，四方学子不远千里前来求学，研究理学，著书立说，与蔡元定等创建学术史上令人瞩目的“考亭学派”，考亭也因此被喻为“南闽阙里”，建阳被称为“理学之乡”，考亭书院成为后代文人士子圣地。宋代以来，建阳一度有“闽邦邹鲁”“南闽阙里”之美称。如今，每年清明节前后，远在美日韩及港澳台等海外朱子后裔都会前来祭祀拜谒。

两宋时期，建阳经济发达、文化繁荣。建窑兔毫盏、鹧鸪斑盏天下闻名，为上自宫廷下至百姓所珍玩。建阳的麻沙、书坊雕版印

考亭书院牌坊

刷全国闻名，“建本”图书远销海内外，是宋代三大印刷中心之一，有“图书之府”美称。

建阳人杰地灵，世界法医学鼻祖宋慈就是建阳童游人。13 世纪，宋慈就撰写出世界第一部法医学专著——《洗冤集录》。此外，北宋诗人、画家僧惠崇，宰相陈升之，明代福建第一个状元丁显，刻书家余象斗、熊大木，医学家熊宗立，清代天文学家游艺等都是建阳人。

作为“七贤过化”之区，建阳保留着众多的文化遗存和珍贵文物：

蔡元定石雕像：立于建阳城南公园，蔡元定为朱熹大弟子，与朱熹为“亦师亦友”关系，为朱熹理学集成的最得力助手，后世称之为“闽学干城”。

建窑遗址：国家级文物保护单位，位于建阳区水吉镇后井村，总面积达 28.66 万平方千米，考古调查发现有二十余条龙窑，所产鹧鸪斑盏、兔毫盏闻名于世。鹧鸪斑盏为宋代建窑黑釉盏，为当时珍贵斗茶器物。兔毫盏为宋代建窑黑釉盏，斗茶用具。

考亭书院牌坊：明代，原立于考亭书院门前，上世纪六十年代因建电站，考亭书院被拆除，基址被淹，牌坊移至玉尺山。

多宝塔：建于明万历三十年，位于建阳城南鲤鱼山上，八角七层楼阁式，为建阳人民休闲好去处。

明太子桥：始建于明代，位于建阳区北部黄坑镇，为建本出省古道上石拱桥。

拿坑十三拱桥：位于书坊乡拿坑村，为明代建的石拱桥群。

游酢陵园：位于建阳麻沙镇长坪村，为道南儒宗游酢墓园。

朱熹墓：国家级重点文物保护单位，位于建阳区黄坑镇后塘大林谷，朱熹及夫人刘氏合葬墓。

周濂溪祠堂：位于建阳区水吉镇，宋代大儒周敦颐后裔所建，主祀周敦颐。

朱子手迹影壁：位于建阳区书坊乡陈氏民居内，精美的砖雕木刻对研究古代闽北建筑、建本、朱子文化都有着重要价值。

（刘晓）

政和县

政和县是福建省南平市辖县，位于福建省北部，古属宁德县的关隶镇，素有“闽邦邹鲁”之美誉。宋咸平三年(1000)置关隶县。宋政和五年(1115)改名政和县，定名时适在政和年间，故名。绍兴三十二年(1162)改建宁军为建宁府，政和县隶属建宁府。元至元二十六年(1289)，改建宁府为建宁路，政和县隶属建宁路。明洪武元年(1368)复改建宁路为建宁府。县北有座黄熊山，因此政和别称“熊城”。清朝政和县沿旧制，隶属建宁府。新中国建立后，1960年与1970年两度与松溪县合并，后又恢复政和县建制。

境内以稠岭为分水岭，稠岭以东，山多水冷，历史上地瘠民贫，俗称里三区。稠岭以西，平缓温和，土沃民富，俗称外三区。松溪流贯西部，其最大支流七星溪源于东部山地。水力资源丰富。

由于政和县地处偏僻，历史上交通闭塞，民穷土贫，因而教育事业比较落后。自古以来，除少数家境殷实的城乡子弟可以延师教读外，多数人均无就学可能。因此，政和县目不识丁者比比皆是。在唐以前，此地没有正规书院，多为自办家塾。梧峰书院是政和境内第一所书院，但由于地处偏远，影响不大。直到宋宣和七年(1123)，朱熹的父亲朱松任政和县尉。他学识广博，十分重视教育事业，为教化政和子弟，在城南创办星溪书院，后又在城西举办云根书院。朱松本人在闲暇之余常亲自讲学，教化从学子弟，而且经常邀请本邑饱学之士交流学识。由于朱松的提倡与奖励，政和文风始兴，嗣后人才辈出，因而政和被称为先贤过化之地，星溪、云根书院也成为全县历代的文化教育中心。

自朱松办学以来，政和的教育事业蒸蒸日上，人文荟萃，人才济济。据县志记载，宋朝期间，此地出过九名进士：陈律、邵知柔、谢誉、吴球、吴持、吴清伯、陈从忠、黄石。其中邵知柔官至太子侍读，龙图阁直学士；吴球官至承议郎。最具有风骨的是石门的陈朝老，他学识渊博，敢直言进谏。大观年间，因直言揭露朝政之弊，触怒徽宗，被贬至道州为民。绍兴年间，高宗知其贤能，曾三次诏召其出仕，陈以秦桧当相为由，三辞皇诏，隐居家乡。元朝时颇有盛誉的是“山中五凤”。明清时期，人才辈出，出了一大批举人贡生。

除此之外，政和县还是中国锥栗之乡、全国最大的白茶基地，福建省茶叶基地县，历史名茶“政和工夫”“白毫银针”主产地，蜚声国内外市场。

（赵婷）

松溪县

松溪县是福建省南平市辖县，位于福建北部，是闽北、浙南交界县份。古代沿河两岸多乔松，有“百里松荫碧长溪”之称，松溪因此而得名。

松溪历史悠久，三国吴永安三年（260）置县，距今已有一千七百五十余年的历史。悠久的历史造就了深厚的文化底蕴，其中，湛卢剑、九龙窑瓷器和松溪版画被誉为“松溪三宝”。

相传春秋时期，著名铸剑大师欧冶子受越王之命，于湛卢山铸成名扬天下的“湛卢宝剑”，宝剑铸成，寒光闪闪，锋芒逼人，挥剑试之，剑落石裂，痕深数丈，即今之验剑石。直至今日，其遗迹依然，传为佳话。其剑位列中国古代五大名剑（湛卢、巨阙、胜邪、鱼肠、纯钧）之首，至今炉冶遗迹尚存。

九龙窑瓷器已有千年历史，从出土的瓷器来看，质地坚硬、工艺精巧、纹饰精细，尤其是被誉为“珠光”的青瓷器，在当时已蜚声海内外，远销日本及东南亚各地。松溪版画秉承古代建安刻版印刷遗风和新兴版画的精髓，以其独特的个性、生动的造型、淳朴厚重而著称。

松溪版画以闽北生活为创作源泉，版种以黑白木刻、绝版套色木刻为主，创新了砖刻绝版的新品种，在中国民间版画艺苑中具有独特的艺术价值和地位。2000 年 6 月，松溪县被文化部命名为“中国版画艺术之乡”。

松溪历代文风昌盛，人才辈出，历史上共有 28 人考取进士。宋代大理学家朱熹及元代学者杨缨等名士曾先后在湛卢山建造“吟室”讲学授徒。

松溪苏区是闽北苏区的重要组成部分，2013 年 7 月松溪县被中共中央党史研究室正式批复认定为“原中央苏区县”。

松溪风景秀美，极具旅游开发潜力。西南方向 150 公里就是世界双遗产地武夷山，东南方向 90 公里是屏南国家级风景名胜区鸳鸯溪、白水洋，东北面 42 公里处是浙江国家级自然保护区凤阳山与百山祖。县境内距城 12 公里的湛卢山和距城 20 公里的白马山皆是省级自然保护区，城东来龙山、九仑十三岗绵绵五千多亩马尾松青翠诱人，为县城构筑了一幅美丽的背景，被列为省级森林公园，展示了开发地方旅游业的广阔前景。

（刘晓）

浦城县

浦城县是福建省南平市辖县，位于福建省最北端、闽浙赣三省交界处，是福建的“北大门”，自古为中原入闽第一关。浦城分别与浙江省江山市、龙泉市、遂昌县和江西省广丰县接壤，与福建省建阳市、武夷山市、松溪县毗邻，为福建省第三大县，被誉为“中国丹桂之乡”。

浦城历史悠久，人文荟萃，被称为“闽邦邹鲁”。浦城于东汉建安元年(196)置县，历史上出过8位宰相、20位尚书、21位侍郎、4位状元、172位进士，见载于“二十四史”和《清史稿》者29人。浦城历代名人之佼佼者中，宋有《文苑英华》的主要编纂者、文学家杨徽之，文学家、“西昆体”诗派倡导者、《册府元龟》总纂杨亿，宋代福建人第一个任宰相的章得象，“王安石变法”实际主持人、王安石变法的重要谋士章悦，政治家吴充、吴育兄弟和徐应龙、徐荣叟、徐清叟父子，军事理论家、中国第一个武博士何去非，艺术家章友直，理学家詹体仁，理学家、政治家真德秀；元有“元诗四大家”之一的杨载；明有外交家潘赐；清有闽派古琴代表祝桐君和清代福建人第一个任尚书的祖之望。

浦城旅游资源丰富，城区东隅的仙楼山，闽越王余善曾筑烽火

三山会馆

台于山巅，设行宫于山麓；清代又设南浦书院，有炼丹井、卓观亭等景，今辟为仙楼公园。东郊有石排下新石器时代和商周时期文化遗址，西北郊梦笔山相传为南朝文学家江淹“梦笔生花”处，水北街黄碧有宋瓷大口窑址，城关龙潭门有元代为纪念真德秀而改建的西山真夫子祠。仙阳有西汉汉阳城遗址，西山（西山源）有真德秀所建西山精舍及睦亭（衍义亭）遗址，渔梁山曾列入“天下十大名山”，浮盖山高寒仙雅、奇秀清幽，明代地理学家徐霞客盛赞仙坛、龙洞、大池之胜，小武当山有仰狮峰、玉带泉诸景。

说到“梦笔生花”的故事，可谓家喻户晓，而这一故事就发生在浦城。公元 474 年，江淹来到浦城当吴兴县令，一夜宿城西孤山，梦见神人授予他一支闪着五彩光芒的神笔，自此，江淹文思如泉涌，诗文多佳句，成为一代文学大家。山以人显，孤山后亦改名梦笔山。

（刘晓）

武夷山市

武夷山市，为福建省南平市下辖市，位于福建省西北部、闽赣两省交界处，前身为崇安县，建置于北宋淳化五年（994），是福建省唯一以名山命名的新兴旅游城市。

自北宋淳化五年设置崇安县以来，崇安文化教育昌盛，书院林立，大儒和理学家胡安国、胡宏、胡寅、胡宪、刘子翚和朱熹等，都曾在崇安授徒讲学和著述。朱熹在崇安编撰的《四书集注》、胡安国的《春秋传》、蔡沈的《书集传》同于元朝被钦定为科举教科书。朱熹在武夷山五曲创办的武夷精舍，开一代学风，他本人曾在这里生活、著书、讲学长达50年，朱子理学在这里萌芽、成熟、传播，其影响深入中国社会生活的各个方面。

西汉时期，偏居一隅的闽越王在城村构筑王城，使武夷山成为江南一带政治经济文化的中心，王城气势恢宏，轮廓依稀。王城遗址以其面积之大、保存之完整、出土文物之多冠盖江南而成为国家重点文物保护单位；西汉元封元年（前110），汉武帝曾遣使者到武夷山以乾鱼祭祀武夷君，开启了西汉五代帝王79年陆续遣使祭祀的历程，幔亭峰上至今还遗存有当年祭祀活动的汉祀坛。

唐天宝七年（748），唐玄宗派遣登仕郎颜行之到武夷山封名山

武夷精舍

大川，颁布禁止砍伐森林的禁令、刻石勒碑昭告乡民，并在武夷山洲渚之上创建天宝殿，此后几经更名，多次修葺扩建。最盛时是在宋大中祥符二年(1009)，宋真宗下诏“宏广观基，增修屋宇，至三百余间”，并颁赐冲佑观观额，成为北宋的六大名观之一。

宋代武夷山更是辉煌，儒、释、道三教盛极一时，历史上仅记载的书院、寺庙、宫观就达187处，被儒家誉为“闽邦邹鲁”“道南理窟”，道家也称之为“第十六升真元化洞天”。一代理学巨儒朱熹在此设帐授徒，使这里成为我国东南文化的中心，“本邑学术自此一跃而执全国学术之牛耳”(民国版《崇安县新志》)。

历代文人雅士在此写下的赞美诗文多达二千多篇，题镌摩崖石刻有四百多处，这些丰富的人文史迹，也为武夷山增添了风采。而宋代的遇林亭窑址、神道碑，元代的御茶园，明代的书院，清代的余庆桥等使武夷山更成为如今人们访古探奇、寻幽览胜之地。

(刘晓)

宁德市

宁德市，俗称闽东，位于福建省东北部沿海，与台湾隔海相望，是中国大黄鱼之乡。宁德还是全国著名的畲族人口聚居区，畲族风情丰富多彩，从畲族的赛歌对歌、婚礼仪式、传统体育到畲族的服饰、饮食、民居等民俗文化都十分独特。

宁德，早在旧石器时代晚期就有人类在此繁衍生息。三国时设有温麻屯，是吴国的造船基地。唐朝著名学者司马承祯的《天地宫府图》把霍童山列为道教“三十六洞天”中的“第一洞天”。在佛教文化中，霍童山又称支提山，是天冠菩萨道场，有“海内第一禅林”和“不到支提不为僧”的赞誉。清朝光绪年间，三都港就开埠设立了福建第一个海关——福海关，成为全国对外开放的一个重要窗口。革命战争时期，陶铸、邓子恢、粟裕、叶飞等老一辈革命家曾在这块红土地上领导革命斗争，并创建了闽东革命根据地，成立了闽东苏维埃政府，赢得了“红旗不倒”的赞誉。

宁德人文历史厚重，有“闽海邹鲁”之称。位于宁德市古田县杉洋镇的蓝田书院，由余仁椿创建于宋太祖开宝元年（968），朱熹曾两度到此讲学，留下宝贵的字迹诗句墨宝，培养了许多理学贤人，著名的朱子十八门人即是朱熹当年在古田及杉洋讲学期间培训集成的。先贤过化奠定了千年文化古镇杉洋的文化基础与底蕴。

宁德历史悠久,名胜古迹众多,人杰地灵,既有霞浦黄瓜山遗址(距今三千五百多年历史)、福鼎南广古窑址、马栏山遗址,霞浦大京、福鼎冷城、玉塘、屏南甘棠等古城堡,蕉城中兴紫国师塔、福安倪下石塔、兴云寺舍得塔、古田吉祥寺塔等古塔,又有开闽第一仕士薛令之、抗倭英雄戚继光、陈普、林振翰、林聪、谢翱、袁天禄等历史名人祠墓,古田朱熹魁龙书院,寿宁冯梦龙官宦遗址,霞浦赤岸日本空海法师入唐漂着地等历代名人文化遗迹。宁德还是著名的革命老苏区,有福安柏柱洋闽东苏维埃政府驻地、闽东革命纪念馆等重要革命史迹。

(刘晓)

福安市

福安市，为福建省宁德市下辖市，位于福建省东北部，东邻柘荣县，西连周宁县，北接寿宁县、浙江省泰顺县，南接宁德市，是中国海峡西岸经济区东北翼的水陆交通枢纽和闽浙赣内陆地区的重要疏港通道，也是闽东北最具活力的城市之一。宋淳祐五年（1245）建制，理宗御批“敷锡五福，以安一县”，因此得名“福安”。

福安文化积淀深厚，被称为“闽海邹鲁”。福安是开闽第一进士薛令之和历史名人郑虎臣、谢翱的故乡，还是闽东革命中心、中共闽东特委所在地。提及福安的历史名人，薛令之是一位不得不说的人物。薛令之以清正廉洁著世，不拿一金一银，晚年两袖清风告老回乡。宋代，学人荟萃，宋末爱国主义诗人谢翱的文学成就尤为显著，其诗歌在刚顿中见精神气节、见才情学识、见文章风骨，具有很强的感染力和生命力。明代，郭文周、黄钏、刘中藻的诗文皆不乏名篇。清代，陈从潮、李枝青的诗文也颇受时人称道。民国时期，福安图书馆、民众教育馆先后开办，群众文化受到社会各界人士的重视，演出活动亦趋频繁。抗日战争期间，戏剧活动尤为活跃。

美丽的福安，是一块物华天宝的热土，福天福地。这里旅游景

福安廉村

点丰富，国家级风景名胜区、国家地质公园白云山风光秀美，其南部的古地质遗迹引人入胜，与太姥山、白水洋携手申报世界地质公园工作全面启动。廉村宋代古城堡建筑群、瓜溪“活化石”刺桫椤、柏柱洋明清古民居、溪塔葡萄沟、仙岫畲族风情以及闽东苏维埃旧址构成了独特的区域文化。在福安柏柱洋榕头村，有一棵榕树，号称“九头榕”，该树不但形态奇特，还有一个动人的传说。据说，在该村出生的南宋爱国名士、福安“三贤”之一的郑虎臣死后，该树竟神奇地长出八个“头”来，“九头榕”也就成了郑虎臣的化身。榕头村也因这棵奇异的树而得名。在“九头榕”的边上，伫立着一尊高大的郑虎臣塑像。他披盔持剑，双目有神，仿佛静静讲述着一段难忘的历史。据记载，郑虎臣父子遭奸臣贾似道陷害，后来贾似道兵败被罢官，郑虎臣在押解贾似道途中将其诛杀，为天下人除奸。

（刘晓）

福鼎市

福鼎市，为福建省宁德市下辖市，位于福建省东北部，东南濒东海，东北接浙江省苍南县，西北邻浙江省泰顺县，西接柘荣县，南连霞浦县，因其境内太姥山之覆鼎峰而得名。

福鼎文化底蕴深厚，是闽越和瓯越文化的发源地之一，中原文化传入也比较早，自秦汉以来，就是闽浙之间的重要城镇，有“海滨邹鲁”之称。福鼎市原为霞浦县的劝儒乡地，深厚的道教、佛教、儒家文化，独具民族特色的畲族文化、独具地方特色的饮食文化与闽东老区的革命精神共同构筑现代福鼎多元的文化体系。福鼎的主要民间文化活动有龙灯、马灯、铁枝、线狮、腰鼓、提线木偶、威风锣鼓、福鼎饼花、太姥茶谣等。福建省福鼎市与浙江省安吉县共同申报的“白茶制作技艺”，入选第三批国家级非物质文化遗产名录。

福鼎历史悠久，地上地下文物众多，类别丰富。据考古调查发现在新石器时期就有人类在这块土地上繁衍生息，如马栏山遗址、后门山遗址等。据清嘉庆年《福鼎县志》记载，唐五代有闽王王审知在分水关筑“防御墙”、昭明太子敕建“昭明寺塔”、林嵩刺史筑草堂读书；有礼部侍郎陈桷墓；明清几大战事如抗倭、复台、戍台等牺牲的英烈遗骸埋放在秦屿虎头岗义冢群里，还有定海三总兵之一张朝发故居和墓。此外，誉称孔裔之乡的管阳西昆，是孔子后裔在江南最大的聚居地和最大的孔村，西昆的孔氏家庙、古屋、古墓等历史人文景观无不渗透着圣人的智慧与光芒。福鼎的著名历史人物有南宋理学家杨楫、南宋武状元林汝浃及革命志士朱腾芬、黄丹岩、黄淑琮等人。此外，还有朱熹在福鼎讲学的多处遗迹至今尚存。著名将领叶飞、粟裕和烈士刘英在福鼎带兵打战的事迹记忆犹新。还有红色根据地之一的周家山，克敌制胜的王家山、李家山战斗遗址，等等。

福鼎市主要景点有太姥山、管阳雁溪、九鲤溪、小白鹭、翠郊古民居等，其中太姥山成功入选世界地质公园、国家自然遗产和5A级景区，并与嵛山岛同时获评“中国青年最喜爱的海西旅游目的地”，管阳雁溪入选“海西之美十佳景点”。太姥山岳景区距秦屿镇15公里，为太姥山风景名胜区之精华所在，其面积为24.6平方公里，东达太姥洋，西至白琳镇、五峰桥，南至面头山顶，北抵八尺门港。山势傲岸秀拔，恢宏磅礴，山海奇景，天造地设。

（刘晓）

霞浦县

霞浦县，福建省宁德市辖县，位居台湾海峡西北岸，地处福建省东北部，是闽东最古老的县份、闽东文化中心。霞浦区位特殊，位于我国南北海岸线的中点，北连长江三角洲，南接珠江三角洲，东与台湾岛隔海相望，是连接沿海两大经济发达地区的必经之地，凸现闽东北“陆、海、空”立体交通网络的雏形。

霞浦历史悠久，人文荟萃，素有“海滨邹鲁”之誉。晋太康三年(282)建温麻县，距今已有一千七百多年的建县历史，曾是闽东的政治、经济、文化中心。地处沙江镇小马村的“黄瓜山贝丘遗址”，证明早在新石器时代就有人类居住。中日文化交流使者日本空海大师、理学家朱熹、民族英雄文天祥都在此留下他们的足迹。虎镇塔、建善寺、大京城堡等无不是中华民族文明、智慧的结晶。这里人杰地灵，人才辈出，唐朝林嵩、宋代王伯大、元代王都仲、清代游光绎，还有近现代书法家游寿、爱国诗人谢翱、畲族歌王钟学吉及著名易学家黄寿祺都在这里哺育成长。林嵩，乾符二年(875)登进士第，任秘书省正字，是霞浦县考中进士的第一人。后经福建道观察使李晦推荐，以品学兼优“闽中之全才”上报朝廷，由僖宗赐给更改乡为“劝儒”、里为“擢秀”，蠲免一门征徭，永荫历代子孙。游光绎,为官清廉,以直言闻名一时。嘉庆八年(1803)因弹劾权贵被罢官。后来主持书院二十年,诲人不倦,成就后学,其中最著者为林则徐。

在中秋月圆之际,霞浦还有个独特的游神民俗,相传农历八月十六是城隍诞辰,每年的八月十四、十五、十六三天,这里都会举行隆重的游神活动,十分热闹。除了“神爷”及其“黑鬼白鬼”外,七乡八里那些还愿的香客以奇异的罪人服饰装扮让人看得目瞪口呆,因此众多信徒和游客纷至沓来。

霞浦千年古邑,依山傍水,气候宜人,文化遗产丰富,自然风光迤逦,景观独特,是闽东富庶的旅游胜地。“海国桃源”杨家溪,列入国家级重点风景名胜区太姥山“山、海、川”三大景点之一;赤岸,是唐代日本高僧空海大师“入唐求法漂着地”;“八闽古刹”建善寺,属于佛教沩仰宗创立者灵祐禅师的“出家修行之地”;“中国道教名山”之一葛洪山,“畲族小说歌发祥地”白露坑,明洪武年间为抗御倭寇而建的大京城堡及沿海天然沙滩、岛屿、港湾各具特色。

(刘晓)

三 明 市

三明市，位于福建省中部，连接西北隅，东依福州市，西毗江西省，南邻泉州市，北傍南平市，西南接龙岩市，是福建省新兴工业城市之一、我国优秀旅游城市之一，更是我国双拥模范城和最绿的城市，素有“绿色宝库”之誉。

三明历史悠久，文化多元多样，形成了客家文化、朱子文化、抗战文化、小吃文化等，还有众多的非物质文化保护遗产。三明市通过文化产业带动旅游产业，多元发展，逐步建设开发诸如尤溪朱子文化园、泰宁明清尚书第古建筑群、宁化客家祖地、将乐地质科普和古人类文化为主要特色的研学旅游基地。

三明具有丰厚的人文底蕴，享有“海滨邹鲁”之美誉。有闽学鼻祖杨时，扬州八怪黄慎，廉吏善政伊秉绶，爱国诗人张际亮等历史名人。主要人文景观有宋代理学家朱熹诞生地遗址，泰宁国家一级文物保护单位明代尚书第，永安安贞堡等古建筑和宁化石壁村客家祖籍地，以及杨时墓、永安文庙大成殿、清流狐狸洞古人类化石地点、南山马氏宗祠、黄慎墓、伊秉绶墓、广平文昌、陈塘红军第四医院旧址等。

三明市山川秀丽，风光独特，是旅游资源富集地。拥有泰宁世界自然遗产地、世界地质公园2个世界级品牌和国家级、省级旅游品牌各五十多个，主要的旅游风景区有泰宁金湖，将乐玉华洞，永安桃源洞、鳞隐石林，宁化天鹅洞，尤溪九阜山，建宁金铙山、闽江源，明溪紫云等，旅游景点和景区密度居"八闽之最"。其中泰宁县、清流县分别入选中国县域旅游品牌百强县和中国旅游生态大县，泰宁世界地质公园入选中国县域旅游品牌十强景区。碧水、丹山、溶洞、森林、田园、古文化融汇于原始古朴的苍茫绿野，构成了一幅灵动的生态旅游胜地画卷。泰宁风景名胜区主要由金湖、上清溪、寨下大峡谷、泰宁古城、地质博物苑、九龙潭、状元岩、猫儿山八大景区组成，作为"中国丹霞"项目的牵头单位之一，成为福建第一个世界地质公园、世界自然遗产"双冠"世界级旅游景区。其中，泰宁大金湖26平方公里的丹山和碧水的完美组合，造就了国内罕见、景象万千的水上丹霞奇观，为国家级风景名胜区、国家4A级旅游区。

（刘晓）

尤 溪 县

尤溪县是福建省三明市辖县，别称沈溪，是福建省山区第一大县，同时也是三明市幅员最大、人口最多的县。尤溪素有“闽中明珠”之称，也被称为“中国金柑之乡”“中国绿竹之乡”“中国竹子之乡”“中国油茶之乡”“中国革基布名城”“朱子理学文化名城”，2010 年，被授予“千年古县”称号。

南溪书院

尤溪县历史悠久，始建县于唐开元二十九年(741)，形成了深厚的文化积淀，有“海滨邹鲁”之美誉，是著名理学家朱熹的诞生地。朱子文化遗产得到保护开发，初步形成了朱熹塑像、文公广场、半亩方塘、南溪书院、朱子文化苑等人文景观。南溪书院在尤溪县城南的公山之麓，原为邑人郑义斋馆舍。北宋宣和五年（1123），朱熹之父朱松任尤溪县尉，去官后寓居于此。南宋建炎四年（1130），朱熹在此诞生。朱熹逝世后，县令李修于嘉熙元年（1237）捐资在此修建文公祠、韦斋祠、半亩方塘和尊道堂等建筑，祀朱家父子。书院古朴庄严，现建筑面积1000平方米，有韦斋祠、观书第、毓秀坊、毓秀亭等建筑。正堂当中立朱熹石膏塑像，两旁是朱子手书板联四幅：“读书起家之本，和顺齐家之本，勤俭治家之本，循理保家之本。”附近还存有朱熹于宋乾道七年（1171）回尤溪时手书、民国初年翻刻的“韦斋旧治”石碑，碑长约2米，宽0.7米，笔力雄劲，笔势飞逸。

境内有九阜山省级自然保护区、天湖风景区、东湖风景区、闽湖景区、明山湖游览区和中仙龙门场古银杏群、联合梯田、枕头山、伏虎岩、倒排岩、蓬莱山、白岩山、秀峰山等自然景观。人文景观主要有：朱熹故居、洋中桂峰古民居、双鲤卢兴邦故居、西滨厚丰郑氏大厝、中仙西华聚奎堡、西城后山渡民居以及县城金鱼井、白鹤楼、文庙、福星塔、天后宫、保安寺、锦云亭、龙凤亭、灵源院、福明宫等。中国历史文化名村——桂峰，位于福建省尤溪县洋中镇东北向，现存明清时代古建筑39座，保护面积13公顷，古民居面积2.6万平方米。这里海拔599米，为半高山谷地，四周群山环抱，云雾萦绕，山清水秀，气候宜人，历史上曾被誉为“山中理窟”“云霞仙境”，2007年6月被国家建设部、文物局授予“中国历史文化名村”称号。

（刘晓）

上杭县

上杭县是福建省龙岩市辖县，北接长汀县、连城县，南接永定县和广东省蕉岭县，东临新罗区，西与武平县接壤。上杭，语出《诗经·卫风·河广》："谁谓河广，一苇杭之"，素有"山区邹鲁""建筑之乡""诗画之乡""山歌之乡"的美誉。

上杭县的文物古迹有明代王守仁手书《时雨记》碑刻、清代仿宋重修的孔庙、清代宗祠建筑"李氏大宗祠"。据记载，王阳明是明正德十二年（1517）来到上杭，为铲除漳寇之乱，奉命驻扎在县城。他来上杭之后，做了两件深得民心之举。第一件是建浮桥。要进上杭县城，必得渡过波涛滚滚的汀江。王阳明看到过往汀江极不方便，于是就在南门建起了漂亮的浮桥。上杭百姓免除了渡船之苦，自发地将浮桥称之为阳明桥。他做的第二件大事便是为百姓祈雨。这年三月上杭恰逢大旱，王阳明便在任所察院行台替老百姓祈雨。果然，"雨日夜，民以为未足，逮四月戊午班师，雨，明日又雨，明日又大雨，民乃出田"（王阳明《时雨记》）。应乡绅之请，他欣然将行台改为"时雨堂"，作《时雨记》。明嘉靖三十七年（1558），上杭建文成公祠，祠内置王守仁手书石刻《时雨记》碑以为纪念。

在近现代历史遗迹中，有汀属八县社会运动人员养成所旧址、中共闽西一大会址蛟洋文昌阁、毛泽东旧居临江楼、才溪乡调查会址、才溪光荣亭等。

文 庙

上杭旅游资源丰富，是中国优秀旅游县，具有生态资源优秀、山城风光秀丽、山水风景宜人的特点。有古田会议会址景区、上杭国家森林公园、国家级森林和野生动物资源自然保护区梅花山自然保护区等，这里还是闽、粤、赣三省提线木偶的发源地。

上杭文庙坐落于上杭县城东门学坪，又称孔庙、儒学、学宫，始建于南宋嘉定十六年(1223)。整个孔庙端庄雄伟，布局严谨，气势宏大。庙宇高阁飞檐，殿堂雕梁画栋，金碧辉煌，其建筑与雕塑技艺极为高超，有“古建堪称‘世孤例’，宫体殿式臻造极”之赞誉。该庙历史较悠久，是福建保存尚完整的古建孔庙之一。此外，上杭还有中国式的比萨斜塔——上杭中都云霄阁，始建于明嘉靖年间，属于外斜内正的建筑结构。

(刘晓)

龙 岩 市

龙岩市，又称闽西，位于福建西部，地处闽粤赣三省交界处，东临厦门、漳州、泉州，南临广东梅州，西连江西赣州，北接三明。龙岩是内陆临海城市，是海峡西岸经济区延伸两翼、对接两洲、拓展腹地的交通枢纽与重要通道，也是客家人的主要祖居地和聚居地之一。

龙岩是福建省最重要的三条大江——闽江、九龙江、汀江的发源地，曾经是远古时代“古闽人”的天堂，是“闽越人”的祖地和“南海国”的国都所在地及其中心区域。河洛文化、客家文化和土著文化在这里相互融合，丰厚的文化底蕴，吸引了张九龄、李纲、朱熹、王阳明、宋慈、文天祥、徐霞客、纪晓岚等历史文化名人；孕育了“岭南画派”的鼻祖上官周、“扬州八怪”的黄慎、华嵒等汀州试院一批名震海内外的闽西藉文化艺术宗师。他们登台临风的吟咏、泼墨挥洒的流云、忧国忧民的慨叹，使得闽西历史文化的画卷更加璀璨辉煌。

龙岩境内的培田古民居景区为全国重点文物保护单位。现全村三百余户人家、一千四百多人，为吴姓同宗。书院群落是培田古建筑体系的组成部分，始建于明朝成化年间。建筑布局大体为 30 栋高堂华屋、21 座宗祠、6 家书院、2 道跨街牌坊和 1 条千米古街，构筑成了紧凑有序、错落有致、布局合理的古民居建筑群，具有鲜明的明清建筑特色。

汀州试院

此外，汀州试院也是全国重点文物保护单位、福建省苏维埃政府旧址。试院始建于宋代，为汀州八县生员应试之所。试院内有唐代双柏树、龙山书院、朱子祠等。庭院式土木结构，占地面积11370 平方米，正中为大堂，东西两边厢房为古代生员考试的号房，今辟为长汀客家博物馆和长汀革命历史博物馆。大堂后面为穿廊，旁边有简舍，曾为瞿秋白囚室。1932 年 3 月 18 日，福建省第一次工农兵代表大会在这里召开，成立了福建省苏维埃政府。

龙岩还是享誉海内外的客家祖地和著名侨区。闽西是客家人的主要祖地和聚居地之一，全市七个县（市、区）有五个县是客家县，客家人口占全市总人口 75%。全市在外华侨华人、港澳台同胞一百二十余万人，其中在台湾的客属同胞三十多万人。原中国国民党主席吴伯雄先生、著名侨领胡文虎先生等的祖籍地都在龙岩。

（刘晓）

永 定 区

龙岩市永定区位于福建省西南部，是著名的革命老区、苏区、侨区、矿区、烟区，又是蜚声世界的福建土楼之乡，是“客家故里”。永定区是纯客家县、客家人重要的聚居地和集散地之一，是全国对台工作重点县、“海峡两岸交流基地”和全省八大侨乡之一。

永定土楼

永定钟灵毓秀，人文鼎盛。早在新石器时期，永定已有越族先民生存、开拓。唐代客家先民入居永定以后，披荆斩棘、开荒垦殖，来自中原的文化促进了当时永定经济、文化的发展。明成化十四年（1478）建县以后，“永定地处简僻，而文风朴茂，甲第巍科为数郡冠”。明清时期，永定有翰林十三人，进士三十九人、举人三百四十人，最为著名的有太平里青坑的廖家和金丰里泰溪的巫家。清康熙至光绪年间，青坑廖家自冀亨传下至二十五世七代中，共考中六名进士和七名举人，造就了“四代五翰林”的“翰林世家”。清乾隆年间，泰溪巫桂苑以教书为业，其四子中出了一名进士、其他皆为举人，其孙宜福、宜禊都是翰林，曾孙也是举人。三代人中，共考中三名进士和四名举人，尤其兄弟同官翰林院，士林一时传为佳话。

永定历史悠久，名胜古迹甚多。新石器至宋代的古文化遗址有数十处；明清两代的寺观庙宇、塔、桥、石刻、玉器、金属器、雕刻等，遗存丰富。永定境内现有国家级风景名胜——福建土楼·永定景区，国家水利风景区——龙湖景区，中国历史文化名镇——湖坑镇，福建历史文化名村——下洋镇初溪村，中国传统村落湖坑镇洪坑村和南江村、高头乡高北村。此外，永定的国家森林公园有王寿山，全国重点文物保护单位有福建土楼、永定土楼、北山关帝庙等。

永定客家文化源远流长，民俗风情异彩纷呈。永定客家人的民俗活动中，舞龙舞狮最为普遍，而最具代表性、影响最大的是湖坑镇的李氏作大福、抚市镇的舞蹈花灯和走古事、陈东乡的“四月八”、坎市镇的“打新婚”等。

新民主主义革命时期，永定作为红旗不倒之乡，山山水水留下了毛泽东、周恩来、朱德、陈毅、张鼎丞、邓子恢、谭震林等老一辈无产阶级革命家的战斗足迹。永定先后有七千多人参军参战，涌现出张鼎丞等 70 多位国家和省（部、军）级领导人、14 位开国少将。

（刘晓）

金门县

金门县，古称“浯洲”“仙洲”，位于福建省东南部海域泉州围头湾与厦门湾内，屹立于台湾海峡西部，西与厦门岛遥望，东隔台湾海峡与台中市相望，北与泉州市、石狮市相望。辖区由金门岛、小金门岛、大担岛等12个岛屿组成，以“固若金汤、雄镇海门”之意而称“金门”。

金门有“海滨邹鲁”之称，其民俗风情保持闽南特征，又独特迷人。每年例行的祭祀赛会，以“迎城隍”的规模最大。岛上乡民视石狮为保护神，各村落路口，随处可见身穿盔甲或外围披风的立姿石狮，狮前常见香火，为金门独有的景观。位于金沙北端的山后中堡十八栋闽南式古屋，燕尾高扬，既代表着金门民俗，也是中华文化绚丽多姿的体现，已被辟为“民俗文化村”。

南宋大儒朱熹、明代名将俞大猷以及延平郡王郑成功、鲁王朱以海等均在金门驻足。金门的古迹非常多，其中较有代表性的古迹略述如下：

旧金城：明洪武二十年（1387），朝廷设守御千户所于旧金城，直到清康熙年间，地方官署才移驻后浦。目前尚留下一些遗迹如古道、石坊、石碑可追寻。

浯江书院

牧马侯祠：在唐德宗时期（约800年前后），金门曾被福建设为牧马区，陈渊被派来担任牧马监的工作，他带领随从及十二姓来金门开垦，奠定了金门的发展基础。

浯江书院：建于乾隆四十五年（1780），书院内有朱子祠，乃是为了纪念宋代名儒朱熹。朱熹曾讲学于金门，立燕南书院，金门受朱熹的教化颇深。

延平郡王祠：夏墅岗由于形势险峻，以前是郑成功练兵的重镇。其中有座延平郡王祠，奉祀郑成功。其他有关的遗迹，还有莒光楼、点将石、国姓井与万人井等。

鲁王墓：明末清军入关后，南明各王四处流亡，鲁王朱以海督师江上，称鲁监国，后辗转到金门，寓居七年之久，死后葬在金门。

（夏振谊）

汕头市

汕头，位于广东省东部，韩江三角洲南端，东北接潮州饶平，北邻潮州潮安，西邻揭阳、普宁，西南接揭阳、惠来，东南濒临南海，拥有亚太地缘门户的独特区位优势。汕头是中国南方重要港口城市、沿海开放城市、中国最早开放的经济特区、海西经济区重要组成部分，也是北回归线与中国海岸线唯一相交的城市，素有“岭东门户、华南要冲”“海滨邹鲁”的美称。

汕头文化传统悠久，文化积淀深厚，有“海滨邹鲁”之称。南澳发掘有距今8000年以上的象山文化遗址，有深厚的文化积累。汕头身处潮汕核心地区，是潮汕文化、潮学的核心载体。潮剧、潮乐、潮菜和工夫茶等传统文化富有浓郁的地方特色，享誉海内外。潮剧，由宋元南戏演化而来，已有几百年历史，影响遍及粤闽两省、港澳地区及东南亚诸国，被誉为“南国鲜花”“潮州音乐”。潮菜是广东菜三大流派之一。工夫茶更被称为“中国茶文化一绝”。我们通常说的潮汕文化其实包括两个部分：一是潮人文化，二是客家人文化。客家文化的主体在梅州和闽南，潮人文化的研究成为潮汕地区的主要对象，所以通常也就称潮人文化为潮汕文化了。但某种意义上说潮人文化涵盖更广，因为潮人还包括国外潮人和散居国内其他地方的潮人在内。

汕头民间习俗是中华民俗文化的遗植，是汉文化与百越民俗文化及外来文化相融合的结晶。历史名人有郑信、萧端蒙、林大春、翁万达、张夔、许申、周光镐、唐伯元、卢侗等。

汕头还是中国优秀旅游城市。全市共有旅游景区点二十多处，主要景点有含汕头八景景点在内的礐石风景区、澄海塔山风景区、莲花峰风景区、南澳生态旅游区、中信高尔夫海滨度假村、陈慈黉故居、青云岩风景区、北回归线标志塔、汕头方特欢乐世界·蓝水星主题公园等。南澳岛是广东省唯一的海岛县，也是汕头市唯一的下辖县，早在明朝就已有“海上互市”的称号。蓝天、碧海、绿岛、金沙、白浪是南澳生态旅游的主色调，登海岛、住海滨、沐海风、浴海水、品海鲜是各方旅游者上岛旅游的最优选择。其中被誉为“东方夏威夷”的青澳湾是我国少见的浅海沙滩，沙质洁白，海水清净无污染。莲花峰三面环海，一面靠山，主要景点有望帝石、文天祥塑像、终南剑刻、忠贤祠、莲峰古寺、古炮台、观海长廊、奇泉井等，是粤东著名旅游胜地。

潮汕民俗众多，如农历正月初七吃“七样羹”，冬至吃“冬节丸”等饮食习俗；有“吃丁酒”“出花园”等习俗；有“搬涂戏”“赛花灯”等游艺民俗。

（夏振谊）

潮阳区

潮阳为粤东古邑，汕头市辖区，位于广东省东南部，濒临南海，因地处海之北而称潮阳。这里历史悠久，文化积淀丰厚，素有“海滨邹鲁”之称。英歌、剪纸、笛套音乐被誉为民间艺术三瑰宝，潮剧、木雕、石雕、稿末塑等传统工艺和贵屿彩街路棚、谷饶祭社等民俗文化活动，在海内外享有盛誉。

周朝以前为“扬州南境”，未有政权建立。战国时期被称为“南越”，秦始皇发动统一“百越”的战争后，设立桂林、象郡、南海三个郡，潮阳隶属南海郡的一部分。唐末潮阳县令吴驹为纪念韩愈两度潮阳有移邑治、置乡校的旷世功绩，于后溪古渡建造了韩愈渡江亭，撰联曰：“开理学渊源诗书长昭日月，化蛮烟瘴雨壑廓功垂潮阳。”宋绍兴元年(1131)，邑人潮阳理学先师郑南生与县令陈师中同往祭大湖神，见大湖神有祠且历代厚享官祭，独宗师韩公无祠，心中十分愤疚，于是便在大湖神庙侧鼎建了韩文公祠，以表对韩愈开理学扬邹鲁的敬意。明代县令黄一宠又于东山倡建韩祠，明《隆庆潮阳县志》载：“韩祠在东山灵威庙西，祠祀以刑部侍郎上表谏迎佛骨，谪刺潮州，两至潮阳，有迁邑置校之功，祈灵祷雨之应，故祠祀之。”自此潮人尊称韩愈为“百世师表”，潮阳也饮誉“邹鲁之邦”。

潮阳的历史文化名人有：许申，北宋大中祥符三年（1010）应殿试第一，被列为唐宋潮州八贤之一；林大春，明嘉靖二十二年（1543）中举人，二十九年登进士，后官拜户部主事；萧端蒙，明嘉靖二十年（1541）登进士选庶吉士，二十二年任山东道御史；黄武贤，清末云南提督；郑之侨，清乾隆二年（1737）进士，其《农桑易知录》是一部珍稀古代农书。

海滨邹鲁石刻（摄影　米怀志）

潮阳文物名胜众多，是汕头市旅游景点最多的区，区内现有古迹和旅游景点一百多处，属省重点文物保护单位 4 处，莲花峰风景区、大峰风景区、灵山寺、文光塔、曲水流、东岩、西岩、大北岩、古雪岩等名胜远近闻名，其中莲花峰风景区为汕头新八景之一。莲花峰风景区是潮汕久负盛名的胜迹，颇具滨海特色。公元1278年，南宋文天祥举兵勤王，登峰寻望帝舟，遂命名并刻石为“莲花峰”。莲花峰不仅海色山光，还有丰富的文化内涵，明清古建筑有“忠贤祠”“观海楼”“崇文亭”，纪念性建筑有“万人冢”“文公石雕像”等。

（曹巍巍）

揭阳市

揭阳，得名于五岭之一的揭阳岭，别称“榕城”，是广东地级市，粤东经济区域中心城市，地处广东省东部，榕江从市区穿梭而过，东邻汕头市、潮州市，西接汕尾市，南濒南海，北靠梅州市。揭阳素有“鱼米之乡”“海滨邹鲁”“国画之乡”“小戏之乡”“龙舟之乡”“华侨之乡”之美称，是潮汕文化的发源地、粤东古邑、广东省历史文化名城、全国著名侨乡。

揭阳见诸史载已有二千二百余年，历代贤达志士辈出，但与内地文化发展相比，揭阳在历史中发展相对较晚，至宋代才有一批人物脱颖而出，他们是陈希汲、吴复国、王中行、郑国函、郭淑云、黄焕国等，其中王中行、黄焕国分别被供奉于汀州、东莞名宦祠，陈希汲、吴复国、郭淑云被供奉于揭阳县乡贤祠。

市域内旅游资源丰富，史、岭、江、海各扬其胜，拥有闻名遗迹的山海胜景，情韵独特的田园风光，风格迥异的寺庙古迹，丰富多彩的民风民俗，特色鲜明的地方文化，四季名花佳果飘香。市区榕城是省级历史文化名城，惯来被誉为“水上莲花”。揭阳依山濒海，山川毓秀，名胜古迹甚多，主要旅游景点有省级历史文化名城榕城、揭阳学宫、双峰寺、黄岐山风景区、桂竹园风景区、惠来金海湾

海滨邹鲁石刻(摄影　付宏)

植物园、神泉海角甘泉和海市蜃楼、百花峰、铭湖岩。其中揭西县更是奇山秀水,有大洋度假村、京明温泉度假村、黄满磜瀑布群、广德庵洞天、百潭谷胜地、钱坑石灵寺风景区、龙潭飞瀑、霖田祖庙京明温泉度假村、大北山森林公园、普宁培丰宝塔、马嘶岩等著名景点。三山祖庙,是粤东地区最古老的神庙,也是全世界三山国王神文化的发祥地。揭阳学宫始建于南宋绍兴十年(1140),浓缩了千年儒家文化精髓,现存建筑组群由 21 座单体建筑构成,是岭南地区规模最大、配套建筑最完善、保存最完整的同类历史建筑组群,也是广东省内唯一一处以“周恩来同志革命活动旧址”命名的文保单位。黄岐山上有九庵十八岩,山巅有岐山塔,山中有月容墓、侣云寺、卧云洞等名胜古迹,有“海滨邹鲁”摩崖石刻等二十余处。

(曹巍巍)

潮州市

潮州市位于广东省最东部，东邻福建，濒临南海，是国家历史文化名城，对外开放旅游城市，著名侨乡，素有“海滨邹鲁”“岭海名邦”之称。市内长达136公里的海岛岸线囊括了潮安县、饶平县、湘桥区和枫溪区。潮州市人杰地灵，文化底蕴深厚，文化传统独特，旅游景观秀美，民资侨力丰富，区域品牌凸现，既特色鲜明，又开放兼容，构成了富有魅力的潮州。

潮州是“国家历史文化名城”。潮州建制历史悠久。自东晋咸和六年(331)设立海阳县以来，至今已有一千六百多年的历史，隋朝时撤郡设州，始称“潮州”。新中国建立前，潮州均为历代县、郡、州、路、府的治所，位居粤东地区政治、经济、文化中心。潮州是“潮文化”的发祥地，在漫长的历史长河中，长期的对外交往和中西文化交融，使本土的原生文化与周边文化、中原文化、海洋文化互相交流渗透，形成了风格独特的地域文化——潮人文化，拥有地方特色鲜明、结构完整、门类齐全、品位甚高的文化景观。潮州话、潮剧、潮州音乐、潮州工夫茶、潮州菜、潮绣无不具有鲜明的地方色彩，蕴涵浓郁的中古遗风，潮州因而被汉学家誉为“中原文化的典橱”。潮州文化影响深远，誉播海内外。潮州文化是一种民系文

海滨邹鲁雕塑

化，为海内外全体潮州人所共有。潮州历史悠久，与台湾、东南亚有着紧密的联系，又是著名侨乡，1986 年国务院公布第二批国家历史文化名城名单，潮州位列其中。早在新石器时代已有闽越族聚居，从已出土的石器、陶器、骨器、人骨化石等，可以窥见其远古文明的光辉。唐太宗开科取士，潮州已有进士出现。韩愈贬潮，重置乡校，延师兴学，使潮州的文风蔚然兴起。宋代的潮州更是文风鼎盛，“一州两书院，他郡所无”。南宋前期时潮州主户客户人口 14 余万人，而端平以后参加科举的居然“终场至万以上人”，终宋一代潮州中进士者多达 172 人，其中建炎二年(1128)一科连捷 9 人，一时为之轰动。明代的进士为 160 人，传出了同榜八俊、兄弟连科、一门三进士等的佳话。明代乡试中举竟多达 1088 人。在历代的殿试中，潮州还涌现出状元林大钦(明嘉靖十一年，1532 年)、榜眼王大宝、探花姚宏中这样的英才。

潮州古城的文化内涵更为深刻，依江筑建的州城略带狭长，北高南低，东西略为倾斜，整个布局以《易》为本，突出体现“北贵南富东财西丁”的特点。贯穿于南北的通衢大道太平路，鳞次栉比屹立着四十多座形式各异的石牌坊。这些建于明、清两代的牌坊，宛如潮州一部文明史，也成了潮州古城独特的人文景观。白墙黛瓦、嵌瓷木雕的潮州民居建筑也颇具特色，不管是“四马拖车”“四点金”这样的深院大宅，还是“抛狮”“竹竿厝”的平民居第，无不显示出深刻的潮州民俗意蕴，体现了精美典雅的文化内涵。潮州还有自己的方言、戏剧、音乐、工艺美术以及饮誉中外的潮州菜和名扬天下的潮州工夫茶，这些有着浓郁地方色彩的潮州文化对台湾及东南亚一带都有着同根同源的深远影响和联系。

潮州是“中国著名侨乡”。“有潮水的地方就有潮声”，现有旅居海外的华人华侨和港澳台同胞250万人，形成了全方位、宽领域的对外开放格局，已与一百六十多个国家和地区建立了经贸合作关系，主要出口产品有陶瓷、服装、机电、食品、鞋类、纺织等。

潮州是“中国优秀旅游城市”。文物古迹和人文景观众多，旅游资源十分丰富，拥有古城墙、古寺庙、古府第、古民居、古牌坊等文物遗存，古迹众多，现有文物景点728处，其中国家重点文物保护单位8处，省级重点文物保护单位11处。自然风光绮丽，城、山、江、海、湖又各具特色。开元寺、广济桥（湘子桥）、韩文公祠、滨江长廊、人民广场等景区景点吸引了海内外广大游客，自古有“到广不到潮，枉费走一遭”的说法。

（曹巍巍）

饶 平 县

饶平县地处广东省“东大门”，东邻福建省，南濒南海，位于广东省沿海经济带最东端，居汕头—厦门经济特区之间，是连接海峡西岸经济区和珠江三角洲的交汇点。县域总面积 2227 平方公里，其中陆域面积 1694 平方公里，海域面积 533 平方公里，海岸线长 136 公里。

饶平历史悠久，文化底蕴深厚，历代人才辈出，有“海滨邹鲁”之称。饶平自四千多年前就居住着古越族先民。初唐，中原文化进入饶平。明成化十三年（1477）置县，取“饶永不瘠、平永不乱”之意得名。饶平蕴藏着丰富的人文景观。历史遗迹比较有影响的有

民族英雄戚继光等抗击倭寇斗争的重要战场大埕所城、旗头山炮台等遗址，郑成功抗清复明斗争的分水关史迹，朱德领导的南昌起义部队入饶的“茂芝军事决策会议”史迹。文化遗迹最有影响的是商周文化遗迹——“浮滨文化”。位于浮滨圩北面的塔仔金山的商周墓葬群遗址，是20世纪70年代发现的新石器时代的人类遗存，有三千多年的历史，史学价值极高。

饶平依山傍海，山清水秀海蓝，自然风光秀美。全县自然生态环境丰富多样，沿海岛屿罗列，是陆则现江南山川之美，是水则呈南海碧波之妙，古有“岭南佳胜地，瀛洲古蓬莱”之称。有国家重点文物保护单位三饶道韵楼，有获评国家4A级旅游景区的绿岛山庄，有集“雄、奇、险、秀”于一体，完好保留花岗岩地貌景观、火山岩地层剖面地质遗址的青岚省级地质公园，有被誉为世界地质遗产的“海龙”奇观，有始建于晋朝庄严宏伟的千年古刹海山隆福寺，有赵朴初题书的“粤东一璧”，有群山环抱，峰峦叠翠碧波袅袅，花香鸟语，湖面陈列大小七十二岛屿的“饶平北湖”汤溪水库，有“茂芝会议”纪念馆、中山公园、云峰兰苑等文化旅游景点和生态旅游度假区。

（曹巍巍）

道韵楼

普 宁 市

普宁是广东省直辖县级市，位于广东省东南部、潮汕平原西缘，东北接榕城区、与揭东区隔河相望，南邻惠来县，西北连揭西县，东毗汕头市潮阳区和潮南区，西南接陆丰市，是中国著名侨乡。

普宁始建城于明朝嘉靖年间，普宁的首置名称在上个世纪有较大的争议。作为普宁最早的地方志，明万历《普宁县志略》记载初置即名普宁，表述相同的还有万历《广东通志》、《明史》及郭子章《潮中杂纪》，认为取“普遍宁谧”之意名普宁。而清代顾祖禹《读史方舆纪要》则称安普县，《大清一统志》以及后来的《潮州志》则沿袭了初取“普遍安宁”之意名普安的说法。1986 年在普宁首治贵屿一座三山国王庙外墙发现的“去思”碑否认了前两种说法，证明初置即“赐名普宁，是潮之剖为普也”，并沿用至今。

普宁历史悠久，文化灿烂，有“海滨邹鲁”之称，在三四千年前已有先民生息。普宁始建城于明朝嘉靖年间，但有人类居住的历史可以上溯到新石器时代。南宋末年，因逃避战乱，十几万福建莆田人移民到潮州汕头揭阳普宁一带，迁来普宁揭阳一带的莆田人思念故乡，普宁可能取“莆田安宁宁谧”之意，莆谐音普，命名普宁。历史名人有陈娘康、张中畷等。普宁被誉为“中国民间文化艺术之乡”，在潮汕文化的氛围中，普宁有着潮剧、汉乐、城隍庙会等富有地方特色的民俗艺术。其中，普宁市拥有两项国家级非物质文化遗产——普宁英歌、嵌瓷。

普宁自然条件得天独厚，四季如春，素有“水寨之乡”的美称，旅游资源和景点丰富，以山水风光、天然温泉、潮人文化、革命迹地、宗教寺庙等名胜古迹为特色，构成了普宁特有的自然、人文游景观，境内分布有众多历史文物、古迹和革命文物遗址。境内盘龙阁、西林古寺、七星洞天、马嘶岩、南岩古寺、云石岩、白水岩、浴龙岩、樟岗岩、圆通庵等古刹名寺，无不山清水秀、古木参天。培风塔在洪阳镇乌犁村西，俗称乌犁塔，清乾隆七年（1742）建，建筑甚有特色。德安里是清广东水师提督方耀的府第，始建于清同治七年（1863），分老寨、中寨和新寨三部分，三寨相连，占地面积约 40000 平方米，外修“护寨”河，是罕见的府第式巨形建筑群。南岩文化风景区坐落于南溪镇登峰村的飞凤岭，是著名的佛教“岭南禅宗”圣地。“南岩远眺”为普宁古八景之一。南岩古寺内有钟鼓楼、万佛塔、四面佛亭、飞凤亭、甘泉亭、洒甘露观音亭、金刚圣母殿、济公殿、伯公宫等景点。

（曹巍巍）

新会区

新会区，古称冈州，属广东省江门市辖区，地处珠江三角洲西南部的银洲湖畔、潭江下游。新会之美是公认的。南国奇观，小鸟天堂，自然生态旅游风景区圭峰山国家森林公园，省级自然保护区古兜山，融会江、海、湖、田生态于一身的银湖湾湿地公园，风光如画的银洲湖，生态公园南坦葵林，因葵艺制品蜚声遐迩，有“葵乡”之美誉。

新会有两千多年历史，秦、汉时属南海郡地，南朝(420)设新会郡，隋开皇十年(590)置新会县。隋唐间曾改称冈州，与广州、潮州并称“岭南三大古州”。新会是个有着一千多年历史的广东省历史文化名城，历史上长期作为四邑地区的政治、经济、文化和交通中心，是广东历史悠久、文风鼎盛的地区，素有“海滨邹鲁”之称，也是岭南学派和岭南琴派的发源地。岭南学派是由明代著名思想家陈白沙创立的心学思想派别。白沙先生的学说，以自然为宗，以致虚为本，以静养为方法，以无欲为旨要。强调心性作用，重视主观能动性，冲破程朱理学的藩篱，开创明代心学的先河。此外新会还诞生了维新先驱梁启超、史学大师陈垣、蔡李佛拳始祖陈享、晚清民族英雄张其光等诸多名人，新会籍中国院士 15 人，是我国出院士

孔 庙

最多的地区之一。

新会的文物古迹极多,旅游资源较为丰富。有4000年前新石器时期的贝丘遗址,有隋朝的古塔、唐朝的窑址,有宋朝的孔庙、宋元崖门海战遗址和崖山祠,有明清的古塔、古炮台和媲美广州陈家祠的新会书院,有广东四大丛林之一的圭峰山玉台寺,有国家级重点文物保护单位梁启超故居等。著名景点有小鸟天堂、崖门炮台、古兜温泉旅游度假村(国家4A级旅游景区)、圭峰山国家森林公园(国家级森林公园)、玉湖、梁启超故居、银湖湾、新会学宫(孔庙)等。特产有新会陈皮、亚佗霉姜、王岗马蹄、新会春虫草、古井烧鹅等。

(曹巍巍)

潮 安 区

潮安，属潮州市辖区，位于广东省东部，韩江中下游，东邻饶平县，南连汕头经济特区，西与揭阳市揭东区交界，北与梅州市丰顺县接壤。地处深圳、汕头、厦门三大经济特区的交汇点，位于汕头、潮州、揭阳三市的“金三角”地带，是连接珠三角经济区和海西经济区两大经济板块的重要节点。

潮安历史悠久，人文鼎盛，物华天宝，富饶美丽，素有“海滨邹鲁”“岭海名邦”之称。“海滨邹鲁”之称，有这么一个典故：宋真宗年间，四川的官员陈尧佐因故被贬至潮州，任潮州通判。他在任潮州不足两年，后官至宰相，但对于潮州地区的乡土民情有极其深厚的感情。潮州有一个王姓举人赴京考试，榜上有名，陈尧佐很高兴，写了首诗赠给王姓举人：“休嗟城邑住天荒，已得仙枝耀故乡。从此方舆载人物，海滨邹鲁是潮阳。”诗中的“潮阳”指的就是潮州一带。

潮安是著名侨乡，旅居海外潮安籍侨胞超过 100 万人，有“海内一个潮安、海外一个潮安”的美称。潮人旅居海外，始于南宋，盛于清初，现旅居地遍及世界五大洲近 40 个国家和地区。香港潮安同乡会、泰国潮安同乡会、新加坡潮安会馆等一批潮安社团，以团

从熙公祠

结互助、兴办公益事业为宗旨，在各个国家和地区产生重要的影响。

潮安历史文物众多，民俗文化独特，工艺巧夺天工，是粤东非物质文化遗产的宝库。现有文物点五百多处，其中全国重点文物保护单位 1 处，省级重点文物保护单位 1 处，市县两级重点文物保护单位 36 处。韵味隽永的潮剧、潮乐，素淡清新、跻身全国八大菜系的潮菜，洋溢传统文化哲理的工夫茶，以及潮绣、潮式凉果、木偶戏表演等，无不具有鲜明的地方色彩，蕴涵浓郁的中古遗风。从熙公祠琳琅满目的木雕装饰和出神入化的石雕堪称建筑文化瑰宝；金石铁枝木偶戏表演被列入国家级非物质文化遗产代表项目；“凤凰山畲族招兵节”、大吴泥塑和浮洋方潮盛铜锣制作技艺被确定为省级非物质文化遗产代表项目。

北部凤凰山海拔 1497.8 米，常年云雾缭绕，群峰叠翠，蕴藏着高山风光、天池仙境、原始森林等自然景观；南部桑浦山、梅林湖古海蚀石群是韩江三角洲沧海桑田的见证；享有“粤东第一温泉”盛誉的东山湖温泉度假村已步入国家4A级旅游区行列，荣获“广东省温泉旅游示范基地”称号，与龙湖寨一并跻身广东省100个优秀旅游景点。庵埠镇获得“广东美食之乡”称号。“桑浦禅泉”“凤凰天池”景区被评为“潮州新八景”。目前，全县列入省级自然保护区2个，省级旅游扶贫项目6个。“情趣潮安”旅游已成了闽粤赣韩江流域旅游新的亮点。

（曹巍巍）

文昌市

文昌，古称紫贝，自西汉建置已有二千一百多年历史，为海南三大历史古邑之一，是海南闽南文化发源地。海南文昌还是航天发射中心所在地，中国第四座航天之城，处于琼北综合经济区域“一小时经济圈”“海澄文”一体化综合经济圈，是琼北重要的经济、文化、交通、科技、旅游区域中心之一。

文昌市历史悠久，钟灵毓秀，物华天宝。古称紫贝县，三易其名，公元627年改为文昌县，意为“偃武修文”，素有“海滨邹鲁”“文化之乡”的美称。

崇文重教是文昌人的优良传统，教育事业发达，人才辈出。现存的文昌学宫、溪北文南老街书院以及文昌中学的前身蔚文书院，是文昌人才的摇篮，见证了“一里三进士，七里八举人”的光荣。明代先后涌现了与海瑞、邱浚并称于朝“一鼎三足”的邢宥。近代有宋耀如及他的女儿宋氏三姐妹等名人。

始建于北宋的文昌孔庙（文昌学宫），是海南省保存得最完整的古建筑群，有“海南第一文庙”之称，属省级重点文物保护单位。据史料记载，公元1042年，文昌在旧县治所在地——东路镇下路桥南建起第一座孔庙和文邑学宫，从此这里不仅成了文昌县供奉

孔 庙

孔子的“圣地”，也成了文昌第一所官办的县学。从清代的文昌宫、蔚文书院，到近现代的文昌中学、海南外国语师范学校、文昌教师进修学校等都诞生于此，因而文庙又称“文昌学宫”。

铺前镇的溪北书院，是海南清末著名书院之一。书院坐北朝南，规模宏大，占地面积二十多亩，两边有砖砌的侧间，上为卷棚顶，铺盖琉璃瓦。门匾上为清末著名书法家杨守敬书写的“溪北书院”四个大字。书院于清光绪十九年(1893)，由清末著名书法家潘存发起，在雷琼道朱采和粤督张之洞的支持下筹资建造。从书院建成之后至宣统三年间，曾聘任不少学者在此讲学，培养了大批人才。辛亥革命后一直作为学校，使用至今。

文昌境内人文古迹众多，还有海南第二大、第三大骑楼建筑群以及修建于明代的斗柄塔，中国名人题字最多的亭落之一的郭母亭。此外，还有为纪念明代海南名臣邢宥和邱浚送别的深厚友谊而建的约亭等。文昌还存有风格建筑形式迥异的古民宅，如韩家宅、林家宅、符家宅、会文十八行村等，宋氏家族祖居、张云逸大将故居及纪念馆也在文昌。

（任艳艳）

儋 州 市

儋州市位于海南岛的西北部，濒临北部湾，陆地面积 3400 平方千米。市政府驻地那大镇。儋州市是海南省土地面积最大、人口最多的县级市，也是海南西部的经济、交通、通信和文化中心。陆海交通发达，环岛西铁路、环岛高速公路横穿市境，海运可直抵东南亚和中国各沿海城市。儋州人才辈出，文教兴盛，名声远播，被称为“海外邹鲁”。

悠久的历史给儋州市留下了众多古迹，如汉代伏波井、中和古镇、东坡书院等。尤其是北宋大文学家苏东坡谪居儋州三年间，讲学明道，使儋州教化日兴，“书声琅琅，弦歌四起”，海内外名士接踵而来，从师东坡。儋州在此时成为全岛东坡书院文化的中心，也培养了民众尊师重教的传统。儋州的文风昌盛和苏轼有很大的关系，“琼之有士始乎儋”。苏轼被贬为琼州别架，谪居儋州，弘扬中原文化。他居儋三年，乐育英才，孜孜不倦地“以诗书礼乐之教，转化其风俗，变化其人心”。苏东坡北归九年后，儋州人符确成为海南第一个进士，开琼岛文化之先声。此后人文蔚起，甲第联镳。在苏东坡带来的良好的文化氛围影响下，这里的人民爱好吟诗作对，使儋州素有“诗乡歌海”之称。

东坡书院

儋州山清水秀，有丰富的自然资源和旅游资源。儋州市的森林资源居全省首位，拥有森林面积 1 万公顷。珍稀树种资源更是首屈一指，仅华南热作两院植物园就保存有上千个珍贵树种。儋州方言繁杂，有儋州话、客家话、粤语、军话、村话、临高话、黎话等方言，反映了海南移民的特色，也展现了与东部迥异的民俗风情。

（任艳艳）

呼 兰 区

呼兰地处黑龙江南部，松花江北岸，呼兰河下游，面积 2197 平方公里，总人口 62 万人。这里区位条件优越，扼守哈尔滨北大门，是省城、市府北向交通要冲，处于全省“八大经济区”战略格局的重要极点，地处东北亚经济合作圈，是人流、物流、信息流、资金流交汇之地。

呼兰人文历史厚重，素有“江省邹鲁”“满洲谷仓”之美誉。据历史考证，呼兰在新石器时代早期就有了人类活动，在风光秀丽的团山子留下了古人类活动的遗迹。到了辽金时代，这一带的政治、经济、文化已非常兴盛，诞生了胡拉温屯这个最早见于史书的村落，留下了大堡古城、穆儿昆城、石人城古墓石人、团山子七级浮屠宝塔等闻名遐迩的历史遗迹，并涌现出金代状元徒单镒这样名耀史册的显赫人物。雍正十二年（1734）设立呼兰城，当时尤以宗教文化盛行，建有慈云寺、关帝庙、龙王庙、吕祖庙、清真寺、文昌阁、城隍庙及西方宗教文化的艺术建筑——天主教堂。还涌现出著书论史的富永阿、崇尚儒学的乌珍布、积书数千卷的舒昶等文化名人。民国时期，在新文化思潮的影响下，新型文艺形式如话剧、歌剧、漫画、电影等相继传入。民间的文化艺术活动，如二人转、皮影戏、野台子戏、东北大秧歌等多在庙会、年节和喜庆之日举行。呼兰是上世纪三十年代著名左翼女作家萧红的故乡，其著名的作品有《呼兰河传》《生死场》等。为纪念萧红，呼兰在西岗公园内建起萧红碑、萧红墓，命名了萧红小学校、萧红路，举办了萧红文化节。呼兰文庙建于民国十六年（1927），1937 年全部完工，占地面积为 1800 平方米。呼兰文庙在 1929 年举行第一场祭孔典礼，1935 年以后成为正式祭孔场所，2015 年完成修缮工程并重新对外开放。

文 庙

呼兰生态环境优美，资源富集。境内“一江四河”（松花江、呼兰河、泥河、少陵河、漂河）纵横交错，拥有 66 公里的江岸线和中国最大的城市湿地。大江河、大森林、大湿地的特有景观和天然的滨水生态，为呼兰发展生态宜居、休闲旅游产业提供了重要的资源保障。蜚声中外的萧红故居，有东方巴黎圣母院之称的天主教堂，清新别致的四望亭，亚洲之最的百年仙人掌，文庙、三光庵、清真寺等宗教建筑，赋予呼兰深厚的人文底蕴，构筑了独具特色的城市景观。

（李龙博）

红 河 州

红河哈尼族彝族自治州地处云南省东南部，北连昆明，东接文山，西邻玉溪，南与越南接壤，北回归线横贯东西。全州面积 3.293 万平方公里，总人口 456.1 万人，是一个多民族聚居的边疆少数民族自治州，有 10 个世居民族，居住的主体民族是哈尼族和彝族，有 241 万少数民族人口。

红河州历史悠久，有“滇南邹鲁”之称。红河州有滇南政治、经济、军事、文化中心蒙自，有世界锡都个旧，有国家历史文化名城建水，文献名邦石屏，有河口和金水河两个国家级口岸。红河州有闻名遐迩的锡文化、陶瓷文化和梯田文化，是云南经济社会和人文自然的缩影，也是中国走向东盟的陆路通道和桥头堡。在漫长的历史岁月中，各族人民共同开发边疆，并用智慧和劳动充实和丰富了中华文化宝库。彝族古籍文献丰富，全州散存于民间的彝文古籍二千多卷，著名文献有《尼苏夺节》《彝族创世纪》《太阳历》等。经典的舞蹈有哈尼族苍劲有力的芒鼓舞、娱乐健身的乐作舞，彝族阿细跳月、烟盒舞，苗族芦笙舞等。经典音乐有石屏彝族的海菜腔等。《哈尼四季生产调》、哈尼族多声部音乐、彝族烟盒舞、彝族海菜腔入选首批国家级非物质文化遗产名录。民族乐器有彝族的巴乌、口弦，苗族的芦笙，傣族的葫芦丝等。图腾崇拜有哈尼族的祭龙，彝族的祭火、祭山等。节日文体活动有爬花杆、赛芦笙、打磨秋、对歌、斗鸡、斗牛、丢包等。

红河秀丽的南亚热带风光，丰富多彩的民族民间文艺、民族风情，景致独特的名胜古迹，别具一格的传统工艺，具有较高科研价值的古文化遗址，形成了丰富多彩的旅游景观有：州内“云南第一洞”泸西阿庐古洞、“洞函燕奇、南天一绝”亚洲第一的建水燕子洞和弥勒白龙洞、开远哈尼梯田南洞等“人间仙境”以及走进大自然，使人神清气爽的屏边“大围山森林公园”“熊乐园”等。

红河地方特色民间艺术节日众多，举办的文化节有蒙自过桥米线节、建水孔子文化节、个旧锡文化旅游节、元阳县哈尼梯田文化旅游节、弥勒县阿细跳月艺术节、屏边县民族文化旅游节暨妃子笑荔枝节、石屏县花腰歌舞节等。

（李龙博）

建 水 县

建水县位于云南省南部红河北岸，面积3789平方公里，居住着汉、彝、回、哈尼、傣、苗等民族，总人口53.83万。建水资源富集，多样性的物候和矿产构成得天独厚的自然资源，便捷的交通网络和区位优势更使建水充满了跨越发展的生机活力。1988年建水被国务院批准为对外开放县，1994年被列为中国历史文化名城。

建水古称步头，亦名巴甸。唐南诏时筑惠历城，汉语译为“建水”，隶属于通海都督府。宋大理国时期属秀山郡阿白部。元时设建水州，明代称临安府。清乾隆年间改建水州为建水县。建水县在元代就始建庙学。明洪武年间建临安府学，万历年间又建建水州儒学。清代先后建立了崇正、焕文、崇文、曲江四个书院。境内人才辈出，当时，有“临半榜”之称，即云南科举考试中榜者中，临安府学就占了半数左右，堪称云南之冠，在全国亦不多见，加上建水文庙规模宏大，建筑精致，故有“文献名邦”“滇南邹鲁”之美誉。

建水县域内有着众多独具地方特色的文物古迹，堪称“古建筑博物馆”和“古民居博物馆”。其中最典型的代表文庙是建水儒家文化传承的象征。建水文庙位于县城建中路北侧，始建于元至元二十二年(1285)，至今已有七百多年的历史。经明清两代五十余

文 庙

次增修扩建，占地面积达 114 亩，其现存规模、建筑水平和保存完好程度，仅次于山东孔子家乡的曲阜孔庙和北京孔庙，在全国大型文庙中名列前茅，为全国重点文物保护单位。建水文庙建筑群坐北朝南，纵深达 625 米，共分七进空间，完全依照山东曲阜孔庙的风格规制建造。大成殿东西两侧各有东西碑亭一座，后墙外墙脚处还立有十多块石碑，其中元代至元年武宗皇帝追封孔子为“大圣至圣文宣王”的圣旨碑，为滇南现存最古老的碑刻。

此外，还有被列入世界纪念性建筑遗产保护名录的历史文化名村团山、中国 18 座著名大型古桥之一的双龙桥和泸江烟柳景观大道等著名景点。

（李龙博）

黄冈市

黄冈市位于湖北省东部、大别山南麓、长江中游北岸，与省会武汉山水相连，面积17453平方千米，人口741.43万人，是武汉城市圈的重要组成部分，具有“承东启西、纵贯南北、得中独厚、通江达海”的区位优势。

东坡赤壁

黄冈历史文化源远流长，夏商时代，禹“封皋陶之后于英、六”，本地域即为皋陶后人的封地。秦时先分属南郡和九江郡,后属衡山郡,有二千多年的建置历史,文化发达。黄冈是古邾国南迁故地,鄂东文化的发祥地之一。据专家考证,吴、楚、汉等古老文化在这里相互交汇融合,其文化面貌颇具特色,带有浓厚的“巴水蛮族”遗风。在这里孕育了中国佛教禅宗四祖道信、五祖弘忍、六祖慧能,宋代活字印刷术发明人毕昇,明代医圣李时珍,现代地质科学巨人李四光,爱国诗人、学者闻一多,国学大师黄侃,哲学家熊十力,《资本论》译者王亚南等一大批科学文化巨匠,为中华民族乃至世界历史发展做出了重要贡献。黄冈宗教历史悠久,宗教文化底蕴深厚,禅宗两大祖庭、三代祖师在黄冈下辖的黄梅县,素有“蕲黄禅宗甲天下,佛教大事问黄梅”之说。

黄冈主要风景区有黄麻起义和鄂豫皖苏区纪念园、浠水三角山、麻城龟峰山、罗田天堂寨、英山吴家山、英山桃花冲、东坡赤壁、红安天台山、麻城杏花村、罗田薄刀峰、蕲春三江、李四光纪念馆、鄂人谷、七里坪等。大别山巍峨磅礴、天工巧夺,连绵境内数百里,其主峰天堂寨海拔 1729 米,集奇、险、幽于一体,堪与泰山、庐山媲美。龙感湖古称雷池,曾与鄱阳湖相连,现有水域面积 2500 平方公里,是全国重要的湿地保护区。东坡赤壁,又名黄州赤壁、文赤壁,俗称赤壁公园。因为有岩石突出像城壁一般,颜色呈赭红色,所以称之为赤壁。因苏轼的《念奴娇·赤壁怀古》《前赤壁赋》《后赤壁赋》闻名,其风景名胜具体又分为“月波摇影”“栖霞挹爽”“东坡问天”“龙山松声”“竹楼夜雨”“镜湖观荷”“索桥飞瀑”“赤壁夕照”等 30 个主要景点。龟峰山风景区内已发现一个几公里深的自然山洞,该山洞隐藏深山密林之中,洞中长年溪流不断,是旅游探险的好去处。风景区主要景点还有能仁寺、化主庙、料井、冲担石、险八脚、迎客松等三十多处。

(李龙博)

长 沙 市

长沙市是湖南省省会，位于湖南省东部偏北，湘江下游和长浏盆地西缘，面积 11819 平方公里，人口 743. 18 万，是长江中游地区重要的中心城市、中南地区重要的工商业城市。悠久的历史，积淀出灿烂的长沙文化。长沙是楚文化和湖湘文化的发源地，是我国历史上唯一经历三千年历史城址不变的城市。历史上，长沙涌现出众多名人，留下了无数的历史文化遗迹。

长沙是国家历史文化名城，古称潭州，别称“星城”“楚汉名城”，早在春秋战国时期即为楚国雄踞南方的附属地，历代均为湖南及周边地区的中心城市，也曾为汉代长沙国国都和五代十国时期楚国国都。长沙为楚文化和湖湘文化的发祥地之一，有“潇湘洙泗”“荆湖邹鲁”之誉。马王堆汉墓和走马楼三国吴简等重要文物的出土反映其深厚的楚文化以及湖湘文化底蕴，因屈原和贾谊的影响而被称为“屈贾之乡”。著名的岳麓书院就在长沙境内，岳麓书院是古代汉族书院建筑，属于中国历史上著名的四大书院之一，位于湖南省长沙市湘江西岸的国家 5A 级风景名胜岳麓山风景区。岳麓山自古就是文化名山。西晋以前为道士活动地，唐末五代智璇等二僧为“思儒者之道”，在麓山寺下，建起了“以居士类”的学

岳麓书院

舍。北宋开宝九年(976),潭州太守朱洞在僧人办学的基础上,由官府捐资兴建,正式创立岳麓书院。嗣后,历经宋、元、明、清各代,至清末光绪二十九年(1903)改为湖南高等学堂,1926 年正式定名为湖南大学。历经千年,弦歌不绝,故世称“千年学府”。著名儒家学者张栻、王先谦曾任山长管理院务,朱熹、真德秀、吴澄、王阳明曾到此讲学,王夫之、魏源曾求学于此。

长沙最重要的特产是“长沙三绝”,即湘绣、棕编和菊花石雕。长沙湘剧是湖南地方大戏中的一个主要剧种,其腔调最初以江西弋阳腔与长沙等地的民间宗教音乐结合而形成,旧称“人戏”“大戏”,由高腔、低牌子、昆腔、弹腔 4 种声腔构成,用长沙方言演唱。其风格或粗犷、奔放或委婉。

(李龙博)

浏阳市

浏阳古属荆州，因位于浏水之阳而得名。地处湘赣边界，湖南东部偏北，东邻江西铜鼓、万载；南接江西萍乡及湖南醴陵、株洲；西倚省会长沙；北界湖南平江。浏阳市总面积5007.75平方千米，人口145万，是世界闻名的花炮之乡，享有中国花卉苗木之乡、中国蒸菜之乡、中华诗词之乡、中国优秀旅游城市、中国人居环境范例奖、湖南省文明城市等美誉，是中国发展改革试点城市、国家生态示范县（市）。

早在东汉建安十四年（209），浏阳即从临湘县析出，单独建置浏阳县，治所设县东旧城隍庙附近。浏阳流泻着一种自然的灵秀之美，有着“湘东明珠”之誉的大围山国家森林公园，群山叠翠，万壑争幽，流泉潺潺，是理想的旅游避暑胜地。而天下闻名的浏阳河，则是浏阳地域风情的媚眼，她的婉约灵秀在每一个弯回中荡漾生姿。此外如石霜寺的苍古，浏阳湖的明媚，古风洞的幽深肃穆，无不令人目授神与，如窥天机，若有所悟。

古代浏阳有著名的浏阳八景：相台春色、枫浦渔樵、鸿阁斜阳、鹦亭劳草、药桥泉石、巨湖烟雨、吾山雪霁、中洲风月。其中唐代著名诗人张若虚的《春江花月夜》中的“青枫浦上不胜愁”，即取自于

文　庙

浏阳八景中的“枫浦渔樵”。

浏阳文庙位于浏阳市圭斋路侧，庙宇面街背山，是我国保存完整的孔庙之一。浏阳文庙始建于宋，清嘉庆二十三年（1818）迁建于今址。清道光二十三年年（1843）改建成现格局。

浏阳文庙祭孔古乐源自商周时期雅乐，是清道光年间浏阳人邱之稑以其毕生心血研究和调查，最终恢复、发展而成。邱之稑著有《律音汇考》一书，校正并改编了古乐曲，复制出早已失传的“匏”音，补齐了八音之缺，同时编创了浏阳祀孔丁祭乐舞，在浏阳文庙开设礼乐局，教授全国各地来学习祭孔音乐的学生。其时，浏阳文庙祭孔音乐名动天下，与山东曲阜孔庙祭孔音乐齐名，有“国乐古礼在浏阳”之美誉，浏阳由此而得“南方礼乐中心”之称。浏阳古乐融歌、舞、礼、乐于一炉，演出人员达一百余人，场面之大，气势之恢宏，可与西洋交响乐媲美，是我国民间现存最完整的古代祭孔仪式音乐遗产。

（李龙博）

上饶市

上饶市古称饶州、信州，位于赣东北，东联浙江，北接安徽，南挺福建。“上饶”得名于“山郁珍奇，上乘富饶”，素有富饶之地的美誉，简称“饶”。上饶的地理形势是两条山脉——武夷山脉、怀玉山脉和鄣公山脉，夹一条大河——信江，拥抱中国最大的淡水湖——鄱阳湖，背有靠前有沼，风水独占鳌头。

上饶因鄱阳湖，被称为“鱼米之乡”；因三清山，素有“山郁珍奇”之誉；因扼闽、浙、赣、皖要冲，成为“豫章第一门户”“四省通衢”。历来享有“富饶之洲”“信美之郡”的美誉。上饶人杰地灵，在一千七百多年的历史长河中，这片神奇的土地孕育出灿烂的茶文化、铜文化、戏曲文化和书院文化。

鹅湖书院位于上饶铅山县鹅湖镇鹅湖山麓，为古代江西四大书院之一，占地 8000 平方米。南宋时期儒家学者风行讲学，书院发达。宋淳熙二年(1175)朱熹、吕祖谦、陆九龄、陆九渊等会讲鹅湖寺，各持己见，“相与讲其所闻之学”，这就是著名的“鹅湖之会”，成为中国儒学史上一件影响深远的盛事。人们为了纪念“鹅湖之会”，在书院后建了“四贤祠”。宋淳熙十年赐名“文宗书院”，后更名为“鹅湖书院”。书院自南宋至清代，八百多年来，几次兵毁，又

鹅湖书院

几次重建。历经数百年，风貌依旧，格局完整，原状留存，是书院实物遗存中少有的得以完整原貌保存的一处。

信江书院是江西四大古书院之一，位于上饶市区信江南岸黄金山上，创建于清康熙三十三年（1694），内有十余处古色古香的建筑，雕梁画栋，造型古朴，掩映在浓荫绿树间，显得分外风雅别致。

玉山科举考棚位于江西省上饶市玉山县冰溪镇内湖塘沿宝桥东侧，是建于清乾隆五十七年（1792）供封建社会时期学生参加科举考试的场所，拥有四幢青砖瓦房，总占地面积二千多平方米，可容纳 100 人考试。玉山科举考棚是目前长江以南仅存的两处记载封建社会科举考试制度的不可移动文物之一，另一处是南京的“贡院”。

（李龙博）

婺源县

婺源位于江西省东北部赣浙皖三省交界处，是古徽州六县之一，东邻国家历史文化名城衢州市，西毗瓷都景德镇市，北枕国家级旅游胜地黄山市和古徽州首府——国家历史文化名城歙县，南接江南第一仙山三清山。婺源素有“书乡”“茶乡”之称，是全国著名的文化与生态旅游县。

婺源县境内纵横密布、碧而清澈的河溪山涧，与怪石奇峰、古树茶亭、廊桥驿道相得益彰，融雄伟豁达与纤巧秀美于一体。著名景点有西北部的大鄣山与灵岩洞群，东北部的浙岭与石耳山，中部的福山和西部的大游山，唐宋以来就是游览胜地。“两水夹明镜，双桥落彩虹”，因袭唐诗而得名的宋代古桥彩虹桥，是婺源廊桥的代表作。离县城西南 30 公里左右的文公山有朱熹回乡扫墓时亲手栽植的古杉 24 棵（寓 24 孝之意），至今逾八百余年，长势依然旺盛，古杉之巨，为国内所罕见。生态环境优美的鸳鸯湖，成群成对的鸳鸯，如鲜花绽开于湖泊之中，形影不离。婺源物产丰富，有闻名中外的茶叶“婺绿”，可谓中国绿茶中之上品；石冠群山的“龙尾砚”（歙砚）为中国四大名砚之一。

婺源历史悠久，文化灿烂，自古文风鼎盛，名人辈出，享有“东

理坑村(摄影　米怀志)

南邹鲁”的美誉。唐开元二十八年(740)建县,自唐至清,全县共出进士552人,留下历代文人著作三千一百多部,其中172部入选《四库全书》,理学大师朱熹,清代著名的经学家、音韵学家江永,中国铁路之父詹天佑等历史文化名人名扬中外。徽剧、傩舞、徽州三雕(石雕、砖雕、木雕)、歙砚制作技艺被列为国家非物质文化遗产。历史遗迹、明清古建遍布乡野,全县有完好地保存着明清时代的古祠堂113座、古府第28栋、古民宅36幢和古桥187座,是当今中国古建筑保存最多、最完好的地方之一,理坑、汪口、延村、虹关被评为国家历史文化名村，清华彩虹桥、婺源宗祠、理坑村民居被列入国家重点文物保护单位。其中理坑村虽偏居山村一隅，村民们却也好读成风。这个村庄在历史上出了不少名仕，直到今天，村中还保留着明代的多处官宅。村口处有一座“理源桥”，桥上刻有“山中邹鲁”“理学渊源”的字样。理坑是一座真正意义上的书生之乡，一直以来，当地的人们也都崇尚“读朱子之书，服朱子之教，秉朱子之礼”的儒家理想，被文人学者赞为“理学渊源”。在历史上，理坑共有七品以上的官宦 36 人，进士 16 人，文人学士 92 人，他们的著作达 333 部 582 卷之多。

（李龙博）

弋阳县

弋阳地处江西省东北部，信江中游，是上饶市的“西大门”，县域面积 1580 平方千米，总人口 41.5 万人。弋阳于东汉建安十五年（210）置县，至今已有一千八百多年的历史，素有“县古人烟密”之称，文化积淀深厚，是“全国文化先进县”。

弋阳文化灿烂，是位列明代戏曲四大声腔之首、被誉为中国古代戏曲“活化石”、高腔戏曲“鼻祖”——弋阳腔的诞生地，境内至今还保存有古戏台五十多座，2006 年弋阳腔被列入中国第一批非物质文化遗产名录。这里历代名人辈出，古代有南宋抗金宰相陈康伯，与文天祥齐名的爱国诗人谢叠山；现代有伟大的无产阶级革命战士、民族英雄方志敏等。

弋阳拥有世界自然遗产、世界地质公园、国家级风景名胜区、国家 4A 级旅游区、国家森林公园等多个世界级、国家级名片的著名景区。龟峰，碧水丹山，石秀峰奇，是丹霞地貌精品，享有“江上龟峰天下稀”“盖峦嶂之奇，雁荡所无”的赞誉；另外，潮水岩，神仙洞，葛水回浪，婉潭映月，宝峰叠秀等美景也久负盛名。这里还有全长 416 米，身宽 68 米，堪称世界第一大的天然山体卧佛；有中国单个洞窟最大的唐代天然佛洞——南岩石窟。

叠山书院

县境内还有众多的革命历史遗址和历史文物，主要有方志敏故居、漆工镇暴动遗址、赣东北工农兵代表大会遗址、窖头会议遗址、三百烈士岩洞、江南第一佛窖、清水湖、文星塔、双岩寺、陈康伯墓、谢枋得墓等。叠山书院位于江西弋阳县城东，占地近七千平方米，是弋阳人民不顾当时元朝统治者的重重阻挠，为纪念本邑南宋著名爱国诗人、抵抗侵略的坚强战士谢枋得（号叠山）而建造的。它似一座气象森严的古堡，高高屹立在江西弋阳城东的信江之滨。叠山书院以叠山的文章气节、独特的赣东北古建特色和典雅安谧的治学环境著称，为江南占地面积最广，建筑规模最大，且保存完好的古代书院。

（李龙博）

蓬溪县

蓬溪县地处四川盆地中部偏东，面积1251平方公里，总人口77万人。这里四时调和，生态环保，风景宜人。蓬溪历史悠久，人杰地灵，文化特色鲜明，厚重的巴蜀文化千年传承，灿烂的现代人文名动西部，享有“五史之乡”“梓东邹鲁”“文献名邦”等称誉。据《太平寰宇记》：“天宝初改为蓬溪县，取邑内蓬溪为名。”一说因县有蓬山和溪水而得名。

早在东晋永和十一年（355），当地就建立了巴兴县，唐天宝元年（742）定名蓬溪县。勤劳智慧的蓬溪人民创造了灿烂的历史文化，是明代礼部尚书兼武英殿大学士席书、清代文华殿大学士兼吏部尚书张鹏翮、清代蜀中诗冠张问陶的故乡。此外，明代仙画宝梵寺壁画，宋朝鹫峰寺及白塔、初唐贞观古刹常乐寺、高峰山、四川抗蒙要塞蓬溪砦（寨）等荣载史册。1929年旷继勋率部于蓬溪大石镇牛角沟起义，建立了四川第一个县级红色政权——蓬溪苏维埃政府。2000年蓬溪县被文化部命名为“中国民间特色艺术（书法）之乡”。“川中大乐”作为汉民族优秀的文化遗产，被誉为“巴蜀文化精品”“东方神乐”，名扬全国。

蓬溪风光秀丽，人文旅游资源丰富，享有“梓东邹鲁”“川中明珠”的美誉。位于县城城西2公里处的东方活湖(赤城湖),水面面积四千余亩,自然风光得天独厚,并以其原生态植被、动物、鱼类、山水、田园,以及“二十四孝”之“孟宗哭竹”,赤城宝屏山道家“洞经音乐”源起,佛教名胜白塔禅院为代表的儒、释、道文化和以入载《中国建筑史》的鹫峰寺天王殿,旷继勋将军纪念馆为代表的历史人文遗存为资源特色。位于城东10公里处的高峰山道观,因其建设按先天八卦修建设计,被誉为“川北迷宫”,至今四季游人如织,香火鼎盛,为四川省第三大道观,也是保存完整的道观园林,千年古柏众多,道家很多神秘的传说和仙界故事都诞生于此。高峰山不仅具有丰厚的道家人文资源,其自然生态资源也极为丰富,山上古木参天,郁郁葱葱,山中“龙泉”、“油、盐、米穴”、五里石板古道、道藏碑刻、高峰晨望、西门晚眺等景观,自然朴素,灵秀宜人,极富道存韵致,又多田园情趣。位于城南5公里处的宝梵壁画,是全国保存较为完善的古壁画,出自明成化二年,颇似唐著名画家吴道子之笔意神功,具有很高的艺术价值,被收入《中国绘画史》等多种典籍。

(李龙博)

思南县

思南位于贵州省东北部，乌江中下游，是贵州省铜仁市下辖县，行政区域面积2230.5平方公里，总人口68万人。思南历史悠久，源远流长。汉末年间即置永宁县，元设思南宣慰司，明清建府，民国设专员会署。思南得乌江航运之便，自古商贾云集，经贸繁荣，是乌江中下游地区的商品集散地，政治经济文化的中心，为贵州开发最早的县份之一，素有“黔东首郡”之称。

祭孔大典

思南文化底蕴深厚,有“云贵邹鲁”之称。这里先后走出了“贵州科举之父”田秋、明朝理学家李渭、红军高级将领旷继勋等著名人物。思南土家花灯传承一千多年,被列入第一批国家级非物质文化遗产名录,是土家民间歌舞艺术、思南文化的代表。思南土家花灯音乐有浓郁的民族风情和地方特色。曲调分灯调、正调、杂调、小调等四大类,传统的有 24 大类曲牌。由于土家花灯曲调繁多,风格各异,各地有不同特色,因而有花灯“不过寨,不过坡,不过界”的说法,土家花灯音祭孔大典乐,传统伴奏乐器不多,但曲牌丰富。传统的乐器有马锣、大锣、二胡、月琴、三弦、折以鼓等。锣鼓诙谐活泼,它使用的锣比一般锣大而厚,声音坚实洪亮,远播力强,泼辣热烈,抨击时能发出“卜音”,给人以乐观、坚实之感。常用的锣鼓曲牌有“单打五”“双打五”“凤点头”“鹰拍翅”“牛擦痒”“马咬牛”“长路眼”“金线吊葫芦”和“四面进”等。

思南生态保存完好,保持着生物多样性,有白鹭湖国家湿地公园、万圣山省级森林公园等。四野屯自然保护区内保存着大量珍稀物种,红豆杉、千年楠木王、千年银杏等珍贵植物极具观赏价值,千年楠木王是世界最大的楠木树,思南被国家林业局命名为“中国楠木之乡”。

（王川）

秦安县

秦安县隶属甘肃省天水市，位于甘肃省东南部、天水市北部、渭河支流葫芦河下游，总面积1601平方千米，总人口62万人，县政府驻兴国镇。秦安县地势西北高而东南低，属陇中黄土高原西部梁峁沟壑区，山多川少，梁峁起伏，沟壑纵横。

文 庙

秦安古称成纪，历史悠久，人文荟萃，是人类始祖伏羲、女娲故里和中华民族的发祥地之一，又是丝绸之路的必经之地，这里孕育了底蕴深厚、博大精深的伏羲文化、女娲文化、大地湾文化、三国文化、成纪李氏文化和民俗文化，是陇东南久负盛名的历史文化名城。县内有大地湾、兴国寺、文庙大成殿等 3 处国家重点文物保护单位，还有街亭古战场遗址、女娲祠、明清店铺一条街、李氏宗祏等各类文化遗存近百处。堪称世界奇观、距今 8000 年前的大地湾遗址，是目前我国新石器时期年代最早、历史最长、层次最完好的遗址。秦安文庙位于甘肃天水市秦安县兴国镇新华街东，占地面积 3200 平方米，创建于元大德元年（1297）前，道光十八年（1838）极具规模，曾是天水地区历史上规模较大的崇圣尊孔之地。后历经破坏与修复，现已经重新修缮和恢复了大成殿、大成门、乡贤祠、名宦祠和泮池、状元桥、孔子塑像等建筑。秦安兴国寺位于秦安县城北街，是一组风格古朴、造型奇特、保存较好的元代建筑群，山门、钟楼、鼓楼、般若殿安稳如磐，迄今完好。秦安的《秦安小曲》《女娲祭典》《秦安蜡花舞》和《壳子棍》分别进入国家级和省级第三批非物质文化遗产保护名录。

秦安自古有“陇右邹鲁”之称，悠久的历史，深厚的文化底蕴，使这块钟灵毓秀的土地人才辈出。仅见于“二十四史”记载的人物就有 247 人，当今编入县志的历代名人多达二千余人，写入明清县志的进士四十多人，贡生 150 人，举人 192 人。他们当中有驰骋疆场保家卫国的飞将军汉李广、有被著名史学家范文澜喻为“优秀皇帝”的前秦苻坚；有开启唐王朝盛世的李渊、李世民等君主；有辅弼君王功绩卓著的汉李蔡、唐权德舆等名相；有唐代伟大的诗人李白；有明代山东巡抚、大书法家胡缵宗；有清末以言获罪、名震中外的“陇上铁汉”安维峻。

（王川）

安东市

安东市位于韩国中部偏东，隶属于庆尚北道，环境优美，交通便利。这块总面积为 1520 平方公里的土地，就是被称为“韩国精神文化的首都”之称的城市。

安东旧名“永嘉”，意思是“两江交汇的美丽之处”。两江指洛东江与半边川，二者在安东交汇，如此依山傍水的自然环境，清心易养气，地灵则人杰，安东自古出大儒出名士也就是情理之中的事了。儒学先贤退溪、聋岩、鹤峰、西崖都是安东人，他们践行儒家的理念，尊师重道，不尚名利，隐居乡间，使儒家文化深深影响到安东人的生活。安东也成为朝鲜半岛儒家思想的摇篮，韩国人心目中的“圣地”，被称誉为“海东邹鲁”“邹鲁之乡”。

韩国著名的陶山书院就在安东境内，被称为韩国最美的书院，也是安东市 26 家书院之首。陶山书院是 1574 年（朝鲜宣祖 7 年）李朝宰相李滉的弟子及儒学家们为纪念李滉的学识及品德而修建的儒学学校。李滉（1501—1570 年），号退溪，堪称朝鲜朱子学的集大成者，以至于被后人称为“朝鲜之朱子”，著有《退溪集》（68 卷）、《朱子书节要》、《心经释录》、《四端七情论》等。今天的陶山书院是韩国庆北道的观光圣地，也是人们短期研修儒学的地方。每年农历二月、八月举行祭祀，每年三月、九月举行“陶山别试”即“汉诗大会”。

安东陶山书院

安东有韩国文化遗产的宝库之称，珍藏着从统一新罗时期到高丽时代、朝鲜时代、日本殖民时期的281件文化遗产，其中包括国宝4件，河回假面、韩国最古老的木建筑凤停寺极乐殿、最古老的佛教砖塔新世洞7层砖塔。主要观光资源除了陶山书院，还有河回村，是朝鲜时代名儒柳云龙和柳成龙的出生地，丰山柳氏曾经生活过的住所。这里因洛东江水，向东流淌时，又以S形回转过来，将村庄围绕而被称作河回，在这里可以感受到韩国传统之美。进村的路口，簇拥着许多雕刻着假面的枯树桩，人物表情十分生动。河回别神假面戏是代表韩国的重要文化遗产，本意是祈求安宁和风调雨顺而戴上假面进行表演。在1999年，英国女王伊丽莎白二世来此访问，使得河回村更加声名大振。作为韩国历史村落，韩国政府指定河回假面为“韩国代表节庆”——安东国际假面舞节庆。

（靳昱昊）

文化邹鲁

寻梦邹鲁

邵泽水

回溯孔孟之乡的历史，在与孔孟二圣撞个满怀之后，你怎么也回避不了邹鲁二字。即便你今天到一些地方旅游，也会在一些石刻题壁上发现她的芳名。如浙江金华以“江南邹鲁”自誉，云南建水以“南疆邹鲁”自豪，古徽州、温州竞称“东南邹鲁”，而莆田、潮汕俱以“滨海邹鲁”为傲。

我与这些地区的同仁谈起邹鲁文化，他们有的慕其名，不知其详；有的竟然如数家珍，让我汗颜。我曾结识了浙江金华一个年约三十的男导游，说到邹鲁文化，他侃侃而谈：你们那地方好啊！老者慈，少者敬，官者贤，商者信，路不拾遗，夜不闭户。在他的眼里，邹鲁俨然成为理想幸福社会的缩影，一个“世外桃源”。

作为一个孔孟之乡人，一个邹鲁后生，寻梦邹鲁由此成为一个沉重的背负，一个无言的约会。

2008 年 10 月，我荣幸地受到邀请，到济南参加“思孟学派国际学术研讨会”。思孟者，子思、孟子之谓也！会议期间，国学大师李学勤先生专门约见我们孟子故里的代表，并约请我们与他一起吃饭。真是荣幸之至，我就这样走近了当代大师。李先生席间询问了孟子故里的经济文化社会发展情况，他告诉我说，你们有厚重的孔孟文化和邹鲁文化，有许多东西值得传承、值得研究。我趁此细问其详，他告诉我说，邹鲁文化何以会孕育出孔孟儒学，孔孟儒学又怎样塑造与推进了邹鲁文化；以孔子儒学为代表的邹鲁文化是在什么环境条件下形成的，与其他区域文化存在着怎样的关系？要了解和回答这些问题，必须对邹鲁文化进行全面的考察分析，解析其本质和特征。李学勤先生的话指明了研究方向，使我有茅塞顿开之感。

历史是一部尘封的大书，我们只要细心掀开一页，就可以找回失掉的记忆。

中华文明五千年，泱泱煌煌，夏商周三朝是其奠基时代、轴心时代。我国夏商周断代工程分别将三代的建立确定为公元前：2070 年、1600 年和 1046 年。就其文化形制而言，夏、商、周三代既相含相继，又相荣相代。本来三个不同的部族在不同的时期，上演了各自精彩的大剧。商曾与夏并立，也曾隶属于夏，而又征服了夏；周曾与商并立，也曾隶属于商，而又征服了商。他们在上千年的共存共融中演进着历史，也孕育着文明。夏王朝及其润础而生的夏文化是中华文明的第一页，它的摇篮则是黄河下游的汶泗流域，特别是以鲁西豫东为中心的“四渎之间”。《汤诰》云：“东为江，北为济，西为河，南为淮，四渎已修，万民乃有居。”四渎中的“河”为黄河，“济”为济水，“江”为古沂水，“淮”为淮河。“四渎”与后来的邹鲁地区几乎是同一个地理概念。

有斗争就有英雄，有英雄就有传奇，有传奇就有文化。这是一条铁的规律。夏王朝的三大主角尧、舜、禹在汶泗流域呼风唤雨，自然把脚印和历史留下，同时也留下文明与记忆。

尧帝生于山西临汾，临汾古属冀州之地。他生前在汶泗一带建功立业，死后葬泗水尧山，尧山“世传为尧王之坟墓”。曲阜兖州间古建有尧祠,所证邹鲁为尧王故地。

舜帝一生的路线图大致是这样的:生于泰沂山系西麓的泗水上游,沿泗河而下,经过兖州、菏泽,最后卒于河南长垣。《孟子·离娄下》曰:“舜生于诸冯,迁于负夏,卒于鸣条,东夷之人也。”诸冯在泗水东今平邑境内,现仍称诸冯村;负夏,周时为鲁邑;鸣条,在河南长垣西南。

禹帝治水则是在以鲁西南为中心的兖豫大平原。此地关于大禹治水的传说几乎家喻户晓。

综上所述,我国文明史上三位著名人物汇聚于此,必然在邹鲁地区形成厚重的文明集聚和文化积累,这种文化优势毫无悬念地昭示着邹鲁文化的先进性——邹鲁地区将进入一个崭新的时代。

一方水土养一方人。大家知道孔孟思想的一大核心便是“仁”。仁的思想学说发源于邹鲁并非偶然,因为邹鲁有尧舜禹的足迹和身影,仁的种子早就在此播下了。《山海经》云:“君子国在其北,衣冠带剑……其人好让不争。”《汉书·地理志》称:“东夷天性秉顺。”《说文》也称“夷为东方之人……夷俗仁,仁者寿,有君子不死之国”。看来,邹鲁远古时期的东夷族群天性秉顺,仁而好生,优于他族。从而不难理解为什么不在中国的其他地区,而偏偏在邹鲁地区产生了孔子的“仁爱”和墨子的“兼爱”思想学说。就连司马迁也不得不喟然叹曰:“夫齐鲁之间于文学,自古以来,其天性也。”(《史记·儒林外传》)

山有源,树有根,文化也有根。只有源远流长,本固才能枝荣。邹鲁文明在夏商周孕育发轫,其中,周与商文化的交融值得特别一提。从地缘政治与文化形态上说,周与商属于不同的地域文化。商文化兴起于中国的西部,商属于东部。姬周克商,成为天下共主,势必引起东西文化的碰撞与融合。周初,鲁地的居民主要是三种人:一是统治者周族人,二是战败者殷族人,三是东夷人,即原商奄土著居民。后两者是被统治者,但周族统治者采取“怀柔政策”,允许殷人及商奄人保留自己的生活习俗。所谓的“邹鲁文化”,就是由这三种不同的思想文化交融发展而来。在国家政治生活上,自然以周礼为纲纪,在文化传统和生活习俗上,更多地融进殷遗民和古东夷文化,如仁爱思想、三年之丧等。周文化与夏商两代文化的最大不同,即在于人文理念的提升。

我们瞩目周文化就不能不聚焦于这样一个伟大而关键的人物——周公。周公旦身为文王之子、武王之弟,不仅直接参与和辅佐文王、武王打天下,尤其当武王去世,成王即位后,他以王叔的身份摄政称王,“一年救乱,二年克殷,三年践奄,四年建侯卫,五年营成周,六年制礼乐,七年致政成王”(《尚书大传》)。周公是西周文化的奠基人,也是周初的最高统治者与决策者。后来,周公虽封于鲁而未曾居鲁,由其子伯禽作为鲁国的第一代国君,但仍然是在周公的统摄下实施治鲁方略,周公自然也是鲁文化的设计者。《史记》载:“邹鲁滨洙泗,犹有周公遗风,俗好儒,备于礼。”周鲁一脉相承的文化延续,显然为孔子思想的发蒙准备了充要条件——邹鲁文化成为儒家文化的发育母体和酵母。正像一场风暴的到来,在邹鲁这块土地上,夏商周的文明薪火酝酿生息,最后在鲁国生根发芽,终因天降大才——孔子的横空出世而集大成,影响中国文明走向的儒学宣告诞生了。

回头来看,邹鲁文明既有古老悠久的原创性,又有一脉相承的连续性;既有兼收并蓄的丰富性,又有与时俱进的先进性——她继承了周室的礼乐文化并加以创造性的发展,从而使邹鲁地区人文生发,走在中原地区乃至世界东方前列;到春秋战国时期,随着“礼崩乐坏”,文化下移,私学勃兴,儒风郁郁,她又成为对中国影响最深巨的儒学的发祥地。尽管战国晚期的鲁国亡于楚国的刀兵之下,但在这里孕育壮大的邹鲁文化却加速了向周边地区的播扬,以及与齐文化的整合。秦汉时期，一方面是邹鲁文化与齐文化沿着优势互补、良性互动的方向继续融会，一方面是以孔、孟、荀为代表的原始儒学与其他地域文化的交融创新。汉代以董仲舒为代表的新儒学的出现，和汉武帝“罢黜百家，独尊儒术”文化政策的出台为标志，子学时代让位于经学时代。邹鲁文化的精华——儒学也终于完成了从地域文化向主流文化的升华。

所有这一切表明，邹鲁文化为中国传统文化的构建做出了独特的不可替代的贡献，从而铸就了她在中国文明发展史上光耀千秋的重要地位。

邹鲁文化博大精深，有着她那不群的特征与内涵。就此我曾向邹鲁文化研究学者贾庆超教授请教，他滔滔不绝，侃侃而谈。他说，邹鲁文化包含着许多真理的颗粒和民族文化的基因，蕴涵着许多历史智慧、传统美德和优秀品格，融入中华民族生生不息的血脉长河，具体而言有六点：一、天下为公、世界大同的社会理想；二、家国同构的政治伦理思想；三、以仁义为中心的价值观念；四、民本主义的人文关怀；五、民族主体意识与君子人格的塑造；六、忠贞不渝的爱国主义精神。

寻梦邹鲁，犹如溯江而上；一梦千年，重沐圣风朝阳；空谷余音，邹鲁再创辉煌。壬辰早春，吟诵“秋城临海树，寒月上营门，邹鲁诗书国，应无鼙鼓喧”的古诗句，我们从哪里来？我们又向哪里去？回首历史也许会找到答案。

邹鲁儒风是什么?

冯　彬

“邹鲁之风”造就了孔孟等文化巨人

有人说,因为这里出现了孔子、孟子等圣人,邹鲁的名气才这样有名。我却认为,正是从伏羲开启的“人文”东夷,就是孔子无比向往的“君子国”,东方“君子国”,加上鲁国东迁带来文化传承上的官方推动效应,当时的学习氛围以及鲁国保存礼乐、文献的基础,造就了孔子整理古代典籍的“大成”之功,孔子的孙子子思又到邹地讲学,这里的普通人家都有很强烈的学习意识及关心国家大事的习惯:邹地漆室女忧君的故事,说明一个普通的少女难能可贵地担忧国君的安危,不是后世“处江湖之远则忧其君”的士人情怀吗?孟子的母亲,作为一个家庭妇女,能够认识到孩子学习的重要性并实施行动搬到学宫旁,才造就了孟子“私淑诸人”的伟大。直到汉代,这里的学习之风能让“韦孟”从徐州搬到这里,后世才造就了“父子丞相”的佳话,匡氏从东海搬到这里,匡衡小时候的邻居“巨富”、藏书甚巨,毫不吝啬地借给爱学习的孩子读书(凿壁偷光的故事)。种种迹象表明,这里的学习氛围正是渗透到平民百姓家,形成家风，才有“世风”，才是不断涌现“人才辈出”的丰厚土壤——“厚德载物”不就是这样的道理吗?

“礼失求诸野”，这里的“野”，先秦时指的就是民间。儒风，也是平民教育、学习之风!

邹鲁遗风遗下来什么风气?

《南齐书·陆澄传》记载:“今若不大弘儒风，则无所立学。”南朝梁刘勰《文心雕龙·时序》:“华实所附，斟酌经辞，盖历政讲聚，故渐靡儒风者也。”唐韩愈《奉酬天平马十二仆射见寄之作》:“威令加徐土，儒风被鲁邦。”

“邹鲁遗风”来比喻孔孟遗留下来的儒学风气。

出处:《梁书·羊侃传》:“高祖览曰:‘吾闻仁者有勇，今见勇者有仁，可谓邹鲁遗风，英贤不绝。’”

这说明，在南北朝时期的邹鲁附近的今新泰这个地方，因为靠近邹鲁地区，受到这里良好风气的影响，才产生了羊侃这样的贤人及其家族。

同时我们也可以体会到，当时的处在南朝的皇帝，都能随口用“邹鲁”的典故来赞美臣子，可以想见，在当时的文化界，“邹鲁”产生的影响多么巨大。因为在南北朝，孟子还只是“诸子学”里的诸子之一。

孟子解释清泉如何盈科不绝最后沛然决注于江海，比喻一个人求学求道，实践仁学思想的完整人生进路。特别是他说“君子观水观其澜也”，这句话对人的启发特别具体而深远。为什么说仁学的最基本的方法是近取诸譬?这个身体力行，通过行脚来走遍天下的学习方法，特别是“理论与实践”不二，身土不二，言必信，行必果，吾欲仁斯仁至矣的范例，不仅模塑了中华民族两千五百多年的文化心理，而且跨越历史时空，在今天继续发挥创造中国新文化、

新人格的重要作用。（转引自靳大成《孔子的"学习型团队"为何道行天下》,凤凰国学网）

孟浩然的家世儒风

孟浩然称自己为古先贤孟子的后代。30岁时,他在《书怀贻京邑同好》中写道:"维先自邹鲁,家世重儒风。诗礼袭遗训,趋庭霑末躬。昼夜常自强,词翰颇亦工。"直译就是我的祖先是山东的孟子,世世代代注重儒学和教育。沿袭了先祖遗训,所以一直以诗礼传家,子承父教,自己也受到了熏染。我天天早晚学读诗书,诗词文章也就比较擅长了。

《孟子》中有"吾善养吾浩然之气"一段名言。孟浩然字浩然,并且自认为是孟轲的后代,显然有继承祖宗遗志,也要养"浩然之气"之意。

可见,孟子的后世"家世重儒风",无论迁移到哪里,家风都是传承并发扬光大的。

孔子去世四百年后,司马迁为写《史记》而准备材料,特地到中山国(今河北定县)和邹、鲁两地调研考察。考察后,他拿邹鲁遗风和中山国男盗女娼之习对照后,得出的结论是:"邹、鲁滨洙、泗,犹有周公遗风,俗好儒,备于礼",赞誉这里的百姓"畏罪远邪"(《史记·货殖列传》),崇尚道德。

邹鲁"遗风"对外地的影响举例

例一:海滨邹鲁　遗风共赏

自古至今,闽南保留着邹鲁文风,在书面或口头语言上都保留着使用敬称和谦辞的习惯。特别是二朱(朱松、朱熹)过化的安海民间,这种雅俗交际更始终不失,而形成和谐相处、互相尊重的美好风尚。

首先,用“令”敬称对方的人事关系。“令”解释为“您的……美好的……”如用敬辞“令亲”尊称对方的亲戚;用敬辞“令尊”尊称对方的父亲;用敬辞“令堂”尊称对方的母亲;用敬辞“令郎”尊称对方的儿子;用敬辞“令爱”或“令媛”尊称对方的女儿;用敬辞“令名”“令闻”尊称对方的美好声望。其表现了“老吾老以及人之老,幼吾幼以及人之幼”的孔孟礼仪。值得提倡,值得发扬,值得推广。

其次……最后,谦辞的运用。用“敝”(破旧的)、“舍”、“寒”、“小”(低级的、贫困的、不成样的)表示谦虚。用于跟自己有关的事物、人称、器具。谦称自己的住宅为“敝处”“寒舍”“寒门”;谦称自己的学校为“敝校”,谦称自己的姓氏,在姓氏前冠以“小”,如“小姓许”;谦称自己为“小人”“舍人”,谦称自己的鞋为“敝屣”;谦称自己为“舍下”;对人谦称比自己辈分低或年纪小的亲属为“舍弟”“舍侄”“舍妹”“舍孙”;对人谦称自己的母亲为“家慈”“家母”,谦称自己的父亲为“家严”“家父”;对人谦称自己的哥哥为“家兄”。“满招损,谦受益”,谦虚使人进步,骄傲使人落后。在交际场合,多保留些海滨邹鲁遗风,社会更和谐,风格更高尚,言行更文雅。总之,交际场合,善于使用敬辞和谦辞有很多好处:一则利于和谐、团结;二则办事效率高;三则给人留下美好的文明印象。这是海滨邹鲁文明遗风的大效应。(摘自当地网站)

例二:理坑遗风　渔樵耕读称邹鲁

理坑村始建于北宋末年,虽偏居山乡一隅,却秉承了勤耕苦读之风,村里人才辈出,声名极盛,亦称“山中邹鲁”。当地指山溪为“坑”,这古风十足的儒雅之地,秉朱子之礼而称“理学渊源”,遂起村名:理坑。沿一流清溪构筑,村落嵌于锦山秀谷中,松荫竹影掩映黛瓦粉墙,古色古香。村位于江西婺源西北,古属徽州,是一处蕴藉浓厚徽派文化的遗存。

我们该弘扬什么样的“邹鲁之风”?

孔子晚年致力于鲁国文献整理,去粗取精。孔子在进行教学活动时,对古代的诗歌、历史都曾加以整理讲习,作为教学用课本。他收集夏、殷、周的文献资料,编订或整理出了《诗》《书》《易》《礼》《乐》等文化典籍。并把鲁国史官所记的《春秋》加以删订,成为我国第一部编年体历史著作。这是邹鲁文化中的第一个特点:文献名邦。

这里从官方到民间都在崇尚文化,重视对所有民众的教化、教育,并形成了延续至今的一些教育规则,这是邹鲁文化中的第二个特点:崇文重教。

自东夷时期到鲁国时期,直到汉魏时期,这里的学习之风最盛,文化最为昌盛,这是邹鲁文化中的第三个特点:文化昌盛,也是邹鲁文明最为显著的特质。

所以任何一个地方,只要他们这个地区崇尚文化学习,并形成了很浓厚的学习之风,再有一些名人的推崇肯定,往往都会以“邹鲁”之地的美誉而冠名。

至于该学习什么,无论是“诗书礼乐”或者是周代“六艺”,都是提倡学习者要全面发展,可不是仅仅学习“儒学”。

唤醒古书院　复兴“海滨邹鲁”

王　蕾

泉州历史上的书院，相当一部分是由地方官倡办的，也有不少由地方儒绅创办，规模有大有小。书院是名儒贤士讲学授教之所，学术研究风气较浓。

几年前修缮一新的石井书院，恢复了三进的棂星门，书院中的“五孔井”“八角窗”等也得以保留，书院壮观肃穆，力证晋江安海镇当年的学风之盛。与石井书院同为宋朝建造的还有九日山书院、凤山书院、小山丛竹书院、清源书院等。宋朝泉州书院数量之多、规模之大，几乎取代官学而成为当时的教育机关。到了元明清时期，泉州书院更是兴盛不衰，培养出大批人才，推动了泉州文教事业的发展，造就了泉州“海滨邹鲁”的美名。

唐宋元明　62所书院遍布泉州

宋元时期的泉州有着“天下货仓”美誉，如果说有什么能与当时的经贸水平相提并论的话，那就是文教事业了，而书院在其中起着重要作用。

泉州的古书院是当时进行教育的重要场所和组织形式，融讲学、祭祀、藏书、修书等多种功能于一体，主要职能是著书立说、讲学授徒、探索学问。这些书院始建并发展于唐末，鼎盛于宋，巩固于元明两朝，历代共建有书院62所，遍布于现在的晋江市、南安市、惠安县、安溪县、永春县、德化县及金门县。其中南安石井的杨林书院建造时间最早，由杨肃于唐昭宗景福二年（893）建于杨子山上，但这时的书院只是读书人自己的书舍或收藏经籍之所，严格意义上来说还不属于书院，之后才逐渐衍化出宋代的书院制度。据《泉州府志》及泉属各县县志记载，南宋泉州境内共建有书院12所，到了明朝，泉州书院的发展得到进一步巩固，相继建了欧阳书院、一峰书院等20所书院。

“朱子过化” 温陵大地人才辈出

宋代泉州书院的迅速发展，是泉州人文进入全盛时期的写照，这其中“朱子过化”功不可没。朱熹在泉州期间，积极讲学、办学，直接推动了南宋时期泉州书院的兴盛，使授徒讲学的书院在泉州日益红火，刺桐古城迅速成为福建乃至全国书院发展最为兴盛的地区之一。南宋泉州创建的几所书院，几乎都与朱熹有着直接或间接的关系，如九日山书院和小山丛竹书院是朱熹亲自创建的；石井书院和杨林书院则是朱熹讲过学的地方；文公书院则是为了纪念朱熹而建。当年朱熹曾多次到杨林书院讲学，四方学士来访求教者络绎不绝，杨子山上还留下“活源”“仙苑”等朱熹的题刻。

宋代兴建的书院已具有讲学授徒的性质，成为教学和学术研究的场所，推动了泉州兴学风气的形成，促进了人才培养。自唐贞元八年（792）至清光绪三十年（1904）的一千多年间，泉州学术、文章、勋业、道德、政绩、气节诸多方面，代有才俊硕彦，登科举、载志书的人物多达六千多人，其中进士近二千五百人，成为“八闽胜迹无双地，四海人文第一邦”。

文章来源：摘自《泉州晚报》

朱子故里　邹鲁渊源

蒋小武

五夫镇地处武夷山市东南部，距市区51公里，是省级历史文化名镇，自古有“邹鲁渊源”之美称，且历代名人辈出。相传，早在晋代即有一蒋姓官至五大夫。到中唐，五夫人池繁禧官至江州刺史；后唐，金吾上将军刘翔看好五夫地形之胜，携全家迁居于此，历世不移。到了宋代，五夫可谓是群英荟萃，名人云集，宋抗金名将刘子羽在五夫里降生；婉约派词宗柳永以及他家的“柳氏三杰”在五夫里孕育、成长；南宋绍兴十三年（1143），14岁的朱熹随母遵父遗嘱前往五夫依附父友抗金名将刘子羽，并师承刘子羽的道学、刘勉之和胡宪的伊洛学，并综罗百家，致广远，尽精微，创立了理学思想体系，当时的五夫迎来了李侗、吕祖谦、蔡元定等一批批名儒学者。

千年古镇五夫，古迹众多，不少古迹如今仍光彩夺目，其厚重的文化犹令今人仰止叹服。

紫阳楼：位于五夫潭溪之畔、屏山之麓。朱熹父亲朱松的好友刘子羽，不负朱松重托，为朱熹母子构筑楼宅，因朱氏祖籍江西婺源有紫阳山，为念先祖，故名楼宅为紫阳楼，匾其厅堂为“紫阳书堂”。据记载，朱熹定居紫阳楼近50年。旧紫阳楼于民国初年毁于兵燹，仅存遗址，现紫阳楼是1998年底在省市领导及专家的重视和支持下，在原址上按原样重建的。紫阳楼前，翠竹扶疏，数株相传为朱熹手植的红豆树、樟树、楠木高大挺拔，门前几畦青圃镶嵌着的半亩方塘，传说曾启迪朱熹作出《观书有感》“半亩方塘一鉴开，天光云影共徘徊。问渠哪得清如许，为有源头活水来”这脍炙人口的诗句。

朱子巷：是条鹅卵石铺就的古巷，小巷深深，两侧土墙沧桑，是朱熹进入武夷山的第一巷，始建于五代十国南唐时，距今已千余年。相传朱熹初居五夫时，常从此巷前往鹅子峰麓，向岳父兼老师的刘勉之求教，或去不远处的文定书堂向一代名儒胡安国之子胡宪问道。经年累月，经此小巷竟达万次之多。

兴贤古街：一条长一千余米的文化古街，街中牌坊林立，石坊门上镌刻着“崇东首善”“五夫荟萃”“天地钟秀”“籍溪胜境”“紫阳流风”“三峰鼎峙”“三市街”“过化处”“天南道国”“邹鲁渊源”等历史名人手书横额。沿街有兴贤书院、刘氏家祠、朱子社仓、刘氏节孝坊等建筑古迹。其中兴贤书院据传为朱熹寓居五夫时的讲学之所，书院大门牌楼雄伟凝重，构筑精巧，砖雕饰物栩栩如生。朱子社仓初建于南宋乾道七年，是朱熹首创的一个民办社仓，它首开救荒之先河，被誉为“先儒经济盛迹”，朱子社仓原名为五夫社仓，后邑人为纪念朱熹的惠民善政，遂改称朱子社仓。

2002年，武夷山市划定了五夫镇旅游专属区，由景区管委会下属企业入主开发五夫的文化旅游资源。2003年12月，成立了“武夷山市朱熹文化旅游有限公司”。把保护历史遗迹和开发旅游资源相结合，走可持续的旅游开发之路，在对历史遗迹和理学实物进行挖掘整理的同时，公司聘请旅游规划专家，对五夫旅游开发进行高品位、高规格、高标准的规划，拟用15年的时间，将五夫镇建成一个集吃、住、行、游、购、娱，日接待能力达到2000人的高质量文化旅游景点。

泉港土坑村被誉“邹鲁乡村”600年入仕者不断

陈丽娟　谢向明

福建泉州泉港区后龙镇的土坑村，是中国历史文化名村。据普查，她有67座明清建筑，现存27座。这些古民居自是雕梁画栋，姿态万千，但令记者更感兴趣的，是这个村的“邹鲁之名”。

600多年的历史中，这个村入仕为官者几乎没断过。大约610年前，贵族刘宗孔携家眷定居，族人官拜将军、提督，十多代后人都有人为官；清乾隆年间，当地“土财主”刘百万在村里兴办教育；清末更出现“一门三进士”的盛况。

目前，泉港区政府首拨100万元用于整修这批承载历史的古民居，刘开泰提督府被列入前期修复名单，年底前有望完成。

贵族后代人才辈出

迈入土坑村，就是熟悉的闽南红。在这片古民居中，祖祠里牌匾满堂，乡村中旗杆林立，默默地诉说着当年的辉煌。

根据记载，大约610年前，明朝发生靖难之变，给事中陈继之抗节，居于莆田秀屿的刘宗孔，因族人与陈联姻，恐遭株连，后迁移至土坑。刘氏一族自此在土坑这片土地上，开拓创业，传至第五代培育出一位太学生、主监，至此下传的十代内代代皆有出仕为官者。

到清朝时，刘姓族人官拜将军、提督、进士、明经者层出不穷，赫然已是名门望族。这些府宅聚集在一起，留存至今，便形成一处宏伟壮观、气势非凡的古民居群。

土坑村副主任刘永才自小就在村里长大，对村里的一切特别熟悉。他介绍，今年来，他们对村里的古民居重新普查，大多为明清建筑，曾共有67座。如今，明朝的大多坍塌，现存的27座多是清朝年间的，距今约200多年。

自今年2月上榜中国历史文化名村后，区政府开始新一轮整治工作，首批拨款100万元，用于卫生整治、古厝修复等。

“土财主”兴办教育

刘永才说，根据清代谱牒记载，土坑村中榜进士、晋升仕人者达七十多人。这一大规模的数据后，少不了“刘百万”(原名刘端弘)的贡献。刘百万是村里的富贾，从事杉木生意的他，先后在土坑村建了18座大厝，为乡亲们所崇敬。

身为商贾的他，却崇敬文人。据说，当时峰尾有一宗亲中进士，刘百万特备厚礼前往庆贺，有人窃问此为何人，一宗亲脱口而出：“这是土坑‘土财主’刘端弘。”

刘百万回来后，叹息不已：“家财百万何用，还是被人看‘土’了。”他遂去找村里另一从事杉木生意的刘端瑜，共商造就人才、重振书香门第大计。

两人一拍即合。于是，刘百万办南文武馆“选青斋”，刘端瑜办北文武馆“凌云斋”。在两文武馆中，学文者免费，习武者每日一粒蛋。自此，村中书声琅琅，马铃叮当。

刘永才说，土财主“受刺激”的说法有争议，但刘百万确实有兴办教育的做法，也正是他的创举，才有后来土坑村“邹鲁乡村”的美誉。

村北村南一门多进士

土坑村名噪一时，还在于当年著名的“一门三进士”故事。

在清末，村北有刘开泰、丰泰两兄弟及其侄希颜一门同榜三进士。刘开泰后授任江西南赣总兵，钦赐提督。而在村南，也有两兄弟双榜进士，土坑村就此被称为“邹鲁乡村”。

相传刘开泰三叔侄同榜中进士，深受当朝天子赞赏，当皇帝获悉其侄希颜之母不足二十便守寡，仍含辛茹苦培育儿子成才，大为感动，诰封她为“太安人”，还赐立了牌坊。

据介绍，20 世纪初，刘开泰提督府第还可见门前高大坚实的旗杆座，以及练功石、铠甲、大刀、石敢当和圣旨碑，府内大堂上挂着“两世三忠”牌匾等。

可惜，现大部分文物或毁或失。十多年前，后人逐渐搬离，整座提督府第更加破败不堪。仅恢宏的大门，即入门处的石牌坊，还犹见当年的繁华。圣旨碑，也还在刘氏家庙中。

刘永才说，刘开泰的府第在古民居群落中面积不算大，但其身份注定了这座古民居的特殊。此次分批分期修复古民居，提督府及另一座古民居先被列入。他们将按照修旧如旧的原则，争取年底前完成修复工作。

文章来源：东南网

东南小邹鲁——溪一村

林　琦

永嘉溪口，一座静卧于群山之怀，积满岁月尘烟的古村落。在这里，古巷、书院、流水、人家，这些诗一样的楠溪古元素为世人所知，殊不知在溪口古村落还有另一个“仙风道骨”的特质：溪一村可谓是名副其实的“长寿村”。

据统计，溪一村总人口一千五百余人，80 岁以上的老人 45 人（其中 90 岁以上的老人多达 11 人），比例高达 3%，这个数字已经超过我县的平均数据 2.2%，更是远远超出“中国长寿之乡”1.4% 的评选标准。

溪一村全村耕地面积 308 亩，林地面积 4114 亩，水面 388 亩，森林覆盖率高达 90%，生活在自然氧吧里，空气与水质自然得天独厚。

在这里，光滑的鹅卵石小道星罗棋布，巷道两边的古屋青砖黑瓦、飞檐高挑，屋前的几位银发老人顺着阳光，晒着棉花，再往前一座清冷的荷塘映入眼帘，穿过荷塘，热闹的人群正是几位“馋嘴”的老人围着入村的货车挑选零食。走进溪一村，就像走进了恬静又温馨的世外桃源。

“山清水秀，儿孙孝顺，在村里的生活很是畅快。”现年 90 岁的徐雪花老人还调皮地告诉记者，“最喜爱吃蔬果，螃蟹也能咬得下。”徐雪花的家中，丈夫戴选坤 90 岁，其两个弟弟戴选金、戴选银分别是 82 与 78 岁。邻里和睦，家人齐聚，吃吃饭、打打麻将、说说事，岂是一个畅快了得。

除了媲美天然氧吧的自然环境，溪一村更重要的长寿“基因”在于宽仁厚德之风。

“宋代踵鸿儒华夏东南小邹鲁，戴门多硕彦溪山文化古村庄。”溪一村除了拥有“小邹鲁”美称的戴蒙书院之外，还有五处书院，如东山书院、小山堂书院等。村书记戴伟国解释道：邹是孟子的故乡，鲁是孔子的故里，“邹鲁”是大儒的故乡，而“小邹鲁”——溪一村也传承着孔子提倡的“仁者不忧”“仁者寿”“大德必得其寿”。仁者，不为私欲所动，不为诱惑所乱；不以物喜，不以己悲，无忧无虑，其乐陶陶。

有了这平和的心态，就可淡泊名利，宠辱不惊，寝能安席，食能甘味。现年 78 岁的戴选银说道：“退休之后，除了每天适当劳作之外，就是为村里做一些公益善事，村里的几位老人一起为村里造祠堂，集资建造长寿亭，做了善事，心情好，睡觉也舒坦。”孔孟儒学文化的这种仁德思想在溪一村影响深远，世代传承，滋养着一代又一代人。

陇上小邹鲁——凤山村

凤山村，隶属于甘肃省天水市秦安县。它地处县城东南角，坐落于凤山脚下，南小河北岸，因坐北朝南，光照充足而又称凤阳城。2003 年，全国著名书法家启功先生造访该村时，因受这里风土人情和文化历史所感染，欣然挥毫泼墨，为凤阳城题写了匾名。凤阳城自古闻名，有“陇上小邹鲁”之称。

凤山村因凤山而得名。相传明朝初年，明太祖朱元璋命刘伯温率五百兵丁来秦安骏马山察看铮铮发声的古墓，当晚，刘伯温在驿馆梦见一女子哭哭啼啼朝他走来。翌日，当他徒步登上凤山时，看见一只凤凰在枝头惨叫，凄楚哀婉的叫声使他心中忧郁烦闷。刘伯温回京禀报后，明太祖十分感叹地说，“小鸟不可拔羽，小树不可摇根！”为此，明太祖下令，在凤山上修建了一座高耸的亭台楼阁——牡丹亭，后人称魁星楼或蓬莱阁。明代山东巡抚、监察院右副都御史、著名学者胡缵宗在《秦安志》中这样形容凤山：庙山，其山的高峰趋赴县东，悠然而集，翩翩若凤焉。

凤山村历史悠久，人文荟萃，文化底蕴深厚。据老人们回忆，在凤阳城的城门上，还刻有“三八进士四翰院，七九举人一探花”的秦邑多士联。一代明相权德舆，明山东巡抚胡缵宗就出生在这块风水宝地上。在有名的旗杆巷,走向那幽深的巷道深处,至今还保存有胡缵宗故居和部分历史名人的民居,这里仍然保留有历史名人当年学习、生活和工作的遗物遗迹。

凤山村虽地处秦安县城城郊,但与富有现代化气息的城市相比,仍然给人一种古色古香的感觉。走进凤山村,那幽深的巷道,风格考究的故居、民居,还有那景色怡人的凤山公园、历史悠久的兴国寺、文庙大成殿、人民街古建商业一条街和留有残垣断壁的城池遗址,以及流经村境内的南小河(旧称东川河),会自然而然地把您带进那久远的历史长河和古老的年代。

在凤山村北部,有形致如凤头,雄峙秦安县城的凤山,位于这里的凤山风景区由泰山庙古建筑群、太平堡遗址、行宫及春场园四大部分组成。位于凤山村西面的文庙大成殿更是风格独特,始建于元大德元年(1297),主体建筑大成殿,建筑面积240平方米,单檐歇山顶,上覆琉璃筒瓦,面阔五间,进深四间,其梁架结构,手拱形制和彩画等均保留有明显的特征,是甘肃省保存较完好的明代木构建筑之一。

陇上小邹鲁,凤山别有天。这是过去人们对凤山村的总体概括和评价,这足以说明历朝历代以来凤山村经济繁荣和社会文明的程度。翻开胡缵宗编撰的《秦安志》和甘肃人民出版社出版的《秦安县志》,关于凤山村历史及其名人的叙述都占有不少的篇幅。从明朝初年明太祖朱元璋下令修筑蓬莱阁的传说到国家级文物保护单位——兴国寺,到以齐家文化为代表的太平堡遗址,再到保存较完整的明清上关一条街和明朝嘉靖年间,著名学者、诗人胡缵宗幼年在此读书,晚年在此著书立说的胡缵宗故居。从过去的先农坛到后来的凤阳城、再到今天的凤山村,都以一个不可辩驳的事实告诉我们,凤山村起源之早,发展历史之悠久,始终给人们一种沉甸甸的历史厚重感。也正是经过这千百年来的风雨洗练和沧桑巨变,铸就了凤山村那悠久的历史和深厚的文化底蕴。

“东南邹鲁”称谓及石坊的寻绎

吴筱峰

“东南邹鲁”是历史上对徽州文化最为经典性的称谓。“东南邹鲁坊”是徽州文化最重要的标志性建筑,其原址在徽州师范学校食堂附近。现就其称谓和石坊的起源作一寻绎。

“邹鲁”称谓的由来

邹、鲁都是周朝的诸侯国,其地分别在今山东省邹城和曲阜,因春秋时孔子诞生在鲁国、战国时孟子诞生在邹国,作为孔孟儒学诞生地的“邹鲁”遂成为儒学兴盛之地的代称。庄子在《杂篇·天下第三十三》中就有“邹鲁之士”之称:“古之人其备乎!配神明,醇天地,育万物,和天下,泽及百姓,明于本数,系于末度,六通四辟,小大精粗,其运无乎不在。其明而在数度者,旧法、世传之史尚多有之;其在于《诗》《书》《礼》《乐》者,邹鲁之士、搢绅先生多能明之。”

庄子认为邹国、鲁国的儒生对圣人的《诗》《书》《礼》《乐》都能知晓。

用“邹鲁”来代指江南一家一地具有儒家风范的,较早的如南北朝的庾信。庾信“暮年诗赋动江关”，在《哀江南赋》中，追述家风世德，于是“朝野欢娱，池台钟鼓。里为冠盖，门成邹鲁”，表达了身在异域的诗人对梁朝的乡关之思。文中先是从周代任掌庾大夫的远祖述起，庾氏家族“以世功而为族”“用论道而当官”，从颍川到新野再到江陵的几次迁徙，所历数代，正是国家兴衰过程的缩影。字里行间可以体察，庾信历数先世的功业勋德，便因为他们的祖先几个世纪以来都在南朝的土地上生儿育女，建功立业，他们的根已深深扎在南朝文化的土壤中，南朝在他心中不仅是一个政治的概念，而且是一个历史的、文化的概念。庾信在北周也很显达，他对自己年少得志的追忆，不是对往日显赫地位及声望的眷念，而是对失去这个曾经养育自己及先人有美好儒风的土地的惋惜之情。

将徽州赞作“邹鲁”，最早见于南宋范成大的诗作。同时期朱熹有“儒风虽盛而美俗未纯”之评，可为旁证。范成大（1126～1193）于绍兴二十六年（1156）起，任徽州司户参军，是一个关心国事、勤于政务、同情人民疾苦的士大夫。在徽州为官时，他曾作诗《次韵知郡安抚九日南楼宴》：

斯民邹鲁更丰年，雅道凄凉见此贤。
万陇登禾新霁色，千村鸣柝旧寒烟。
锵金绝世诗情妙，倚剑凌空隶墨鲜。
珍重北窗山六六，使君名与汝俱传。

范成大在诗中不是特意赞誉，只是自然提及，表明了他对徽州有邹鲁之风习以为常，他耳濡目染了徽州特有的文化底蕴，即儒风醇厚。在对奇峰秀色的崇仰中，对丰年好景的欣慰中，也表达了范成大对徽州农村生活的艰辛凄苦有较深的了解。另一首著名的《后催租行》，对南宋赋敛之重、官吏煎逼之酷和徽州山民受难之深作了形象的描绘。

徽州地处万山丛中，原是古山越人居住的山区，《汉书·地理志》“黝(黟)”县条注中,犹称为“南蛮夷”之地。六朝以前,这里“武劲之风”很盛。其人不识诗书礼乐。公元4世纪以后,每当中原战乱,世家大族便举家南迁,而徽州这个“川谷崎岖,峰峦掩映”的“四塞之地”,恰似“世外桃源”,正是避难的理想之境。据方志载,徽州“各大族,半皆由北迁南,略举其时,则晋、宋两南渡及唐末避黄巢之乱,此三朝为最盛”。此外,也还有在各个历史时期星散的由中原直接南来或辗转迁移到这里的,他们“又半皆官于此土,爱其山水清淑,遂久居之,以长子孙焉”(民国《歙县志》卷一)。据明代嘉靖时人程尚宽纂修的《新安名族志》所载:到明代中期,新安“名族”共84个,追本溯源,大约有80%以上是来自中原地区。这些北方士族带来治学业儒家风。久而久之,徽州渐成“十家之村,不废诵读”的邹鲁之邦。人谓南北朝战乱后山东找不到一本论语,而这里则因与世隔绝不受战乱影响,中国传统儒家文化得以完整保留。

文献谓:“新安自昔礼义之国,习于人伦,即布衣编氓,途巷相遇,尊卑少长以齿。此其遗俗醇厚,而揖让之风行,故以久特闻贤于四方”(《太函集》卷一)。这“醇厚”的“遗俗”,正是“遗”自古代的中原,而且还延及后世。“几百年人家无非积善,第一等好事只是读书”“传家礼教惇三物,华国文章本六经”“事业从五伦做起,文章自六经得来”“凛遗绪于前人克勤克俭,善贻谋于后世学礼学诗”。“读书”“礼教”“文章”“五伦”“六经”“勤俭”本为中原“旧物”,唐宋以后,则在徽州生根,开花,结果了。

将徽州赞作“邹鲁”,还因为徽州具有跟儒家文化相关的宗族文化。徽州东晋战乱时的移民,把宗族文化带了进来,并在徽州得以独立发展,繁盛过其他地方。今所谓的汪程吴舒戴胡江洪等姓族,多是一些士大夫族、名门望族,“黄巢之乱,中原衣冠,避地保于此,后或去或留,俗益向文雅,宋兴则名臣辈出”(淳熙《新安志》卷一)。他们大多举族而来,迁到徽州后,依然聚族而居,这既有利于抗御外姓的欺侮,又能保持在宗法制度影响下形成的“家(族)风”,所以一些大姓的村落,“绝无一姓搀入者”。徽州的望族,莫不“家多故旧,自六朝唐宋以来,千百年世系比比皆是。人们重宗谊、修世好,村落家构祖祠,岁时合族以祭”(《歙事闲谭》第18册)。明末清初之际,徽人赵吉士在他的《寄园寄所寄》中对徽州的风俗作了如下介绍:“父老尝谓新安有数十种风俗胜于他邑,千年之冢,不动一抔;千丁之族,未尝散处;千载谱系,丝毫不紊;主仆之严,数十世不改。”(《寄园寄所寄》卷十一)这些经过“数十世”传承下来而且“胜于他邑”的习俗,不啻是昔日中原地区宗族文化的活标本。

由上可知,“自六朝唐宋以来”至朱熹以前,徽州儒风隆盛,形成了醇厚的邹鲁之风,南宋时就有明确的“邹鲁”之称。

文章来源:《徽州社会科学》2003 年第 3 期

邹鲁——文教兴盛的代名词

冯　彬

“邹鲁”，作为文教兴盛之地的代名词有口皆碑，这并不是偶然的，而有其深刻的历史渊源。

先秦时期在古老的华夏大地崛起了多个地域文化。苏秉琦先生提出“考古学文化区系类型理论”，认为在中国这样一个相对独立的古文化大区内，进一步分为了六个文化区。李学勤先生进一步提出了先秦“七大文化圈”的概念：以周为中心，北到晋国南部，南到郑国、卫国，也就是战国时周和三晋（不包括赵国北部）一带，地处黄河中游，可称为中原文化圈。在中原北面，包括赵国北部、中山国、燕国以及更北的方国部落，构成北方文化圈。长江中游的楚国是另一庞大文化圈的中心，这就是历史、考古学界所艳称的楚文化。淮水流域和长江下游有一系列嬴姓、偃姓小国如涂国和群舒等，还有吴国和越国。如果我们把东南的方国部落也包括进去，可划为吴越文化圈。西南的巴、蜀两国，加以今云南省的滇以及西南其他部落，是巴蜀滇文化圈。关中的秦国雄长于广大的西北地区，称之为秦文化圈可能是适宜的。

今山东省范围内，齐、鲁和若干小诸侯国合为齐鲁文化圈。其中的鲁国,保存周的传统最多,不过从出土文物的风格来看,在文化面貌上更近于齐,而与三晋有别。在这个文化圈的南部,一些历史久远的小国仍有东夷古代文化的痕迹。子姓的宋国也可附属于此。

关于齐鲁文化与邹鲁文化,李学勤先生曾经有这样的见解:区域文化研究的盛行,是我国传统文化研究进一步走向深入的标志,我在一些场合几次说过。对历史文化分区域的记述探讨,在中国有久远的渊源,可追溯到《管子·水地篇》《史记·货殖列传》等。而现代的区域文化研究则以上世纪 30 年代的吴越文化、40 年代的巴蜀文化为嚆矢。新中国建立以来,特别是改革开放之后,楚文化、秦文化等区域文化研究蔚为风气,众所周知。然而,邹鲁文化的研究却是这个广阔园地中相当冷落的一隅。

邹鲁从来是历史上十分重要的地区,其文化影响至为深远。《史记·货殖列传》里专门说道"邹鲁滨洙泗,犹有周公遗风,俗好儒,备于礼",就已经注意到该区域在文化上的特点。那么,为什么邹鲁文化的区域研究却很少作为一项专题来开展呢?我认为其主要原因是大家一贯把这个区域的文化看为中国传统文化的正宗。贾庆超先生说:"邹鲁文化不是狭隘的区域文化,而是中华文明的源头文化、主流文化、主导文化,是中华文明的重要发祥地,是产生思想家的摇篮。"即反映出这样的观点。

产生这样的观点,自然不是偶然的。中国古代思想家中影响最大的是孔子,由孔子缔建的儒学,即出现在邹鲁文化之中。不管我们怎样去评价,儒学在历史上总是传统文化的核心。更重要的是,儒学的精神浸透进了世世代代的中国人观念之中,比如孔子讲:"古之学者为己,今之学者为人。"

儒学之重点不仅在于求知,更要紧的是在做人,这使中国的传统学术与外国大不相同。直到近代,很多学者还在传习这一点。

如钱穆先生所定香港新亚书院学规,开首便说“求学与做人,贵能齐头并进,更贵能融通合一”,“做人的最高基础在求学,求学之最高旨趣在做人”。

这里需要求证的问题是,邹鲁文化何以会孕育出孔子及儒学?孔子和儒学又怎样塑造与推进了邹鲁文化?以孔子、儒学为代表的邹鲁文化是在什么环境条件下形成的?与其他区域文化存在着如何的关系?要回答这一类问题,必须对邹鲁文化进行全面的考察分析,说明其本质和特征。

历时两年多的“邹鲁”文化现象的探索、研究,本人逐步认识到:尽管许多人包括李学勤先生都承认它是“历史上十分重要的地区,其文化影响至为深远”,然而,邹鲁作为文化昌盛之地代称以来,“邹鲁”早已不是特指这个地区的地域文化,而是历代文人志士的精神向往、价值追求。历代推崇并以“门成邹鲁”而自豪,有些文人大家还以复兴“邹鲁”之风为己任,将“邹鲁”挂于城门、写入楹联、冠以书院、镌刻于镇纸之上铭之,并赋诗讴歌“邹鲁”“弦诵”“孤桐”等。

这说明,邹鲁早已不是一种地域文化,它的形成时期是华夏大地早期文明、文化融合的最辉煌时期——春秋战国,由于这里早已是“其在《诗》《书》《礼》《乐》者,邹鲁之士、搢绅先生多能明之”的文化盛景,《汉书·儒林传》记载,刘邦打败项羽后引兵围鲁,鲁中诸儒尚讲诵习礼,弦歌之音不绝,这是何等的安定、祥和、临危不惧,让我想起刀剑下沉迷于数学的阿基米德。

由是观之,先秦时期尽管形成了吴越、荆楚、燕赵、巴蜀等文化区域,但只有这里的思想家在探讨人生、探讨社会如何治理,探究生命的本性,探讨生命的自我完善,探索民生的使命、责任,站在历史的高度思索一个社会群体该如何长治久安,即使佛家自汉朝以降对中国浸淫千百年,都抹不去儒家“治国平天下”的责任感使命感，并形成了传承文献、教化民众的良好传统。

“邹鲁”因此被推崇。

直到历代仁人志士文人大家皆以复兴“邹鲁”文明为使命，“邹鲁流风洽，瓯蛮习俗迁”“欲使边陲媲邹鲁，雍容弦诵洽诸羌”“左交许郑右程朱，要使海滨变邹鲁”“西洋荒服之国，竞化为邹鲁之乡者”，不断把一个个蛮荒之地变作邹鲁之乡。于是，这样的文化昌盛之地，便纷纷以“××邹鲁”来自喻，来激励，至而海外皆有“海东邹鲁”。

在两千多年“邹鲁”盛名演化流变的轨迹中，不仅能够找到中华文明重心的轨迹，而且形成了弦诵邹鲁的时尚，更因尊崇邹鲁，也造就了一大批致力于文化复兴及传播的仁人志士、邹鲁遗风的佳话。

汉朝时的邹鲁

冯　彬

即便是经过秦朝时候焚书坑儒式毁灭性的洗礼，汉朝时期的邹鲁，也依然是当时文化的高地、文化的圣地，从《汉书》记载的一些实例中，我依然敢做这样的推断：

秦汉时段的统治者们，一直想把邹鲁地区的文化昌盛之学风、民风，移植风化到其他地方，“易青齐为邹鲁”，这一名言出现的时间及终结，就是把青州齐国之地化为邹鲁文化的一个历史时段，暨文化殖民现象。

“经学”一词的出处，也是在汉书叙述邹鲁时提出的。《汉书·邹阳传》：“邹鲁多经学，齐楚多辨智。”

汉朝是中华民族大家庭中一个文化大融合的时代，是以“汉”作为民族称呼形成时期的伟大时段。汉朝的政治中心已经在其首都，但文化的高地依然是在邹鲁。

如若有疑，举例若干如下：

实例一：

秦始皇称帝，把自己称为“始皇帝”以后，首先要到大陆的东方，文化的圣地去封山、封禅。封禅的目的是什么？是拜山封山以显耀自己的文治武功，他封的第一座山，乃是峄山，暨当时的“驺县”作为屏障的峄山，他在峄山脚下，与诸鲁生七十余人商议如何封禅事宜。看看，当时邹鲁小地方，能够聚集文化人七十余名，有文化吧？

实例二：

汉朝时邹鲁大地的民风尚学习，富商大贾家居然会藏书万千，要知道当时还没有纸质书呢。我们可以从“凿壁偷光”的故事中嗅到这样的信息痕迹。当年匡衡家贫，从东海郡兰陵（今临沂属地）迁到驺县所属的一个小山村“羊下”。当时的驺县县治还是在峄山南面呢，而距峄山北方二十余里的岗山之左，有个叫“羊下”的小山村，有一户人家，很富，有很多藏书，但主人不识字，在知道小匡衡“凿壁偷光”以后，慷慨地把书借给他读，终于成就了有汉一朝最著名的丞相——匡衡。《汉书·匡衡传》有记述。

实例三：

还是汉朝，一位名人家居“彭城”（今徐州），那可是当朝天子的故里，刘邦发迹后荣归故里，肯定会把老家作为“标杆”、形象工程治理的。但这位名人依然举家“徙家于邹”，感于“邹”之学风兴盛、民风淳朴，写有长篇《在邹诗》，是为汉朝继承《诗经》四言诗之精髓，下启汉魏“东临碣石，以观沧海”的名作，他就是“韦孟”。韦孟迁邹五代，韦氏相继在邹培养出了“韦贤、韦玄成”父子两丞相，为邹城留下了“人遗子，金满盈；我教子，惟一经”的学习千秋佳话。

与此前后，相邻的曲阜（时为刘姓的鲁王府治邸）、高平、南平阳，又相继出现了仲长统、王粲、王弼等一大批经学及文化才子、大家，开启了魏晋玄学、魏晋山水诗的风脉。

遥想汉朝当年，国治在西方，文化在国家的边陲之地，却这般敢于繁荣，尽管汉武帝时代逐步独尊儒术，也没有今天这样交通便捷，信息发达，文化的自由之花如此这般自由生长，耕读传家，平民百姓家能够读出丞相，一个县级的小地方居然能够接连出现匡衡、韦贤、韦玄成，以至于今天，“凿壁偷光”“一经传家”依然能够成为当代青年人追求“中国梦”个人实现自我价值最好的励志典故。

我辈世居于邹，乘着“穿越剧”的时髦，遥想汉帝国，虽不能至，然对汉朝，却心向往之，久久不愿封笔。

那些无名的邹鲁之士

冯　彬

在春秋战国乃至汉末魏晋时期，有相当多的无名之辈被史书记载下来，试举数例佐证之：

《庄子·天下篇》载："其在《诗》《书》《礼》《乐》者，邹鲁之士、搢绅先生，多能明之。"这是史上首次突出"邹鲁之士、搢绅先生"的记载。其"士""先生"之"多"能"明"诗书礼乐。

史载孟子"受业于子思之门人"，这个门人便没有记载下来姓名，但有孟子这样的弟子，他便以"子思之门人"被记载下来。

秦始皇二十八年（前219），"东巡郡县，上邹峄山。立石，与鲁诸生议，刻石颂秦德，议封禅望祭山川之事"。这一次，"鲁诸生"七十余人，也没有记载下来姓名。但秦始皇坐拥天下，依然必须到邹鲁之地来寻找"与鲁诸生议"，"议封禅望祭山川之事"。

据《史记·项羽本纪》记载："项王已死，楚地皆降汉，独鲁不下，汉乃引天下兵欲屠之，为其守礼义，为主死节，乃持项王头示鲁，鲁父兄乃降。"据《史记》记述：自项羽与其叔父项梁因杀人避于吴中（即今江苏苏州）后，在秦二世元年（前209）反秦，并率兵北上征战于苏北、鲁南一带。后，项羽曾败章邯于古阿，此后，东阿一带便成了项羽的根据地，项梁死后，其余部都归项羽所领，楚怀王封其为长安候，号为“鲁公”。其封地即今鲁西南一带，因此其亲近部卒多驻扎在鲁西南一带，李将军便是其中之心腹，其所属兵将及当地青壮年可能是《史记》所说的“鲁父兄”。刘邦大军来攻，“鲁父兄”不降，久攻不下，刘邦便命部下把项羽头拿来看，李将军无奈便降死。刘邦以金缕玉衣及王礼厚葬项王。

清代颜光猷《赞霸王坟》诗：“四面楚歌霸业移，乌江战败有谁知。鲁人尚自终臣节，闭户弦诵拒汉师。”

据《史记》记载，项王战败自刎乌江，楚地全都投降了汉王刘邦，只有鲁县不降服，他们不相信项羽已死。汉王率领天下之兵想要屠戮鲁城，但兵临城下，犹闻弦诵之声。这些“弦诵之声”，便是那些无名的邹鲁之士们所发出的不屈之声。

《史记·叔孙通传》记载：汉五年，已并天下，诸侯共尊汉王为皇帝于定陶。高帝悉去秦仪法，为简易。群臣饮争功，醉或妄呼，拔剑击柱，高帝患之。叔孙通知上益厌之也，说上曰：“夫儒者难与进取，可与守成。臣愿征鲁诸生，与臣弟子共起朝仪。”于是叔孙通使征鲁诸生。鲁有两生不肯行，曰：“公所事者且十主，皆面谀以得亲贵。吾不忍为公所为。公所为不合古，吾不行。公往矣，无污我！”叔孙通笑曰：“若真鄙儒也，不知时变。”

这里，“鲁两生”不肯行，并斥责叔孙通的气节，义正词严，依然闪烁着孟子“大丈夫”浩然正气的生命尊严。

《汉书·邹阳传》“邹鲁守经学，齐楚多辨智”，这里谁在“守经学”？显然还是那些无名的邹鲁之士们。

《汉书·儒林传》：“有邹人阙门庆忌。”注云：“姓阙门，名庆忌。”阙门氏：《汉书·儒林传》胶东内史阙门庆忌（约？～公元前376年前后在职，官拜邹国胶东内史，因忌讳邹国国王申公，改为阙门氏。阙门氏一世祖。），邹人申公弟子也。

《汉书·韦贤传》说，其先韦孟，家本彭城，为楚元王傅，傅子夷王及孙王戊。戊荒淫不遵道，孟作诗风谏。后遂去位，徙家于邹，又作一篇。《在驺诗》曰："济济邹鲁，礼义唯恭，诵习弦歌，于异他邦。我虽鄙耇，心其好而，我徒侃尔，乐亦在而。"于是全家都搬来邹居住，未出五代，韦家便出了韦贤、韦玄成父子两代丞相。

没有邹鲁之地"礼义唯恭，诵习弦歌，于异他邦"的氛围，也形不成"济济邹鲁"的气象。

西汉司马迁云："邹鲁滨洙泗，犹有周公遗风，俗好儒，备于礼。"依然是那些无名的邹鲁之士们"有周公遗风，俗好儒，备于礼"

此后，依然有更多的史书在记载，限于篇幅仅举以上几例。

是这些被记载下来的无名英雄们，组成了邹鲁地区的文化洪流，组成、演绎了邹鲁之士的精神。

朱熹与宋代“邹鲁”的繁盛

冯　彬

朱子是指南宋时期的朱熹。自他出生的江西婺源到他一生所到之处的武夷山、福州几乎整个当时的福建省，许多地方都被称为“海滨邹鲁”。个别村镇比如“理坑”村（“山中邹鲁”）已成为“朱子过化”名胜。

在中国儒学发展史上，朱熹具有特殊的地位。到了朱熹这里，儒学成了理学。宋元明三个时期的儒家学说，我们常称之为宋明理学。朱熹是宋朝最大的儒家，所有参加科举考试的学生，都以朱熹的学说作为标准学说，朱熹的《四书集注》更是作为科举考试的标准读本。

福建被称为“海滨邹鲁”，作为闽中首府的福州则更早，可以说是最早被称为“邹鲁”的地方。在《八闽通志·人物·福州府·文苑》里有这样的记载：闽中自是号为文儒之乡。这也是说福州与“海滨邹鲁”具有同等意义的美誉。福州当地文化学者卢美松介绍，以前，朱熹还曾为福州城西门（当时的迎仙门）大书“海滨邹鲁”四个大字，挂在城楼上。这在何振岱的《西湖志》中曾经引用了一些旧志来介绍。自朱熹以后，福州还出现了“海滨四先生”陈襄、郑穆、周希孟、陈烈。

“此地古称佛国，满街都是圣人。”挂在泉州开元寺的这副对联正是朱熹所撰。泉州历代名家辈出，与朱熹推动书院建设息息相关。进入南宋以后，由于理学发展的影响，也由于朱熹泉州讲学的直接推动，加上社会经济进一步发展，尤其是印刷业的进步等一系列因素的影响，泉州的书院迅速兴盛起来，陆续创办了十一所书院，几乎遍及泉属各县，书院制度亦随之确立，并从此成为泉州古代教育的重要组成部分，对当时和后世都产生了颇为深远的影响。

同安能称“望邑”，是因“紫阳夫子尝作薄于此”。民国版《同安县志》卷四十一还记载：“闽之文学以漳泉为最，而漳泉尤以同安为最。盖因朱子过化。”

福建包括福州在中唐以前是属“蛮荒之地”“蛮獠”之乡，这个在《三山志》上有记载。有确切记载福建为“邹鲁”之地的，是《大唐故福州刺史管府君之碑》，该碑于 1980 年 7 月出土于河南洛阳市老城东花坛之南。据碑文记载，管府君名元惠，平昌人。这段碑文就是管元惠在福州的惠政经历。在中唐以前，闽中之俗的确还少文儒之风，管元惠、李椅、常衮诸人相继“兴学劝士，文儒汇征”，教化普施，“仍迁天私，聿敷朝化，诱彼闽越，终成邹鲁”。这就是闽越社会化为“邹鲁”的最早记录。这是关于福建在北方入闽官员治理下，兴教化育，移风易俗，终于大见成效的重要记述也是福建号称“海滨邹鲁”的第一次明确的记述，有着特别的意义。

武夷山及其五夫镇自古就有“邹鲁渊源”之称，是理学宗师朱熹的故乡，朱子理学的形成地，朱熹在五夫从师就学长达 40 余年。

因此，还有“春秋出孔子，南宋有朱熹。中国古文化，泰山与武夷”这样盛赞朱熹的诗句。

就连我国台湾的金门岛，因为当地人相信宋代大儒朱熹曾前往讲学，因此也自称“海滨邹鲁”。如今，金门航空站候机厅门前的一处影壁上，最显眼的就是上面书写的“海滨邹鲁”四个大字。

因为朱熹的努力以及开创一代理学的典范，加上邹鲁在有宋一代的被推崇，朱熹就成为江西、浙江、福建一带形成“邹鲁”文化群星(邹鲁文化名城)最大的功臣。

朱熹对邹鲁的推崇以及向往，还可以借助他的一首诗来悟出他对国家复兴文化复兴的期待，那就是著名的《春日》：

胜日寻芳泗水滨，无边光景一时新。

等闲识得春风面，万紫千红总是春。

朱熹寻芳的地点是泗水之滨，而此地在宋南渡时早被金人侵占。其实诗中的“泗水”是暗指邹鲁之地，因为春秋时孔子曾在洙、泗之间弦歌讲学，教授弟子。因此所谓“寻芳”即是指求圣人之道。“万紫千红”喻儒学的丰富多彩。诗人将圣人之道比作催发生机、点染万物的春风。这其实是一首寓理趣于形象之中的哲理诗。

“海滨邹鲁是潮阳”的出处

潮汕历史文化研究中心与《汕头特区晚报》合编的“潮汕文化”选第二集，书名为《海滨邹鲁是潮阳》。有的读者对此有质疑，认为把潮汕文化归属于“潮阳”欠妥，有的看了封面，就以为书的内容是写潮阳的。这是误解。其实，书名借用的诗句中的“潮阳”是指古代的潮州（潮汕）。

众所周知，“海滨邹鲁是潮阳”是宋代陈尧佐的诗句。宋真宗咸平二年（999），在朝廷任秘书郎、开封府推官的陈尧佐，因上书忤逆皇帝旨意，被贬谪为潮州通判（地位略次州、府长官，但掌握连署州、府公事和监察官吏实权）。年仅 37 岁的陈尧佐在潮虽不满二年，却关心民瘼，重视教化，“修孔庙、韩祠，率州民之秀者就于学”（《潮州府志》）。还组织百姓，捕杀鳄鱼，为民除害，深受潮汕人民赞誉。陈尧佐治潮爱潮，被召回京后逐步由谏议大夫迁升为宰相。在京师时他仍眷恋关心潮州，写诗勉励和祝贺潮州上京赴试的士子。“海滨邹鲁是潮阳”出自他《送王生及第归潮阳》：“休嗟城邑住天荒，已得仙枝耀故乡。从此方舆载人物，海滨邹鲁是潮阳。”诗的大意是：不用再慨叹潮州没有人中举了，潮人已有攀枝折桂的士子给家乡带来荣耀。此后地方志书也有科举人才可以记载，南海之滨的潮州如同诞生孔子(鲁)、孟子(邹)之地一样人才辈出。

说陈尧佐诗句中的“潮阳”是指潮州,首先应从潮汕历史上的建制来理解。潮汕纳入封建王朝版图是在秦始皇三十三年(前214)。当时秦平定南越,设象郡、桂林、南海三郡,在南海郡揭阳岭设戍所。汉元鼎六年(前111),汉武帝派兵平定反叛汉王朝的南越,揭阳县正式建制,县境包括潮汕、梅州和闽南部分。晋咸和六年(331),析揭阳为海阳(潮安)、绥安(漳浦)、海宁(惠来)、潮阳四县。晋义熙九年(413)设义安郡,统辖海阳、绥安、海宁、潮阳、义招(今大埔)5县。隋开皇三年(583),改隋初地方政权州、郡、县三级制为州、县两级,废义安郡,置义安县。隋开皇十一年(591),在原义安郡地域改设潮州,历史上开始出现潮州名字,此时潮州辖义安、潮阳、海宁、绥安、义招、程乡(今梅县)6县。唐玄宗天宝元年(742)罢州为郡,潮州改为潮阳郡。唐肃宗乾元元年(758)罢郡复州,潮阳郡复改称潮州。此后,潮州作为府城,统辖潮汕各县及周边的一些县份。

由于潮阳建县较早,延续不变,历史上潮阳郡又曾取替潮州,故古代诗人有时用“潮阳”来借代“潮州”。如韩愈被贬为潮州刺史,莅潮途中写了《左迁至蓝关示侄孙湘》诗,其中“一封朝奏九重天,夕贬潮阳路八千”诗句中的“潮阳”就是指代潮州。在陈尧佐的诗作中,以潮阳代潮州,更是屡屡可见。如当时的士子林从周、黄程都是海阳(潮安)人,都登进士第,陈尧佐在送别他俩的归潮诗写道:“丹山毛羽忽伤弓,归去潮阳足养蒙。自有匣中孤剑在,莫将闲泪洒春风。”诗中的“潮阳”显然是指潮州。用“潮阳”借代“潮州”的,另如《寄题漳浦县斋》:“漳浦从来瘴雾深,潮阳南去更难禁。当时三载曾无事,不放闲愁入寸心。”陈尧佐的《忆潮阳》诗,其实写的也是潮州:“东西楼阁与云齐,天际孤烟认恶溪。记得幽人旧吟处,独游亭在野桥西。”陈尧佐并没有把潮阳与潮州划出明显的界限,正因如此，他把在潮州为官所写的诗，结集定名为《潮阳编》。如果我们把“海滨邹鲁是潮阳”诗句中的“潮阳”理解为是指当时的潮阳县，把作为政治、经济、文化中心的潮州府排除在外，不仅不切合实际，而且削弱了诗的内蕴和意义。

本文摘自饶平之窗《潮汕文化·潮汕风俗》

海滨邹鲁遗风在，何处不闻弦诵声

——莆阳兴学重教传统

金文亨

早在唐玄宗开元年间，莆田县就办起了县学，尔后，仙游县也办起了县学。宋神宗熙宁二年创办兴化县学。以后，三县县学逐步扩建，规模相当大。明正统八年，平海设立卫学。北宋初期，兴化人方仪倡办军学，他还向皇帝上书，请求朝廷拨款办军学，又带头捐资，经多方努力，真宗咸平元年，兴化军学开始创办，六年后建成。以后，多次扩建、重修。元代称兴化路学。明代改为兴化府学，规模宏大。明成祖永乐四年，府学内立进士题名碑。二级官学，按照规定招收生员，入学学习。根据朝廷要求，又建有贡院，作为考试场地。军生员们在秋季参加考试，选拔举人。参加京城省试，考取进士。明代，府试选拔生员，参加省一级乡试，选拔举人；参加京城会试，考取进士。

宋代兴化知军、知县中，许多人重视地方教育，努力办好官学，一些知军、知县时常亲自到军学讲学、讨论，延师课士。如仁宗庆历、皇祐年间任兴化知军的陈执方，关心教育，主持扩建军学，增购书籍，还经常到军学为生员讲课。绍兴年间任兴化知军的赵彦励，又筹资扩建军学。嘉熙年间任知军的张友，捐出自己薪金修军学，“增禀以赡学者”。明洪武三年知府盖天麟重修府学。明嘉靖四十三年，林润和地方官一起，重建遭倭寇烧毁的府学。兴化历史上一些有远见、为兴化百姓办好事的知军、知府、知县，都尽心尽责，办好官学。兴化地方官，还热情欢送学子前往考试，他们中许多人荣登进士榜，衣锦还乡，地方官员又宴请他们，使他们荣耀乡里，激励后来。

书院遍布是兴化教育和科举之盛的重要表现和重要原因之一。

兴化地区，自南北朝陈时郑露三兄弟私人创办南湖书堂起，延至唐中期，兴起了私人办书堂热潮，仅林披儿子们就在莆田办起了澄渚书室、福平书堂、灵岩精舍，拜师读书，又吸收乡里子弟学习。继后，莆田陈峤、黄滔、翁巨隅等又办起北岸精舍、东峰书堂、漆林书堂。仙游陈鄙也在榜头办起了白岩院，一边著述，一边吸收生员，进行讲学。唐代一批进士，如林藻、欧阳詹、翁承赞等，都出自这些书堂。

宋代，兴化不但官学形成体系，有兴化军学和莆田、仙游、兴化三县县学，而且书院遍立，分布兴化各地。如北宋初仙游创办东山书院，唐末进士杨在尧和朱熹都在此讲学，又创办会元书院，进士林迪在此讲学，陈洪进、蔡襄、蔡京、蔡卞都在这里读书。天禧年间创办寿峰义斋，天圣年间创办植德堂，庆历年间进士陈襄创办金石山书堂，景祐年间茅知至创办双林书院，并在此讲学。绍圣年间创办菜溪书堂，稍后莆田创办木兰书堂、东湖书堂。北宋末，进士陈易在麦斜岩创办东昌书堂，并在此讲学。同时，兴化县创办南峰书堂、渠东书堂、夹书院、静和轩等。南宋，莆田又筑澄渚梯云斋、梅峰书院、仰止堂，继之又筑东井义斋、蒲弄草堂、一经书堂，仙游又筑龙华书堂、讲学堂等。

元代，莆田创办瑶台书院。入明后，增办平海卫学，私人办学成风，又创办闽阳书院、凌云书院、水南书院、立诚书院、寿泽书院、兴安书院、钟山书院等。书院遍布兴化府，就是沿海，也创办了象山书院以及吉江书院。仙游还增设朝天书院、紫阳书院、庄山书院、屏山书院等。

当时，读书成风，如清代诗人林氏写《吉江书院》曰：

文献邦称古有名，参差红蓼映江城。

海滨邹鲁遗风在，何处不闻弦诵声。

可见当时读书风气之浓。

清代，莆田兴办擢英书院、海滨书院、崇正书院、经天书院、正音书院、东黄书院、开文书院、奋贤书院、雪峰书院、步云书院、湘溪书院、清源书院、凤岗书院、云庄书院、中和书院、文昌书院、惠阳书院、华江书院、蓬壶书院等。

这些类型的学校，为培养优秀人才提供了肥沃的土壤。

摘自《湄洲日报·海外版》

金华“小邹鲁”美称的由来及传承

贾亦俭

作为国家历史文化名城的金华，历来为文化礼仪之邦，历史上讲学群起，书院迭兴。宋元明时期金华学派与金华文人名播四海，至今孔庙内仍奉祀着金华的5位先儒，足可见地位之高，“小邹鲁”并非浪得虚名。

一、金华“小邹鲁”的含义及由来

邹、鲁，是春秋战国时期的二个小诸侯国，在地理上指的是现今山东省南部偏西地区。邹国是孟子的故乡，鲁国是孔子的故里，由此可见，“邹鲁”是大儒的故乡，也是儒学的发源地，是儒学教育研究的中心。“邹鲁”一直被尊崇，已成为孔孟之道的代名词。

金华古称婺州，历史上曾称为“小邹鲁”。一些学者在文章中认为“金华自古文人荟萃，人们把文人辈出的地方称为‘小邹鲁’”，其实并不尽然。金华被称为“小邹鲁”与宋代大儒吕祖谦和宋元的大儒“北山四先生”，明代大儒宋廉、章懋关联最大。金华自宋元以降名儒接踵，人文荟萃，逐渐成为全国儒学文化发展的一个重镇。1127年，北宋亡，女真统治北方，孔孟道统中断，高宗在金华籍名帅宗泽等人的协助下，建立南宋，杭州为行在，文人学者南渡，移位于金华等地，儒学渐行。“朱子三访地，朝廷七聘家”的范浚首开“婺学之开宗，浙学之托始”后，吕祖谦创立了全国三大学派之一金华学派，全祖望在《宋元学案》中曾说：“宋乾、淳以后，学派分而为三：朱（熹）学也，吕（祖谦）学也，陆（九渊）学也。三家同时，皆不甚合。”婺学主要以吕祖谦、陈亮、唐仲友三人为代表，吕祖谦还建立了全国四大书院之一的丽泽书院，使婺学盛行。宋元时期的“北山四先生”何基、王柏、金履祥、许谦成为正宗儒学朱学的重要传人，他们是金华学术发展中的关键人物，是婺学中坚，在理学的发展演变中，起了承上启下的作用。朱、吕思想相互融合，儒学在金华不断得到创新和发展，直至明朝的宋濂和章懋，其成就为全国所公认。许多民国时期的金华名士都以“小邹鲁人”为自豪，当时的一首《七中之歌》（金一中原为省立七中）最后一句就是“邹鲁遗风”；而且金华也曾找到过一块“小邹鲁”残碑。

鉴于金华儒学成就非凡，学富五车的儒林名宿层出不穷，孔庙奉祀的先贤先儒含孔子共 165 人中，金华就占了 5 人（吕祖谦、何基、王柏、金履祥、许谦），加上全国第三大孔子家庙也在金华，同在孔庙奉祀的先儒诸葛亮后裔最大聚居地也在婺州，以及二千多年的成建制地方教育，使这里文人辈出，理学成风，金华便有了“文物之薮，理学之邦”的“小邹鲁”之雅称。

二、形成“小邹鲁”的优越地理条件

1. 万年农耕的风水宝地

金华地处金衢盆地，具有优越的地理环境，深厚的历史文化积淀，可以用“亿年龙腾、万年稻香、千年郡治，道教名山、佛教圣地”5句话来概括。一是亿年龙腾：近亿年前(8500 万年前)，金华一带就是恐龙的乐园，近年发掘并被命名的中国东阳龙就生活在这一带；

山上发现的众多恐龙蛋化石就是最好的佐证。二是万年稻香:距今约一万年前的一颗稻种化石,成就了浦江上山文化,金华一带成了长江中下游最早稻作发源地,有了先民的居住和种植文明。三是千年郡治:金华在公元前222年已设立乌伤县,公元266年设置东阳郡(郡治在长山县),至今已有一千多年,千年官方教化,形成了以吕祖谦为代表的婺学文化集大成者,是儒学盛行的宝地。四是道教名山:双龙洞为道教第三十六洞天;金华山为黄大仙修炼得道之山,黄帝炼丹之处,赤松子修炼之地,葛洪修身之道场。五是佛教圣地:金华是达摩传教圣地,傅大士弘法成佛之地,徐定光立地成佛之山,慧光转世成佛之地,智者寺等佛教名刹所在地。金华是国家历史文化名城,人民思想开放、勤劳好学,儒释道"三教"相互影响、相互包容,在这样的地理环境下,十分有利于"小邹鲁"的形成和发展。

2. 名人后裔择吉而居

金华山清水秀,人杰地灵,无地震之忧,无大灾之愁,是难得的风水宝地。刘伯温曾在此建俞源星象村,何氏在郭洞筑风水村,至今影响着后人。尤其是孔子第47代孙孔若钧携子孔端躬等随宋高宗南渡,孔端躬闻其兄衍圣公端友已定居三衢,遂辞驾赴衢会合。当行至磐安榉川时,其父若钧不胜长途跋涉病发而逝。孔端躬见此高山峥嵘,民风淳朴,是隐居之胜地,就寓居于此,繁衍生息,并开办学堂,教育孙邻。此后,孔氏子孙繁衍甚盛,形成了现在的有一千余众的榉溪村,成为婺州南孔的文化中心,孔子第三圣地,孔子后裔南方最大的聚居地之一。而兰溪的诸葛八卦村是诸葛亮后裔的最大聚居地,村中建筑格局按"八阵图"样式布列,且保存了大量明清古民居,是国内仅有、举世无双的古文化村落。

宜人居住的风水福地,为金华"小邹鲁"提供了良好的自然条件,不断聚集的文人名士又促进了"小邹鲁"的发展壮大。

三、婺学传播令金华名人辈出

自南宋以来，历元至明，悠悠数百年间，金华曾是“浙学”的中心，婺学先后涌现出吕祖谦、吕祖俭、陈亮、唐仲友、范浚、何基、王柏、金履祥、许谦、吴师道、方凤、柳贯、黄溍、陈樵、吴思齐、吴莱、苏伯衡、胡翰、宋濂、戴良、郑涛、章懋、许元、吴沉、胡应麟等“文章巨儒”，英才代不乏人，婺学得到了很好的传承。

1. 性命事功思想培育金华人文武双全

全祖望的《宋元学案·说斋学案》认为：“乾、淳之际，婺学最盛，东莱兄弟（指吕祖谦和吕祖俭）以性命之学起，同甫（指陈亮）以事功之学起，而说斋（指唐仲友）则为经制之学。”婺学主张内外并重、本末并举，倡导文道并重、经史并重、道德与知识并重、心性修养与建功立业并重。正因为婺学的积极入世思想，激励金华人民去建功立业，涌现出一大批仁人志士。

自有建制以来的两千多年间，全国几乎没有一个地级市可以与金华人才之齐全相比拟，因为她不仅有苦行修炼而成的三佛、五神、二仙，以及同样受香火于全国县级以上孔庙的吕祖谦和“北山四先生”，而且还有引领社会各界的杰出代表，如科举、仕途成功的6大宰相（唐朝的舒元舆，宋朝的叶衡、王淮、乔行简、范钟，明朝的赵志皋）和1名出生和成长在武义的两朝首辅（明朝的徐阶），5名文状元（刘渭、陈亮、王龙泽、唐汝楫、何涣）；武有一组威震敌胆的将领：1名副元帅（宗泽）、5名兵部尚书（吕好问、张国维、唐龙、朱之锡、朱大典）、7名武状元（厉仲方、周师锐、杜幼节、周梦雷、俞葵、俞仲鳌、朱秋魁）；以及具有民族气节的郑刚中、王霆、戚家军主力义乌兵等一大批民族英雄。文学赫星有明代开国文臣之首宋濂、“唐初四杰”骆宾王、明朝著名诗人和文艺批评家胡应麟；艺术巨匠有戏剧家李渔、唐末五代初著名画僧贯休；科学家有金元四大名医朱丹溪、地理学家王象之、天文学家张作楠等。

2. 传承发扬再创辉煌

近现代金华虽然儒学一度沉沦，但崇文重教的风气沿袭至今，科技和文化依然获得了很大发展。文化兴盛引来名人辈出，现当代金华各类人才再度辉煌，可谓是灿若星辰：诗有湖畔诗人潘漠华、两位中国作协副主席冯雪峰、艾青等，歌有中国音协副主席“人民音乐家”施光南，影有亚洲摄影之父郎静山，画有“中国人民优秀的画家”黄宾虹、美术界学院派杰出代表张书旗等；为人师表桃李满天下的有首译《共产党宣言》的复旦大学校长陈望道、著名史学家清华大学文学院院长吴晗、西洋史专家暨南大学校长何炳松等；科学泰斗有物理学家严济慈、植物学家蔡希陶等；新闻奇才有“五四”运动发起人之一新闻全才邵飘萍烈士、传奇报人曹聚仁等；而作为普通群体的还有以徐福礼、陆光正为代表的众多工艺美术大师等民间高手。如今金华形成了“千名博士出一市，万名教授共故乡”的人才壮观局面。

儒家文化完全可以与时俱进，促进当下世界经济、思想、文化、社会的建设与繁荣，为进一步弘扬传统文化，“小邹鲁”金华必须对婺学作深刻的研究和传承。

摘自《金华通讯》2015 年 3 月第 3 期

邹鲁新概念

邹鲁文化以儒家思想为核心,历史悠久,博大精深,历经千年而长盛不衰,成为中华传统文化的核心和主干。“邹鲁”作为文教兴盛之地,出现了很多以“邹鲁”自誉的文化城市。今天,邹鲁文化在现代社会已经进入了新阶段,出现了一种文化现象,在社会事业、经济发展、文化产业等方面也融入了邹鲁文化。

邹鲁秀灵　是峄山南天门右上边的大石上刻着的四个大字,是由清雍正十三年(1735)邹县县令王尔鉴所题。峄山,早在秦汉

时期就著称于世，是中国古代立志的九大名山之一，以其小巧之体、玲珑之态，集泰山之雄、黄山之奇、华山之险于一身，形成独特的自然之秀美，素有“岱南奇观”“邹鲁秀灵”之美誉。中国儒家文化的鼻祖孔子和孟子的故乡分别是春秋战国时期的鲁国和邹国，因此后人就用“邹鲁”来指代文化礼仪发达的地区。王尔鉴题字的意思是说峄山不只是文教兴盛之地，还是空灵秀美的好地方。

邹鲁重镇　峄山东山门石牌坊，正门匾额“邹鲁重镇”。此处“邹鲁重镇”就是说峄山是邹鲁大地上一块巨大的“压舱石”，是保持邹鲁大地稳定的一块重镇之物。匾额下方有一副楹联，上联“此地有崇山峻岭，茂林修竹；又有清流激湍映左右”，应为《兰亭集序》，借以描绘峄山风光；下联“斯山载孔仁孟义，秦功魏业，况乃重阳道脉，照灼古今”总括峄山文化内容，孔孟儒学不必说，“秦功魏业”指秦始皇和魏太武帝拓跋焘两代帝王登临过峄山。“重阳道脉”指道教王重阳门下的“北七真”中，先后有华山派、随山派、龙门派三派在此山驻锡、传道。此联囊括了峄山所有文化含量，有极强的概括性。

邹鲁文化研究交流中心 成立于2015年11月，其主要职责是：组织发掘、整理和研究邹鲁文化，开发邹鲁文化资源，做好邹鲁文化研究成果和相关资料的搜集、保存、传播和推广工作；组织并推进相关的文化研究活动，组织举办学术讨论会、展览会、讲座和各种文化活动；组织优秀学术成果的评奖活动；编辑出版学术资料和书刊；承接各方面委托的相关课题，组织文化、教育培训活动和文化咨询服务活动；加强邹鲁文化城市交流及国际合作。邹鲁文化研究交流中心成立后，大力实施邹鲁文化探源工程，编纂了邹鲁文化丛书；举办了邹鲁文化系列讲座，制作邹鲁文化专家学者访谈专题节目；开展了邹鲁礼乐的研究整理及转化应用；征集邹鲁文化书籍；建立邹鲁文化书库。

邹鲁书院 位于邹城市凤凰山路文化创意产业园内。本着弘扬传承优秀传统文化，邹鲁书院开展邹鲁文化研究、交流与推广，推动邹鲁文化繁荣发展的宗旨，开展邹鲁文化学习、研究与推广，举办邹鲁文化读书会及各类文化沙龙、文化创意活动，推动邹鲁文化城市间的文化合作与交流。

《邹鲁作家》报 系邹城市作家协会于2008年创办。中国作协会员、邹城市作协主席孙继泉任主编。该报为月刊，4K4版，黑白印刷，不定期彩印。目前印刷2000份，发行到市直各单位和作协会员，同时交流到全国各文艺团体和知名作家学者，迄今已出版90期。现主要栏目有：本期重点、远方朋友、本土作家、游遍天下、文学原创、心蓓、瞭望、评论、笔会、专版等。创刊以来，《邹鲁作家》报在全国产生了广泛影响，为传播邹鲁文化做出了重要贡献，也为展示邹城文学创作成果提供了窗口，为邹城作家对外交流提供了平台。

邹鲁研学旅游联盟 2015年1月17日，孟子修学游国际论坛暨邹鲁研学旅游联盟成立大会在孟子故里邹城市隆重举行，本次论坛的主题是“儒家文化研学旅游的跨界融合之道”。来自韩国、新加坡及台湾、香港、大陆 70 余家旅行社、OTA 网站、书院、国学机构，以及新闻媒体记者、邹城各部门负责人，齐聚一堂，探索新常态下文化、教育和旅游的跨界融合，助力孟子修学游品牌走向前台、走向世界。

论坛期间，邹鲁研学旅游联盟正式揭牌成立。这是国内首个跨界融合文化、旅游和教育于一体的“研学产销游”联盟。既有邹城孟庙孟府景区、峄山风景区等修学游基地，又有海内外著名旅行社、OTA 网站等修学游产品渠道商；既有海内外著名书院作为修学游文化研究支持单位，又有国学教育机构等修学游客源合作者，还有山东省旅游规划设计研究院、泰山旅游规划院等业务指导机构，真正实现了“研学产销游”联盟模式。

以儒家文化为核心的邹鲁文化近年来受到国内外传统文化学术领域的广泛关注，邹城也相继召开了邹鲁文化城市座谈会、孟子思想与邹鲁文明国际学术研讨会等文化活动，邹鲁文化品牌得到重塑和提升。国内外以“邹鲁文化”作为城市品牌的城市有近六十个，这些地区对邹鲁文化有着特殊的情怀，以邹鲁文化为主题的研学旅游市场潜力巨大，邹鲁文化由幕后的学术领域走向前台的研学旅游市场恰逢其时、前景广阔。以邹鲁文化丰富研学旅游产品内涵、传播邹鲁文化的模式，传统文化弘扬与研学旅游完美结合的邹城探索，将成为中华优秀传统文化创造性转化、创新性发展的生动案例。

邹鲁文化城市纪念林　2015 年 4 月 28 日，“2015 邹鲁文化城市座谈会”在山东省邹城市举行，包括“海东邹鲁”韩国安东市、我国台湾地区台北市在内的海内外共计 38 个邹鲁文化城市的嘉宾代表及邹鲁文化专家学者、嘉宾，当天下午到市护驾山植物园共植象征扩大城市交流与合作、传承和弘扬邹鲁文化的“邹鲁文化城市纪念林”，象征着“天下邹鲁，一脉相传，团结协作，继往开来”，共同推进“邹鲁文化”挖掘提升、繁荣发展。

邹鲁清风 2015 年 5 年 22 日，邹城市纪委开办了“邹鲁清风”微信公众号，这是为适应互联网传播特点、打造新媒体宣传平台的重大举措，着力提升廉政文化建设水平。一是坚持正面倡导。把作风建设与加强党性修养结合起来，教育引导广大党员干部带头执行《中国共产党廉洁自律准则》，培养高尚道德情操，注重家庭家教家风，自觉抵制不良风气，以优良党风政风带动民风社风。二是深化宣传教育。广泛宣传党的十八大以来全面从严治党成效和经验，加强对重点人群、重要领域的廉政宣传教育，用身边事教育身边人，发挥反面教材警示作用。三是提升文化品牌。依托“孟府孟庙”和部分镇街现有资源，充分挖掘传统文化中的廉洁基因，确立现场教学点，精心设计廉政教育线路。以孟子廉政思想为主线，加强与孟子研究院等学术机构的合作，打造国内一流的廉政文化教育基地，全面提升“邹鲁清风”廉政文化品牌。自上线以来，共推送各类信息 195 期 1560 余条，目前已成为邹城党风廉洁建设和反腐败工作信息发布的重要平台。

邹鲁英才 邹城市委组织部为深入实施人才强市战略，在全市实施了“十百千邹鲁英才”引进计划。一是引进科技创新领军人才，二是引进产业实用人才，三是重点专业高校毕业生。同时还实施了“邹鲁英才”培养特支计划，分文化人才特支计划、教育人才特支计划、卫生人才特支计划三个方面进行引进培养一批“高精尖缺”人才，激发人才创新创业活动，推动经济社会发展，为建设现代化工业强市、山水宜居名城、文化旅游胜地、创新开放高地、美丽幸福邹城提供强有力的人才支撑。

邹鲁美术馆 建有高标准大型书画艺术展厅、金石碑帖展厅、名贵印石展厅、名家工作室、创作室、学术报告厅和文化产品交易市场。目前，美术馆已征集展出邹城市及部分邹城籍在外地工作的书画家和济宁市部分知名书画家、全国知名书画家作品一千余幅。拍购了一批承载着历史和艺术精华，蕴含着难以估量的文学与历史价值的明、清和民国等时期的珍贵碑帖拓片三千多件，邹鲁美术馆是目前国内规模最大、作品最多的碑帖博物馆，被山东省当代艺术研究中心、临沂大学等艺术院校定为书法艺术研究、教学、创作的基地。

邹鲁生态园 是峄山景区“山、城、园”三大板块之一，东至京台高速，西至 104 国道，南至郭山流域，北至大庄流域，总体布局“一环六区”(“一环”即环峄山滨水绿道，“六区”即香林古韵综合服务区、水韵榴香湿地休闲区、桃园盛景文化游乐区、果香怡情山水养生区、山林绿野生态保育区、创意田园农业体验区)，规划面积 3 万亩。邹鲁生态园主要是以绿色生态园林为基础，突出“春花、夏叶、秋实、冬绿”景观打造，融入孔孟、郳国文化元素，完善服务、养生、文化、休闲功能，全力打造为国家级休闲农业与乡村旅游示范区、中国田园生活方式的理想旅居典范和与峄山相互补的独立乡村生态旅游目的地。

邹鲁1号文化露营地 位于国家4A级景区峄山景区西侧，占地55.4亩，是一处由露营中国、邹城市旅游局、峄山镇共同打造的现代文化营地。露营地的建设充分与地形相融合，停车区、生活区、娱乐区、运动休闲区错落有致、因势造型；广场、舞台休闲设施一应俱全；道路、停车场、水电、排污等旅游保障设施设备均达到国内一流水平。项目建成后，将以各营地为枢纽，连接邹城各大文化旅游景区，打造房车旅游精品线路。

邹鲁大桥 位于邹城市区中部，连接邹城市京沪铁路两侧的中、西部城区，桥梁工程总投资2.45亿元，全长1220米，双向4车道，设计行车速度50km/h。邹鲁大桥于2013年12月1日开工建设，2015年1月19日正式转体，4月18日立交桥全线竣工通车。主桥全长220米，跨越京沪铁路及站场线14股道，在转体重量、转体角度、独塔双柱双索面斜拉转体、"π"型梁结构施工、单球铰转体长度、球铰转盘直径六个方面创亚洲第一，其中，转体重量2.3万吨、转体长度2×99米创世界纪录。大桥建成使用后，从根本上解决每遇汛期强降雨天气，下穿铁路桥积水中断交通问题，有效地缓解了交通超负荷现状，提高了道路安全畅通性，完善了城市服务功能。

邹鲁农业公园 位于邹城市4A级峄山风景区脚下、京台高速峄山出口西一公里处的峄山镇丁岭村,占地3000多亩。园区建有一轴五带十区,即以景观河道丁岭河为中心轴线,连接湖光花海休闲文化带、农耕文化体验景观带、运动休闲文化主题动感带、先锋少年训练营基地、古郲人家民俗村五个景观带(五朵金花);集中建设了梁祝文化摄影园区、湖上游船赛艇休闲区、CS、赛车、赛马运动区、生态种养示范区、果蔬采摘区、家庭牧场、儿童游乐拓展园区、餐饮住宿会议区、木屋休闲度假区、民俗村等十个园区,集生态农业、旅游观光、运动休闲、养生度假、文化体验、会议培训于一体,不仅成为峄山风景区的重要组成部分,同时也成为研究和体验春秋战国时期农耕文化的重要基地。

邹鲁人家 品牌连锁服务机构成立于2014年,由山东华晨有限公司、山东邹鲁农业开发有限公司联合创立,并在国家商标局注册。该机构的宗旨就是传承邹鲁文化,挖掘和重建春秋战国时期饮食起居、民间艺术、农耕及手工艺、服装服饰等文化。邹鲁人家品牌连锁现在济南、邹城分别建设有菜馆、便利店、民俗收藏馆等,汇聚了一批喜爱和研究邹鲁文化时期饮食、民俗、服饰等文化的仁人志士、商贾名流。

邹鲁湿地　位于邹城市太平镇境内，总面积1143.6公顷，分为保育区、恢复重建区、宣教展示区、合理利用区和管理服务区五大功能区，建设融生态保护、修复、科普教育、文化展示、观光旅游等多功能于一体的、人与自然和谐共存的国家湿地公园，创建全国采煤塌陷区新生湿地典范。公园内生物资源丰富，具有典型的北方湿地特征，有植物39科113种、兽类6科9种、两栖类动物3科4种、爬行类动物3科5种、鱼类5科9种、鸟类75种。其中国家Ⅱ级保护动物有9种，山东省重点保护鸟类15种。2013年12月被国家林业局批准为国家湿地公园试点（林湿发〔2013〕243号）。

寻梦邹鲁

2014 邹鲁文化城市座谈会

天下邹鲁　一脉相传

首届邹鲁文化城市座谈会在邹城举办

2014 年 4 月 29 日，首届邹鲁文化城市座谈会在邹鲁文化重要发祥地、孟子故里——山东省邹城市举行，来自全国 23 座邹鲁文化城市的嘉宾代表及八十余位研究邹鲁文化的专家学者相聚一堂，寻根问源、共话发展。

山东省政协原副主席、孟子研究院院长王志民，济宁市政协主席赵树国，山东省文物局副局长、中华文化标志城办公室副主任周晓波，孔子研究院党委书记李大友，济宁市文物局局长丁海燕，孔子研究院副院长刘绪兵；邹城市委书记、市人大常委会主任张胜明，邹城市委副书记、市长谢成海，邹城市政协主席李来云，邹城市人大常委会第一副主任朱运华，邹城市委副书记赵勇，市领导高善东、仇成全、闫荣阶、魏洪明等领导出席开幕式，开幕式由邹城市委副书记、市长谢成海主持。

邹城市委书记、市人大常委会主任张胜明首先致辞，向出席本次座谈会的学者、嘉宾表示热烈欢迎，并简要介绍了邹城经济社会基本情况。张胜明说，近年来，邹城围绕建设“和谐幸福新邹城”的目标定位，持续深化新型工业化、新型城镇化和农业现代化“三化统筹”，加速推进城乡规划布局、产业发展、城镇建设、文化建设、生态文明、社会建设、党的建设“七个一体化”，经济社会发展呈现出

邹鲁文化城市座谈会会场

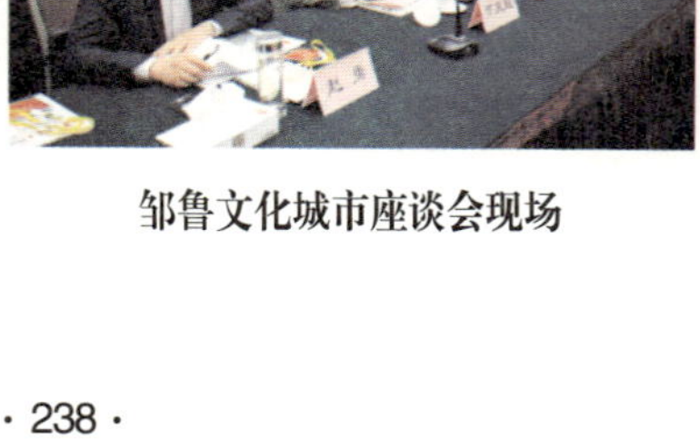

邹鲁文化城市座谈会现场

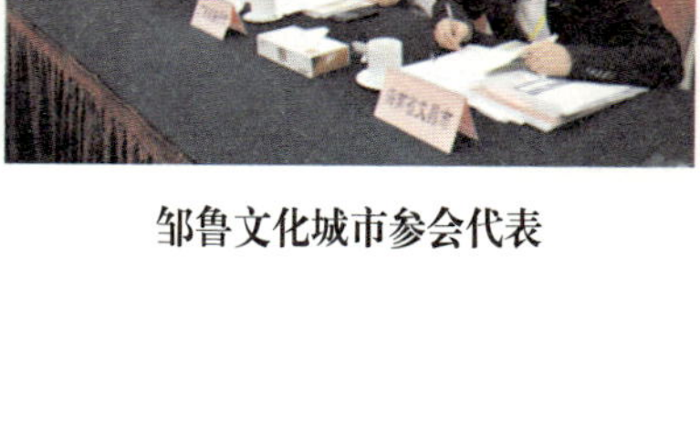

邹鲁文化城市参会代表

与会代表在宣言板上签字

与会代表在邹鲁文化友谊林植树

与会代表参加纪念孟母孟子大典

与会代表赴邹鲁灵秀峄山开展文化探源

提速推进、量质并举的良好态势。紧紧抓住省市规划建设文化经济特区，打造优秀传统文化首善之区的机遇，大力实施“文化突围”战略，成立孟子研究院，推进儒家思想传承创新；开展“邹鲁文化探源”工程，深入挖掘整理邹鲁文化；实施孟子文化遗产地保护利用工程，加快重点文化旅游项目建设，全力打造“邹东深呼吸”乡村游和“孟子故里修学游”等旅游品牌，文化旅游工作呈现出良好局面，有力推动了全市经济社会科学发展转型跨越。张胜明指出，邹鲁作为儒家文化的发源地，千百年来，备受尊崇，影响深远，在中国甚至海外的很多人文荟萃之地，都以“邹鲁”自誉。邹鲁文化作为中华优秀传统文化的重要组成部分，经过两千多年的传承与发展，其思想精华和道德精髓，已深深根植于中华民族的精神血脉之中，成为中华民族独有的精神标识之一。邹鲁城市座谈会以文化为媒，在邹鲁圣地相聚，共商邹鲁文化传承发扬大计，共创邹鲁文明复兴，标志着邹鲁文化的传承发展进入到了一个新的阶段。他希望，邹鲁文化城市能够携手精诚合作，充分挖掘邹鲁文化深厚底蕴，不断扩大邹鲁文化影响力，共同传承、发扬光大。

济宁政协主席赵树国在致辞中说，邹鲁地区是中华文明重要发祥地、儒家文化发源地，以儒家思想为核心的邹鲁文化，历史悠久、博大精深，历经两千五百多年而长盛不衰，已经成为中华传统文化的核心和主干，成为东方文化的重要标志和世界优秀文化的重要组成部分，成为不同文明之间沟通与对话的思想桥梁。邹鲁文化城市座谈会以继承和发扬邹鲁优秀传统文化和传统美德为主旨，开展城市间的对话交流活动，对于促进各城市间的文化交流与合作，推动全社会文化事业的发展，弘扬与培育社会主义核心价值观，必将发挥重要作用。赵树国指出，当前，济宁市正按照习总书记视察济宁的指示精神，做出了打造首善之区加快文化强市建设的战略部署，文化繁荣发展进入了新的历史阶段。邹鲁文化城市座谈会的成功举办，将成为打造国内城市间文化交流合作的平台，将进一步促进国内各城市间的文化交流与合作，推动邹鲁文化绽放出更加璀璨夺目的光彩。

山东省文物局副局长、中华文化标志城办公室副主任周晓波在致辞中指出，邹鲁地区是中国古代伟大的思想家、教育家至圣孔子和亚圣孟子的诞生地。邹鲁文化所蕴含的优秀思想和普世价值，与我们现时代所弘扬的社会主义核心价值观，一脉相承，息息相通，使中华民族的生命力、创造力和凝聚力始终保持昂扬向上的状态，成为推动中华民族伟大复兴的强大精神动力。

两千多年来，以儒家思想为核心的邹鲁文化从邹城走向全国，走向东亚，走向世界，受到各国人民普遍的敬重，成为人类文明的重要组成部分，如今又在推动人类文明向着更高阶段转型。邹城举行首届邹鲁文化座谈会，对于加深邹鲁文化不同城市间的友谊，唱响传承弘扬中华优秀传统文化这一时代主题，促进社会主义精神文明建设，将具有深远的意义。

山东省政协原副主席、孟子研究院院长王志民在讲话中指出，当前，增强中华民族的文化自信与价值观自信，以中国优秀传统文化宽阔博大的胸怀，推动人类文明进步，已成为全体中国人普遍的呼声和行动。邹鲁地区，以鲁之孔子，邹之孟子，而成为文教兴盛之地，在中国文化史上具有不可取代的特殊位置，是中华传统文化的典型代表。继承和弘扬邹鲁文化，吸收邹鲁传统文化的优秀传统，传承邹鲁文化的核心思想和精神灵魂，为最终凝聚成中国特色、中国风格、中国气派的社会主义核心价值观和提升全民族的道德修养有着积极的意义和重要的推动作用。举行邹鲁文化城市座谈会，充分发挥邹鲁文化的独特优势，增进各城市间的文化交流与合作，搭建城市间文化交流的平台，对于推动邹鲁文化的传承与发展，推进不同城市间的文化交流与融合，建设文明中国，必将产生深远的积极影响。

山东省曲阜市、福建省厦门市作为邹鲁文化城市代表分别致辞，介绍了邹鲁文化在其所在地区政治、经济、文化、思想、教育、科技、艺术、方言、风俗、手工技艺等方面的具体体现，以及邹鲁文化对其所在地区社会发展、城市建设、文化传承等方面的积极作用。尼山论坛组委会、中华孔子学会、中华炎黄研究会、光明日报国学版、齐鲁文化研究院、尼山圣源书院、揭阳市、莆田市等文化学术机构、邹鲁文化城市分别向会议发来贺电贺信。

在随后举行的座谈会上，与会嘉宾和专家学者围绕“邹鲁文化的渊源与传承”“邹鲁文化的时代价值”“邹鲁文化的交流与合作”等主题，对邹鲁文化的产生、演进、传承及发展进行了广泛的研讨与座谈。经过热情洋溢的交流与讨论，与会嘉宾代表一致认为：新时期传承弘扬邹鲁文化，对于培育社会主义核心价值观、弘扬中华传统美德具有重要的时代价值；对于挖掘城市的文化内涵，促进区域文化建设、提升城市魅力具有重要的现实意义；对于促进邹鲁文化城市间的交流与合作，密切邹鲁文化城市间的友谊具有重要的推动作用。

会议认为，博大精深的邹鲁文化是中华传统文化的重要组成部分，其蕴含的思想精华与道德精髓已被全人类所认同。无论是邹鲁地区的人民，还是邹鲁以外的中华儿女，都是中华优秀传统文化的传人。邹鲁文化城市相聚一起，共同探讨交流邹鲁文化的传承与发展，凝魂聚气、强基固本，为传承弘扬中华优秀文化，推进社会主义核心价值体系建设，必将产生积极作用。

在达成共识的基础上，23 个邹鲁文化城市联合发表了以“天下邹鲁，一脉相传，团结协作，继往开来”为主旨的《邹鲁文化城市宣言》，开启了共推“邹鲁文化”繁荣发展的序幕。

据了解，山东省邹城市是邹鲁文化的重要发源地，是东夷文化和邾娄文化的延续和发展，融会了周文化、殷文化和东夷文化而后形成的文化，博大而精深。邹鲁也是儒学的发源地，以鲁之孔子、邹之孟子而著称于世，邹鲁作为文化昌盛之地的代称，历来备受尊崇，在中国各地有“滨海邹鲁”“江南邹鲁”等诸多称谓。作为邹鲁文化源头所在地，邹城一直致力于以孟子思想为代表的邹鲁文化传承和弘扬，不断加强对外文化交流与合作，先后设立了孟子研究院、创办了“孟子公开课”，组织了“我爱读《孟子》”等一系列影响深远的文化活动，邹鲁文化在孟子故里家喻户晓、熠熠生辉，成为邹城的一张靓丽名片。此次由邹城市委、市政府发起的“邹鲁文化城市座谈会”是该市着力推动邹鲁文化繁荣发展又一创新举措。座谈会的成功举办，进一步增强了邹鲁文化城市间的凝聚力和向心力，维系国内外邹鲁文化城市间的感情纽带，对于弘扬传播邹鲁文化，推进邹鲁文化精神的传承发展起到积极的作用。

当天下午，与会23个邹鲁城市代表及嘉宾到邹城市铁山公园共植象征扩大城市交流与合作、传承和弘扬邹鲁文化的“邹鲁文化友谊林”。

（李国强、张长青、胡恩姣、赵瑞军，原载于2014年4月29日光明网）

弘扬“邹鲁文化”　推动文化建设

王志民

邹城是亚圣孟子的故里，二千五百年前，孔子创立了儒家思想。儒家学派的形成及其博大思想体系的发展完善，经历了由春秋到战国乃至秦汉跌宕曲折的发展历程，在这其中，子思、孟子和荀子做出了杰出的贡献，是儒学在汉代登上中国传统文化核心地位的关键。而以子思和孟子为主，以传承孔子学说为己任的“思孟学派”，是孔子思想得以在战国时期发扬光大的一支重要的力量。子思讲学于邹，孟子对儒学的传承发展也主要是在邹城这个地方完成的。邹城在儒家思想的传承发展中，是具有突出贡献的一块文化宝地。

战国时期，由于列国纷争，儒学经历了一个中衰的阶段。在《史记·儒林列传》中说：“天下并争于战国，儒学既绌焉。”正是在这个时期，是孟子率徒数百人三次去齐国，两次入魏国，周游列国宣传儒学，发展儒学，振兴儒学，引领儒学在战国时期走向了与时俱进、提升发展的新阶段，成为思孟学派的主要创始人和思想家。孟子提出了一系列实行仁政的具体标准和政治方略，把儒学的思想由伦理道德层面的修身养性，提升到治国安邦、民心向背，进而实现一统天下的社会政治高度。邹鲁并称正是反映了孟子复兴儒学的时代面貌。

一、邹鲁并称，始于战国

儒学是中国文化的核心和主干，鲁国是孔子的故乡，邹鲁之地是儒学的发源地。所以两千年来,从战国时期开始就“邹鲁”并称,“邹鲁”成了儒学故乡的代名词。

在战国文献当中,《庄子·天下》篇首先将“邹鲁”并称。《庄子·天下》篇记载:“其在《诗》《书》《礼》《乐》者,邹鲁之士、搢绅先生多能明之。”这就是说,在战国时期,能够传颂孔子的五经,能够发扬光大儒学思想的主要是“邹鲁之士”。读经颂儒,在邹鲁之地已成传统。且邹地由于子思、孟子的传习教化,士民崇尚儒学,以传习六经的士风尤盛,充分展示出儒学故乡的特征。这是邹鲁并称、邹在鲁前的重要原因之一。同时从战国时代列国形势看,当时鲁国已经是一个非常衰弱的小国,它的国界已经缩小到当今曲阜周围,泗水一带的诸侯小国在春秋时期附庸鲁国的情形已经风光不再。公元前256年,鲁国和邹国一起被楚国灭亡。所以,从庄子最早将“邹鲁”并称来看,“邹鲁之地”已经成为一个传承经学、弘扬儒学的核心区域的统称。

邹鲁文化的整合提升,形成一个统一体,儒学故乡由孔子之“鲁”,扩充到孔孟之乡的“邹鲁”,并形成了一种区域文化的特殊气象——“崇儒诵经”,被称为“邹鲁之风”。

二、战国之后,邹鲁并称,已成传统

在汉代,人们仍然将“邹鲁”并称,“邹鲁”成为儒学的故乡。在《汉书·贾山邹阳列传》中有这样两句话:“邹鲁守经学,齐楚多辨智。”就是说,邹鲁是固守儒学传承的文化之乡。所以在汉代,人们也是将“邹鲁”并称的。

在《汉书·韦贤传》当中也提到:“济济邹鲁,礼义唯恭”,也是在称颂邹鲁之地推崇礼仪的文化风气。汉代以后,邹鲁亦作为儒学之乡的代名词,历代传承不绝。

邹鲁文化推达到大江南北,西晋末年的“元嘉之乱”是一个关键时期。元嘉之时,北方的少数民族攻入中原,山东大批文化大家族南迁江浙。正是在南迁齐鲁文化世族的巨大影响下,儒学的传播在大江南北呈现出燎原之势。

南北朝时期的《宋书》里面记载:“无令齐晋朝,取愧邹鲁士”,也是“邹鲁”并称。在南迁江浙的颜氏家族《颜氏家训·诫兵》里面提到:“颜氏之先,本乎邹鲁……世以儒雅为业”,以“邹鲁”并称来回溯家族的文化渊源是本乎邹鲁的。

隋代《隋书·文学列传》记载了一个山东人怀念山东故乡的诗句:“登高视衿带,乡关白云外……群纪通家好,邹鲁故乡情。”在这里已经将邹鲁与故乡紧密联系在一起,抒发对邹鲁之风的怀念。

到了宋元时期,在《元史·祭礼志》中提到:“溯邹鲁之渊源,式开来学。开图书之蕴奥,妙契玄机。”也是“邹鲁”并称的记载。

所以我们说,两千年来“邹鲁”并称,无法分开,同为儒学的故乡。从战国时期文化渊源的形成,以及两千年来儒学作为中国文化传承的核心和主干来看,“邹鲁”作为儒学的故乡,基于“邹鲁”之地而形成的“邹鲁文化”已经成为中国文化的“主流”和“主干”的代名词。今天我们弘扬“邹鲁文化”就是弘扬中国传统文化中的优秀文化传统,从这个意义上讲,我们今天的座谈会就具有了一种特殊的时代意义和历史价值。

近几年来,济宁市和邹城市的党政领导对于弘扬儒学做了大量的卓有成效的工作。邹城市近几年狠抓孟子文化的建设,大打孟子品牌,在贯彻落实习近平总书记的讲话精神,大力弘扬中华优秀文化传统,建设当代先进文化方面推出了一系列重大举措,站得高,看得远,做得实,抓得很得力。

正是在这一个前提下,2013 年 6 月,邹城市委市政府成立了以研究“邹鲁文化”和“孟子思想”为主要研究领域的孟子研究院,研究院的成立得到国内众多知名学者和学术界的大力支持。大家认为,孔、孟思想是中国文化的核心和主干,弘扬儒学既要弘扬孔子的思想,更要大力弘扬孟子的思想,弘扬邹鲁文化。

改革开放三十年来,弘扬传统文化已经成为国人的共识。习近平总书记到曲阜孔子研究院发表了弘扬儒学、传承优秀传统文化的重要讲话,这在国内学术界,被认为是建国六十余年来国家最高领导人到孔孟故里发表的一次关于弘扬传统文化的重要讲话。讲话提出了“四个讲清楚”,实际上是对我们各级领导和广大干部群众提出的希望和要求。而我们今天召开这个座谈会,实际上就是要开成一个落实习近平总书记讲话精神的座谈会,开成一个继承和传承优秀文化的座谈会,并在这个基础之上大力推动各地具有邹鲁文化特色的文化建设。

在这里,首届邹鲁城市座谈会的举办只是开始,今后在弘扬邹鲁文化、推动当地文化建设方面还有很多工作要做,我们要携起手来共同建设文化的新辉煌,让习近平总书记的指示落实到全国各地,首先落实到我们这些以“邹鲁文化”传统为特色的市、县。这既是我们当前文化的中心工作,也是历史交给我们的重担,我们一定要把这样一件大事抓紧抓好。在弘扬“邹鲁文化”、推动文化建设上再上一个新台阶,做出新成绩。

(本文系根据原山东省政协副主席、孟子研究院院长王志民在2014年邹鲁文化城市座谈会上致辞整理)

邹鲁文化架起弘扬中华优秀传统文化桥梁

周晓波

邹鲁地区是中国古代伟大的思想家、教育家至圣孔子和亚圣孟子的诞生地,以儒家文化为代表的邹鲁文化也诞生于此。两千多年来,作为中华文化的重要组成部分,邹鲁文化从这里走向全国走向东亚、走向世界,树立起中华文明的一座丰碑,成为我们民族的精神基因,深深地融入到了民族共有精神家园的血脉传承。

邹鲁城市都在漫长的历史发展长河中,参与了这一文明的创造和发展。不久前习近平总书记视察曲阜,就弘扬传承中华优秀传统文化做出重要指示。他指出,中华文化源远流长,积淀着中华民族最深层的精神追求,代表着中华民族独特的精神标识,为中华民族生生不息,发展壮大提供了丰富的滋养,培育和弘扬社会主义核心价值观,必须立足于中华优秀传统文化。这一重要论述再一次肯定了中华传统文化的重要价值。

邹城市召开首届邹鲁文化城市座谈会,邀请曾经在各个历史时期引领过中华文化发展潮流和方向的邹鲁文化城市,共同探讨邹鲁文化的优秀思想和当世价值。对于唱响传承弘扬中华优秀传统文化这一时代主题,促进社会主义精神文明建设。对于理论探讨,实践先行,进一步发现和发掘中华优秀传统文化,在培育和构建社会主义核心价值观等方面的作用具有十分重要的现实意义,必将产生积极而深远的影响。

多年来,省文物局一直高度重视邹鲁文化遗产的保护工作,以加强遗产保护来支撑和推进邹鲁文化的传承和弘扬。曲阜和邹城两地是中华文化标志城的规划建设地,也是国家大遗址六大片区之一——曲阜片区的核心区。

近几年来,山东省成功地举办了微山论坛、儒家高等研究院等一些文化项目。这些项目都致力于邹鲁文化的弘扬和传承。我们坚信通过首届邹鲁文化城市座谈会的举办,为邹鲁文化友好城市间加强交流沟通,相互学习借鉴,共同传承弘扬中华优秀传统文化架起一座桥梁和纽带。历久弥新的邹鲁文化将在思想的交流和碰撞中迸发新的火花，焕发出新的蓬勃生机和活力。

（本文系根据山东省文物局副局长、中华文化标志城办公室副主任周晓波在2014年邹鲁文化城市座谈会上致辞整理）

邹鲁文化绽放时代新光彩

赵树国

邹鲁文化，源远流长，孟子故里，儒风郁郁。邹鲁地区是中华文明重要发祥地、儒家文化发源地，在这片底蕴深厚的文化沃土上，自古以来，文脉兴盛、圣贤辈出。以儒家思想为核心的邹鲁文化，历史悠久、博大精深，历经两千五百多年而长盛不衰，已经成为中华传统文化的核心和主干，成为东方文化的重要标志和世界优秀文化的重要组成部分。

邹鲁文化崇尚亲亲孝悌、讲求礼义廉耻、注重保民重民、倡导节俭朴实，尊崇孔孟儒学，提倡礼乐教化。其思想精华和道德精髓，已深深扎根于中华儿女的精神血脉之中，已成为中华民族独有的精神标识。

以儒家思想为核心的邹鲁文化虽然没有阻止住春秋战国时期的战争与杀戮，但她的价值取向和精神追求，却经由历史长河的淘洗，而日益显示出真正的价值，对整个中华民族的历史文化施予了强有力的影响，受到了全人类的广泛尊重与认同，成为不同文明之间沟通与对话的思想桥梁。

邹鲁文化城市座谈会在山东邹城举行，旨在秉承儒家精神，发挥邹鲁文化的独特优势，为推动城市间的文化交流提供平台、做出贡献。此次座谈会，以继承和发扬邹鲁优秀传统文化和传统美德为主旨，开展城市间的对话交流活动，对于促进各城市间的文化交流与合作，推动全社会文化事业的发展，弘扬与培育社会主义核心价值观，必将发挥重要作用。

当前，济宁市正处在由经济文化大市向经济文化强市跨越的历史征程中，文化繁荣发展已进入了一个崭新的阶段。我们将一如既往地全力支持办好邹鲁文化城市座谈会，打造国内城市间文化交流合作的平台，促进国内各城市间的文化交流与合作，推动邹鲁文化绽放出更加璀璨夺目的光彩。

（本文系根据济宁市政协主席赵树国在2014年邹鲁城市座谈会上的致辞整理）

共创邹鲁文明复兴之路

张胜明

邹城简称“邹”，与孔子故里曲阜市共享“邹鲁圣地”之美誉。现为国家历史文化名城、中国优秀旅游城市、全国文化先进县、全国综合实力百强县市。全市总面积1616平方公里，总人口116万，辖16个镇街、2个省级经济开发区。邹城历史文化悠久，有六千多年文明史，各类文物古迹517处；资源能源丰富，煤炭地质储量41亿吨以上，年产原煤二千多万吨，年发电量310亿千瓦时；交通区位优越，京沪铁路、京沪高铁纵贯南北，新石铁路横穿东西，104国道、京台高速等十余条公路干线遍布全境，距济宁机场60公里，境内白马河与京杭大运河相连，水上运输可直达苏、浙、沪一带。

近年来，在上级党委、政府的坚强领导下，邹城紧紧围绕建设“和谐幸福新邹城”的目标定位，持续深化新型工业化、新型城镇化和农业现代化“三化统筹”，加速推进城乡规划布局、产业发展、城镇建设、文化建设、生态文明、社会建设、党的建设“七个一体化”，经济社会发展呈现出提速推进、量质并举的良好态势。工作中，我们抓住省市规划建设文化经济特区，打造优秀传统文化首善之区的机遇，大力实施“文化突围”战略，成立孟子研究院，推进儒家思想传承创新；开展“邹鲁文化探源”工程，深入挖掘整理邹鲁文化；实施孟子文化遗产地保护利用工程，加快重点文化旅游项目建设，全力打造“邹东深呼吸”乡村游和“孟子故里修学游”等旅游品牌，文化旅游工作呈现出良好局面，有力推动了全市经济社会科学发展转型跨越。2013年全市完成地区生产总值731.58亿元，固定资产投资309.1亿元，地方财政收入55.33亿元。

邹鲁作为儒家文化的发源地，千百年来，备受尊崇，影响深远，在中国甚至海外的很多人文荟萃之地，都以“邹鲁”自誉。邹鲁文化作为中华优秀传统文化的重要组成部分，经过两千多年的传承与发展，其思想精华和道德精髓，已根植于中华民族的精神血脉之中，成为中华民族独有的精神标识之一。今天我们以邹鲁文化为媒，在邹鲁圣地相聚，共商邹鲁文化传承发扬大计，共创邹鲁文明复兴，标志着邹鲁文化的传承发展进入了一个新的阶段。希望我们携起手来、精诚合作，充分挖掘邹鲁文化深厚底蕴，不断扩大邹鲁文化影响力，共同传承、发扬光大。我们也相信，在大家的共同努力下，邹鲁文明之光必将大放异彩！

（本文系根据原邹城市委书记、市人大常委会主任张胜明在2014年邹鲁文化城市座谈会上致辞整理）

邹鲁文化展示中国文化自信

“孟子的思想追求也是民族、国家和个人的追求。孟子思想归结的‘孟子梦’，是我们今天实现‘中国梦’的一个很丰厚的文化滋养。”6 月 7 日，孟子思想与邹鲁文明国际研讨会上，山东师范大学齐鲁文化研究院院长、孟子研究院院长王志民陈述了他对“孟子梦”的观点。

研讨会上，来自海内外的七十余名专家学者一致认为，孟子思想中的道德思想与修身学说体现了传统儒学的精髓，有助于展现中国文化自信。

邹鲁文化源远流长

“邹鲁因有了孔子、孟子为代表的儒家，在中国文化史上它的地位不言而喻，成为中华文化的一种代表。”孔子研究院院长杨朝明认为，邹鲁并称是从《庄子》开始，《庄子·天下篇》里面提到说，“《诗》《书》《礼》《乐》者，邹鲁之士、搢绅先生多能明之”，这就开启了“邹鲁”作为一个词的由来。

到了汉代，“邹鲁”就变成一个固定的词汇，《史记》里面讲过好几次，譬如说《史记·货殖列传》中说，“邹鲁滨洙泗，犹有周公遗风，俗好儒，备于礼”。邹鲁跟洙泗紧邻在一起，有周公的遗风，民俗好儒，礼特别完备。

后代凡是想继承圣人之教，传承儒家之学，来美化它风俗的地方，都是以“邹鲁”为楷模，以“邹鲁”为期许。庾信的《哀江南赋》讲道，“里为冠盖，门成邹鲁”。唐朝杨炯在益州兴学的时候也提到，益州“国成陶唐，家成邹鲁”。到了北宋就确定把一些地方称为

“邹鲁”，像陈尧佐就说，“海滨邹鲁”是潮阳，潮州这个地方文风很好，这个地方现在已经成为邹鲁了，叫“海滨邹鲁”。

北京大学中文系教授龚鹏程介绍，后来，“邹鲁”变成了一个概念，因此才推广到了其他地方，所以才会有“海滨邹鲁”“南方邹鲁”，各地方都用邹鲁来称，这个时候的“邹鲁”是一个文化符号。

4月29日，邹城市召开了首届邹鲁文化城市座谈会，全国23个邹鲁文化城市联合发表了《邹鲁文化城市宣言》，开启了共推邹鲁文化繁荣发展的序幕，为弘扬传播邹鲁文化，推进邹鲁文化精神的传承起到积极的作用。

邹鲁文化要抓住实质内涵

杨朝明介绍说，从孔子到孟子这一线，注重的就是一种修身学说，一种道德学说，这也是邹鲁文化的品格所在。“邹鲁文化说到底是一种道德文化。”

王志民认为，孟子学说最可贵的地方是把国家的梦、社会的梦和个人价值实现的梦有机地结合在一起，仁政、王道学说实际上是孟子治国的理想。

而“五亩之宅，树之以桑”讲求的是孟子对小康社会的渴望。孟子作为执着的坚持梦想的人，是中华民族精神财富的重要组成部分。

如果真能做到“今王发政施仁，使天下仕者皆欲立于王之朝，耕者皆欲耕于王之野，商贾皆欲藏于王之市，行旅皆欲出于王之涂”，一个国家又怎么会发展不起来呢？在谈到邹鲁文化的发展时，龚鹏程反问道。

龚鹏程认为，只有坚持从邹鲁文化的实质内涵中抓起，邹鲁文化才可以成为激动人心的、具有力量的文化。

邹鲁文化成邹城名片

儒家思想的现代意义在于其文化自信的强化作用。传统文化的精髓就是儒家一以贯之的忠恕之道。所以,人要成为人,人要成为一个社会的人,成为一个遵循社会规范的人,就要自觉地修身,自觉地修身就要懂得社会、了解人心。所以说,儒家的忠恕之道,从孔子到孟子一以贯之。

济宁市政协副主席蒙建华指出,孟子思想与邹鲁文明已经成为中华传统文化的核心和主干,成为东方文化的重要标志和世界优秀文化的重要组成部分,成为不同文明之间沟通与对话的思想桥梁。举办孟子思想与邹鲁文明国际研讨会,对于打造国内外文化学术交流平台,促进世界孟学研究,彰显文化自信,推动孟子思想与邹鲁文明研究的繁荣发展,具有重要的现实价值和深远意义。

作为邹鲁文化源头所在地,邹城一直致力于以孟子思想为代表的邹鲁文化传承和弘扬,不断加强对外文化交流与合作,先后设立了孟子研究院、创办了“孟子公开课”,组织了“我爱读《孟子》”等一系列影响深远的文化活动,邹鲁文化在孟子故里家喻户晓、熠熠生辉,成为邹城的一张靓丽名片。

(赵德鑫,原载于 2014 年 6 月 10 日大众日报)

让邹鲁文化融合于生活习俗之中

一提邹城,大家会顺口说出邹鲁文化、邹鲁文明。然细究起“邹鲁”这个概念来,又大多语焉不详,难解其“所以然”。

日前,在邹城举办的“孟子思想与邹鲁文明国际学术研讨会”

上，来自国内外的专家学者对“邹鲁”进行了详细解读，他们建议邹城要充分发挥城市的文化底蕴，重视对邹鲁文化的活态传承，才能更好地实现“文化突围”。

邹鲁滨洙泗，有周公遗风

北京大学中文系教授龚鹏程说，“邹鲁”并称是从庄子开始的，《庄子·天下》篇“《诗》《书》《礼》《乐》者，邹鲁之士、搢绅先生多能明之”，首先提到“邹鲁”。至汉代，已经变成一个稳定的词汇，《史记》多次提到，譬如《史记·货殖列传》中说，“邹鲁滨洙泗，犹有周公遗风，俗好儒，备于礼”。后世遂延续下来。

至于为何称“邹鲁”，且“邹”在“鲁”前，学者们则有不同解释。孔子研究院院长杨朝明教授认为：“‘邹’放在‘鲁’的前面，我认为就是因为孟子的影响太大了。大家看《孟子·滕文公》里面就说到，孟子在齐国的时候，‘后车数十乘，从者数百人，以传食于诸侯’。有几十辆车，几百个人跟着，浩浩荡荡，那是多么壮观，可见孟子在当时的影响力。”

龚鹏程则持不同意见。他说，从史料记载看，还是“鲁”影响了“邹”。邹鲁文化主要体现着民风淳厚、礼乐兴盛，而从文化起源上探讨，二者其实还是沿袭不同的文化，也就是说鲁与邹原是两种不同的文化，至春秋时期还是泾渭分明。后来大家提到邹鲁文化，主要还是指儒家的孔孟之学。

杨朝明也表示，邹鲁文化说到底是一种道德文化。“邹鲁文化之所以名扬天下，其实最根本的原因在于这种品格，即其修身学说。邹鲁文化的可贵品质就在于思考人，思考人性，思考人的价值。”

天下邹鲁,一脉相传

如今,但凡文明昌达、社会安定之区,都争以“邹鲁”自誉。

龚鹏程说,所谓“国成陶唐,家成邹鲁”,陶唐指尧舜时代,当时每家每户都传承经学,知书识礼,这在当时还只用来指地理意义上的“邹鲁”之地。

再后来,“邹鲁”影响不断扩大,使用也越来越广,后代凡是想要继承圣人之教,传承儒家之学,来美化其风俗之地,皆以“邹鲁”为楷模,以“邹鲁”为期许。从时间上看,自南北朝以至明清,从地域上看,在两广两浙两江及福建等地,很多地方都可见到“邹鲁”之称。比如“海滨邹鲁”“江南邹鲁”,“邹鲁”含义早已经远远超越了特定地域的范围。

龚鹏程特别提到,就连我国台湾的金门岛,因为当地人相信宋代大儒朱熹曾前往讲学,因此也自称“海滨邹鲁”。如今,金门航空站候机厅门前的一处影壁上,最显眼的就是上面书写的“海滨邹鲁”四个大字。

龚鹏程说:“全国目前自认为传承邹鲁文化的城市还有 23 个,古代更多,所以邹鲁作为一个文化象征,实际在传统上得到广泛认同。”

杨朝明表示,后世包括典籍里面有关“邹鲁”的记载,已经是一个文化概念、文化符号,其实就是道德风范和文教兴制。“我们到韩国安东考察访问,其间专门去过大儒李退溪创办的陶山书院,在那里还见到‘海东邹鲁’的匾额。”

天下邹鲁,一脉相传。为了更好地传承邹鲁文化,更广泛地传播和弘扬优秀传统文化,邹城市搭建起一个邹鲁文化城市交流的新平台。今年 4 月份,邹城市主办“首届邹鲁文化城市座谈会”,来自全国 23 座邹鲁文化城市的嘉宾代表,以及八十余位研究邹鲁文化的专家学者，齐聚邹城，寻根问源、共话发展。这些城市还联合发表了《邹鲁文化城市宣言》，并且共同植下了一片“邹鲁文化友谊林”，表达了对传播弘扬邹鲁文化的美好祝愿。

让记录在古籍上的思想活起来

邹城市委副书记赵勇表示，主办邹鲁文化城市座谈会、孟子思想与邹鲁文明国际学术研讨会等活动，根本目的还是为了推动学术研究的同时，让邹鲁文化在弘扬中华优秀传统文化、传播社会主义核心价值体系中发挥更大作用。

就如何传承弘扬邹鲁文化，龚鹏程认为，拿邹城来说，这里是邹鲁文化的重要发源地，现在又用邹鲁文化作为文化符号，助推区域发展，“具体做法是要立足于经学、礼学研究，并使其活态化，融合于生活、风俗之中。也就是说，让邹鲁文化成为活的传统，而不是死的古迹古学，或与现实生活不相干的陈年旧事；也不是仅存于书斋中的理论。否则，与现实生活不相干，也谈不上‘发展’。所以，对邹鲁而言，发展儒学及建设社会礼俗之美，是它最大的资源”。

山东师范大学齐鲁文化研究院院长、孟子研究院院长王志民教授说，继承和弘扬邹鲁文化，吸收邹鲁传统文化的优秀传统，传承邹鲁文化的核心思想和精神灵魂，“对最终凝聚成中国特色、中国风格、中国气派的社会主义核心价值观和提升全民族的道德修养，都有着积极的意义和重要的推动作用”。

邹城市委书记张胜明说，邹城成立孟子研究院，推进儒家思想传承创新；开展“邹鲁文化探源”工程，深入挖掘整理邹鲁文化；实施孟子文化遗产地保护利用工程，加快重点文化旅游项目建设，全力打造“邹东深呼吸”乡村游和“孟子故里修学游”等旅游品牌，“我们采取的这些举措，正是为了让邹鲁文化的传承活起来。我们将继续挖掘邹鲁文化深厚底蕴，不断扩大邹鲁文化影响力，推动‘文化突围’战略的顺利实施”。

（于国鹏）

孟子思想与邹鲁文明国际学术研讨会召开

2014年6月6日上午，孟子思想与邹鲁文明国际学术研讨会在孟子故里山东邹城隆重举行。

孟子思想与邹鲁文明国际学术研讨会

清华大学国学院院长、中国哲学史学会会长、孟子研究院学术委员会主任陈来先生，山东省政协原副主席、山东师范大学齐鲁文化研究院院长、孟子研究院院长王志民先生，武汉大学国学院院长、孟子研究院学术委员会副主任郭齐勇先生，中国社会科学院哲学研究室主任、中华孔子学会副会长、孟子研究院副院长李存山先生，美国加州大学伯克利分校东亚系主任齐思敏先生，美国葛底斯堡大学教授司马黛兰女士，孔子研究院院长杨朝明先生，中国人民大学国学院教授、孟子研究院秘书长梁涛先生，济宁市政协副主席蒙建华先生，中共邹城市委书记、市人大常委会主任张胜明先生，中共邹城市委副书记赵勇先生，邹城市人大常委会副主任高善东先生，邹城市政府副市长吴婧女士，邹城市政协副主席孟淑勤女士，来自美国、意大利、日本、中国台湾、澳门及大陆的四十多所著名高校和研究机构的七十余名知名学者与邹城市的文化学者及社会各界代表共同出席了开幕式。开幕式由中共邹城市委副书记赵勇主持。

山东省政协原副主席、山东师范大学齐鲁文化研究院、孟子研究院院长王志民首先致辞。王志民先生在致辞中指出，“孟子思想与邹鲁文明国际学术研讨会”，植根于儒家思想的发源地，顺应了当前中国文化大发展的历史潮流，对落实习总书记讲话精神，传承中华优秀传统文化，弘扬社会主义核心价值观，继承中华优秀美德，推动整个人类进步具有重要意义。王志民先生在讲话中盛赞邹城“济济邹鲁，礼义唯恭，诵习弦歌，于异他邦”，继往开来，儒风郁郁。

清华大学国学院院长、中国哲学史学会会长、孟子研究院学术委员会主任陈来先生在开幕式上宣读了北京大学高等人文研究院院长、世界著名学者、孟子思想研究院名誉院长杜维明先生的贺信。杜维明先生在贺信中首先表达了对亚圣孟子及其所代表的儒家文化精神的敬意。他说，邹城是孟子故里，在这里召开国际孟子学研讨会是再恰当不过的。支持孟子学的研究、传播与发展，是当代儒家学者责无旁贷的使命。今天，兴文重教之风再现于孔孟乡邦，从中我们也能够展望“文化中国”的未来愿景。

杜先生最后在信中情真意切地指出，作为一个当代人，我们应该如何对待自己的文化传统？尤其是在功利主义与工具理性泛滥的现代世界，我们有必要从孟子那里重新学习一种“做人”的学问。非洲有一句谚语：“地球不是成千成万的祖先为我们所存留下来的资源，地球是千秋万世的子孙托付我们的让我们好自保存的财富。”这个观念不仅应当从历史的角度来看，而且还应当往前看，从千秋万世的视角看。现在我们更能够越来越明显地感受到，当今中国的发展正在经历一个由物质富强到文化复兴的跃迁，“文化中国”的精神价值意义在这一历史进程中会更加明确地彰显。相信，孟学在文化中国必然会发扬光大，并期待孟子的思想成为21世纪“学做人”的重要精神资源。

美国加州伯克利分校东亚系主任齐思敏先生在随后致辞中高度评价了孟子思想在世界思想史上的重要地位，以及本次会议对促进当代社会伦理的构建和推动世界社会文明的发展所具有的重要作用。

济宁市政协副主席蒙建华先生在致辞中指出，孟子思想与邹鲁文明历经两千多年历史淘洗，历久弥新、长盛不衰，已经成为中华传统文化的核心和主干，成为东方文化的重要标志和世界优秀文化的重要组成部分，受到了广泛尊重和认同，成为不同文明之间沟通与对话的思想桥梁。举办孟子思想与邹鲁文明国际学术研讨会，对于打造国内外文化学术交流平台，促进世界孟学研究，彰显文化自信，推动孟子思想与邹鲁文明研究的繁荣发展，具有重要的现实价值和深远意义。

邹城市委书记张胜明作为东道主最后致辞。张胜明在致辞中首先向莅临会议的领导、嘉宾、专家学者们表示了真挚的欢迎，向关心支持邹城发展的各界人士表示了衷心的感谢。他说，邹城是中华文明的重要发祥地和儒家文化发源地，素有邹鲁圣地、孔孟桑梓之美誉，有六千多年的文明史，自古文脉兴盛、圣贤辈出。邹城市委、市政府历来高度重视文化工作。特别是去年以来，按照习近平总书记在考察济宁时的重要指示精神，邹城大力实施“文化突围”战略，以儒家文化资源为依托，实施文化品牌建设和重大项目带动工程，着力推进儒家文化传承创新，推动文化经济融合发展，建设弘扬优秀传统文化首善之区。作为孟子故里，以“弘扬传统文化，让孟子思想重回故里”为己任，始终把研究和传播孟子思想和邹鲁文化作为一项重要的责任和义务，陆续开展了一系列普及推广孟子思想与邹鲁文化的实践活动，并取得了丰硕的成果。本次会议旨在发挥儒家文化的独特优势，为推动孟子思想的研究推广提供平台、做出贡献。会议突出孟子思想的当代价值，关注邹鲁文明的传承发展，对于推动孟子故里的文化建设，必将发挥重要作用。相信，在大家的共同努力下，孟子思想的研究与普及将进入一个新的阶段，邹鲁文明之光将重放异彩！

开幕式结束后，与会专家学者围绕“孟子与邹鲁文明”“孟子的民本文化研究”“孟子的海外影响与传播研究”“孟子思想的当代价值研究”“邹鲁文化的内涵与外延”等多个议题，从政治、经济、文化、思想等方面，就孟子思想在世界各地的传承发展、价值影响等问题进行了多角度的广泛深入的学术探讨和交流。许多专家指出，通过此次孟子思想与邹鲁文明国际学术研讨会的举办，将搭建起孟子思想和邹鲁文化学术研究的交流平台，有利于整合孟子研究的学术资源，发挥孟子思想蕴含的文化精神，使孟子思想和邹鲁文化在中西文化对话中承担起新使命，开创出新局面。

（赵瑞军、徐爽、韩冬，原载于 2014 年 6 月 6 日腾讯网）

2015 邹鲁文化城市座谈会

2015 邹鲁文化城市座谈会在邹城市举办

4 月 28 日,2015 邹鲁文化城市座谈会在孟子故里——山东省邹城市举行,包括“海东邹鲁”韩国安东市在内的海内外共计 37 座邹鲁文化城市的嘉宾代表及邹鲁文化专家学者一百余人相聚一堂,寻根问源、再续友谊、共话发展。

山东省政协原副主席、孟子研究院院长王志民,山东省中华文化标志城规划建设办公室副主任、省文物局副局长高述群;济宁市委常委、宣传部长王次忠,济宁市政协副主席陈颖,孔子研究院院长杨朝明,济宁市文物局副局长杨义堂;邹城市委书记、市人大常委会主任张胜明,市委副书记、市长谢成海,市政协主席李来云,市人大常委会第一副主任朱运华,市委副书记朱瑞显,市领导高善东、吴婧、仇成全、魏洪明等出席座谈会,座谈会由谢成海主持。

邹城市委书记、市人大常委会主任张胜明首先致辞,向出席第二届邹鲁文化城市座谈会的代表和学者嘉宾表示热烈欢迎，并简要介绍了邹城经济社会基本情况。张胜明说，近年来，邹城市紧紧围绕建设“和谐幸福新邹城”的目标定位，按照“三化统筹、城乡一体、融合发展”的工作思路，统筹城乡规划布局，一体推进基础设施和产业发展，持续深化经济转型产业升级，初步形成了城乡一体发展新格局。紧紧抓住打造“文化建设示范区”的重大机遇，大力实施“文化突围”战略，成立孟子研究院，扎实开展“邹鲁文化探源”工程，编撰邹鲁文化系列丛书；不断加大对外交流与合作，举办了首届邹鲁文化城市座谈会和孟子思想与邹鲁文明国际学术研讨会，发表了《邹鲁文化城市宣言》，追本溯源、交流提升、合作共建，古老的邹鲁文明正在焕发出新的生机和活力。张胜明指出，举办第二届邹鲁文化城市座谈会，共商邹鲁文化传承发扬大计，共创邹鲁文明复兴，标志着邹鲁文化的传承发展进入了一个新的阶段。他希望，邹鲁文化城市能够携手精诚合作，充分挖掘邹鲁文化深厚底蕴，不断扩大邹鲁文化影响力，创新合作模式，在更高的层次、更宽的领域实现优势互补、互利共赢，推动共同发展和繁荣。

孔子研究院院长杨朝明指出，邹鲁作为儒家文化的发源地，孕育出了孔子、孟子两位圣人，孔子在这里收徒讲学，整理六经，创立儒学。孟子在诸子蜂起、百家争鸣、儒学渐趋衰微之际，继道统，辟邪说，著《孟子》七篇，继承发扬孔子学说，奠定了儒学的中心地位，从此儒家学说被称为“孔孟之道”，“邹鲁”也成为文教兴盛之地的代称，千百年来，备受尊崇，影响深远。杨朝明最后祝愿邹鲁文化座谈会进一步扩大人文交流，充分挖掘邹鲁文化的深厚内涵，为共享邹鲁文化提供广阔平台，不断扩大邹鲁文化的影响力。

福建省南平市政协主席张建光代表邹鲁文化城市致辞，他指出，邹城作为“孔孟桑梓之邦、文化发祥之地”，连续两年举办邹鲁文化城市座谈会，广邀海内外邹鲁文化城市参会，提供相互之间交

2015 年邹鲁文化城市座谈会会场

天下邹鲁·同尚和合国际影像文化周启动仪式

孟子故里邹城市

海滨邹鲁厦门市

荆湖邹鲁长沙市

东南邹鲁婺源县

与会城市代表

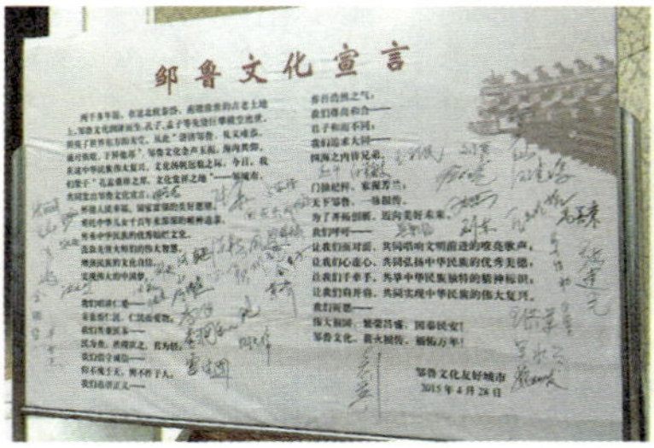

邹鲁文化城市宣言签板

与会代表观看邹鲁礼乐演出

与会代表阅览邹鲁文化城市资料

与会代表在邹鲁文化城市纪念林植树

与会代表文化探源:邹鲁秀灵峄山

流合作的平台,这种“士不可不弘毅”的文化责任和文化担当令人钦佩。近年来,以儒家思想和邹鲁文化为代表的优秀传统文化作用日益凸显,邹鲁文化城市座谈会的召开恰逢其时,必将能够起到承前启后、继往开来的作用。

济宁市委常委、宣传部长王次忠在致辞中指出,邹鲁地区是中华文明重要发祥地、儒家文化发源地,自古以来文脉兴盛、圣贤辈出。邹鲁文化承载的崇尚亲亲孝悌、讲求礼义廉耻、注重保民重民、倡导节俭朴实，作为儒家思想的核心内容深深扎根于中华儿女的精神血脉之中，历经两千多年而长盛不衰，成为中华传统文化的核心和主干及中华民族独有的精神标识。邹鲁文化城市座谈会在山东邹城举行，旨在秉承儒学精神，发挥邹鲁文化的独特优势，对于促进城市间的文化交流与合作，弘扬与培育社会主义核心价值观，必将发挥重要作用。王次忠指出，济宁市正致力于将以曲阜、邹城为核心的曲阜文化建设示范区上升到国家战略，全力打造弘扬传统文化首善之区。济宁市将全力支持办好邹鲁文化城市座谈会，打造城市间文化交流合作的平台，推动邹鲁文化绽放出更加璀璨夺目的光彩。

山东省文物局副局长、中华文化标志城办公室副主任高述群在致辞中指出，邹鲁地区是中华重要的礼乐发源地，自古以来就是文化兴盛地区的代名词，凡是能够被称为“邹鲁”的地区，一定是人文荟萃、礼乐发达、文化素养较高的地区，能够冠以邹鲁之地，本身就是一个极高的荣誉。邹鲁文化体现在大众生活、文化传播、礼仪教化之中，已成为中华文明重要的组成部分。

在今天弘扬中华优秀传统文化、弘扬孔孟文化的今天，其中很重要的课题就是弘扬邹鲁文化。高述群最后衷心祝愿通过召开邹鲁文化城市座谈会，各城市间能够加强交流、学习互鉴，共同来推动邹鲁文化的发扬。

山东省政协原副主席、孟子研究院院长王志民在主旨讲话中指出，邹鲁是孔孟的故里，“邹鲁之风”历来成为一地优良文化风气的代表，发扬“邹鲁之风”，对于当前培育社会主义核心价值观具有重要意义。王志民从邹鲁文化演变、邹鲁之风的形成、特点等方面进行了详细论述，他认为，“邹鲁之风”内涵主体是尊孔读经的儒风，精神内核是一种崇尚道德的教化之风，“邹鲁之风”肇端孔子，始于鲁，兴于子思，扩于邹，盛于孟子，风行邹鲁，并由士风演变为世风,由邹鲁之地发源进而传播影响到全国。

韩国安东市安东大学孔子学院院长李润和、曲阜师范大学历史文化学院教授王洪军分别作了主题演讲。李润和教授介绍了韩国安东市“海东邹鲁”称号的由来,对韩国安东和中国邹城等“邹鲁之乡”城市的交流合作提出了建议。他指出,儒学作为传统文化遗产,在现今仍是我们现实生活的基础,“邹鲁之乡”将会发挥“东方之光、希望宝藏”“回归道德之中心地”的一切作用。王洪军教授在演讲中讲述了邹鲁古代原始居民、邹鲁古国由来和儒家产生于邹鲁之地的缘由,他认为,邹鲁文化的产生与发展对中国传统文化及人类文明具有重大意义。

会议还举行了文化合作协议的签约仪式。孟子研究院分别与韩国安东 MBC 电视台、韩国世界儒教文化财团签订了战略合作协议。邹城市文化、旅游、广电部门与参会邹鲁文化友好城市签订了《邹鲁文化城市文化旅游战略合作意向书》。福建省漳州市、福州市、厦门市、龙海市、福清市、浦城县,广东省揭阳市、汕头市,浙江省宁波市、余姚市、慈溪市,安徽省宣城市、旌德县,云南省红河州等邹鲁文化城市向会议发来贺电贺信。

座谈会随后举行了文化交流研讨,台北市、徐州市、三明市等与会邹鲁文化城市代表围绕“邹鲁文化的渊源与传承”“邹鲁文化的时代价值”“邹鲁文化的交流与合作”等主题,对邹鲁文化的产生、演进、传承及发展进行了广泛的研讨与座谈,并详细介绍了邹鲁文化在其所在地区政治、经济、文化、思想、教育等方面的具体体现,以及邹鲁文化对其所在地区社会发展、城市建设、文化传承等方面的积极作用。在达成共识的基础上,与会城市重温了去年发表的以“天下邹鲁,一脉相传,团结协作,继往开来”为主旨的《邹鲁文化城市宣言》,并在签名板上签名留念,共同推进“邹鲁文化”挖掘提升、繁荣发展。

当天下午，与会的37个邹鲁城市代表及嘉宾到市护驾山植物园共植象征扩大城市交流与合作、传承和弘扬邹鲁文化的“邹鲁文化城市纪念林”，并到“邹鲁重镇”、邹鲁文化发源地——峄山寻根探源。

据了解，邹鲁是儒学的发源地，以鲁之孔子、邹之孟子而著称于世，邹鲁作为文化昌盛之地的代称，历来备受尊崇，在中国各地有“滨海邹鲁”“江南邹鲁”等诸多称谓，韩国安东市有“海东邹鲁”的美誉。邹城市是作为邹鲁文化的源头，一直致力于以孟子思想为核心的邹鲁文化的传承和弘扬，不断加强对外文化交流与合作，先后设立了孟子研究院，开展了邹鲁文化探源工程，成立了邹鲁礼乐团，恢复了儒家传统礼仪，组织了“孟子修学游”“孟子思想与邹鲁文明国际学术研讨会”等一系列影响深远的文化活动，邹鲁文化在孟子故里家喻户晓、熠熠生辉，成为邹城的一张靓丽名片。继去年成功召开首届邹鲁文化城市座谈会，邹城市委、市政府再次发起召开“2015邹鲁文化城市座谈会”。两届座谈会的成功举办，进一步增强了邹鲁文化城市间的凝聚力和向心力，扩大了对邹鲁文化品牌的共识和认可，对于弘扬传承邹鲁文化，传播“天下邹鲁、一脉相承”的邹鲁文化精神具有重大而深远的意义。

（张长青、胡恩姣、胡宾，原载于2015年4月28日凤凰网山东频道）

邹鲁文化唱响时代主题

高述群

邹鲁地区是中国古代伟大的思想家、教育家至圣孔子和亚圣孟子的诞生地,以儒家文化为代表的邹鲁文化也诞生于此。两千多年来,邹鲁文化作为中华文化的重要组成部分,从这里走向全国、走向东亚、走向世界,树立起中华文明的一座丰碑,成为我们民族的精神基因,深深地融入到了民族共有精神家园的血脉传承。

我们所有的城市都在这一漫长的历史发展长河中,参与了这一文明的创造和发展。习近平总书记在视察曲阜时,就弘扬传承中华优秀传统文化做出重要指示。他指出,中华文化源远流长,积淀着中华民族最深层的精神追求,代表着中华民族独特的精神标识,为中华民族生生不息,发展壮大提供了丰富的滋养,培育和弘扬社会主义核心价值观,必须立足于中华优秀传统文化。这一重要论述再一次肯定了中华传统文化的重要价值。

我们相聚亚圣孟子故里,举办 2015 邹鲁文化城市座谈会,召开邹鲁文化城市座谈会,邀请曾经在各个历史时期引领过中华文化发展潮流和方向的邹鲁文化城市,共同探讨邹鲁文化的优秀思想和当世价值。对于唱响传承弘扬中华优秀传统文化这一时代主题,促进社会主义精神文明建设;对于理论探讨,实践先行,进一步发现和发掘中华优秀传统文化,在培育和构建社会主义核心价值观等方面具有十分重要的现实意义,必将产生积极而深远的影响。

多年来,山东省文物局一直高度重视邹鲁文化遗产的保护工作，以加强遗产保护来支撑和推进邹鲁文化的传承和弘扬。曲阜和邹城两地是中华文化标志城的规划建设地，也是国家大遗址六大片区之一——曲阜片区的核心区。

近几年来，我们成功地举办了尼山论坛、儒家高等研究院等一些文化项目。这些项目都致力于邹鲁文化的弘扬和传承。我们坚信通过邹鲁文化城市座谈会的举办，为邹鲁文化友好城市间加强交流沟通，相互学习借鉴，共同传承弘扬中华优秀传统文化架起一座桥梁和纽带。历久弥新的邹鲁文化将在思想的交流和碰撞中迸发新的火花，焕发出新的蓬勃生机和活力。

（本文系根据山东省文物局副局长、中华文化标志城办公室副主任高述群在2015年邹鲁文化城市座谈会致辞整理）

济济邹鲁　礼义唯恭

王次忠

济济邹鲁，礼义唯恭。在这春暖花开、万象更新的美好季节，来自海内外个城市的嘉宾济济一堂，共聚中国古代伟大的思想家、教育家亚圣孟子的故乡——山东邹城，举行邹鲁文化城市座谈会。热情好礼的邹鲁人民，喜迎八方邹鲁联盟！

邹鲁地区是中华文明重要发祥地、儒家文化发源地，在这片底蕴深厚的文化沃土上，自古以来，文脉兴盛、圣贤辈出。邹鲁文化承载的崇尚亲亲孝悌、讲求礼义廉耻、注重保民重民、倡导节俭朴实，作为儒家思想的核心内容，深深扎根于中华儿女的精神血脉之中，历经两千五百多年而长盛不衰，成为中华传统文化的核心和主干，成为中华民族独有的精神标识。

以儒家思想为核心的邹鲁文化虽然没有阻止住春秋战国时期的战争与杀戮，但她的价值取向和精神追求，思想精华和道德精髓，却经由历史长河的淘洗、打磨，而日益显示出真正的价值，愈加散发出璀璨夺目的光彩，对整个中华民族的历史文化施予了强有力的影响，受到了全人类的广泛尊重与认同，成为东方文化的重要标志和世界优秀文化的重要组成部分，成为不同文明之间沟通与对话的思想桥梁。

邹鲁文化城市座谈会在山东邹城举行，旨在秉承儒家精神，发挥邹鲁文化的独特优势，为推动城市间的文化、旅游交流提供平台、做出贡献。此次座谈会，以继承和发扬邹鲁优秀传统文化和传统美德为主旨，开展城市间的对话交流活动，对于促进各城市间的文化交流与合作，推动全社会文化事业的发展，弘扬与培育社会主义核心价值观，必将发挥重要作用。

当前，济宁市正着力于将以邹城、曲阜为核心的曲阜文化建设示范区上升到国家战略，全力打造弘扬传统文化首善之区，文化繁荣发展已进入了一个崭新的阶段。我们将一如既往地全力支持办好邹鲁文化城市座谈会，打造国内城市间文化交流合作的平台，促进国内各城市间的文化交流与合作，推动邹鲁文化绽放出更加璀璨夺目的光彩。我们也真诚希望通过邹鲁文化城市座谈会这个平台，加强与各城市间的交流合作，共创美好未来！

（本文系根据原济宁市委常委、宣传部长王次忠在2015年邹鲁文化城市座谈会上致辞整理）

邹鲁文化一脉相承

张建光

邹城作为亚圣孟子的故里，连续两年举办邹鲁文化城市座谈会，广邀海内外邹鲁文化城市参加会议，提供相互之间交流合作的平台，这种“士不可以不弘毅”的文化责任和文化担当让我们非常钦佩，同时也值得我们学习借鉴。能够来参加邹鲁文化城市论坛，既是一场追本溯宗的游学之行，更是一次涤荡心灵的敬圣之旅。

我的家乡福建省南平市。南平市位于福建省北部，武夷山脉北段东南，俗称闽北。南平市是福建文化的发源地之一，闽北文化与邹鲁文化一脉相承，受邹鲁文化影响由来已久，尤其北宋之后，吾道南移，福建区域文化尤其是闽北文化取得了极大的发展，于是就有了“闽邦邹鲁”“道南理窟”的美誉。这就不得不要提到一个人，那就是朱熹。闽北历史上能人辈出，有程门立雪的杨时、游酢，抗金名将李钢、婉约首唱柳永、法医鼻祖宋慈，等等，但朱熹无疑是他们中的最杰出者。朱熹承继孔子到孟子的先秦儒学，是北宋以来儒门之集大成者，他让古典儒学通过理学而得以复兴，并由此奠定了闽学在中国学术思想史中的历史地位。

我国著名学者蔡尚思曾经赞誉：“东周出孔丘，南宋有朱熹；中国古文化，泰山与武夷。”在中国思想史上，朱熹是继孔孟之后的又一个儒学大师。

近几年来，以儒家思想、邹鲁文化为代表的优秀传统文化日益受到国家和社会各界的重视，邹鲁文化城市座谈会的召开恰逢其时，必将能够起到承前启后、继往开来的作用。

邹鲁生明月，天涯共此时。相信通过这个平台和纽带，通过强交流、促融合、谋大略，邹鲁文化城市之间的合作必将登上一个新的台阶，也必将对各自城市发展进步和邹鲁文化的发扬光大具有深远意义。

（本文系根据福建省南平市政协主席张建光在2015年邹鲁文化城市座谈会致辞整理）

2015邹鲁文化城市座谈会祝词

孔子研究院院长　杨朝明

天下邹鲁，一脉相传！今天我们相聚在邹鲁文化重要发源地、孟子故里——山东省邹城市，召开2015邹鲁文化城市座谈会。在此，我谨代表孔子研究院对此次活动的举办表示热烈的祝贺。

邹鲁作为儒家文化的发源地，孕育出了孔子、孟子两位圣人，孔子在这里收徒讲学，删《诗》、定《书》、著《春秋》，创立了儒家学说。孟子在诸子蜂起、百家争鸣、儒学渐趋衰微之际，继道统，辟杨墨，著《七篇》，继承发展了孔子的学说，奠定了儒学中心地位，从此儒家学说被称为"孔孟之道"，"邹鲁"也成为文教兴盛之地的代称，千百年来，备受尊崇，影响深远。

孔子研究院作为研究孔子及其思想的专门机构，承担着学术研究与交流、博物展览、文献收藏、孔子及儒学研究信息交流、人才培训等功能，正向成为世界儒学研究与交流中心目标奋进。此次座谈会众多邹鲁文化城市的代表相聚一堂，希望我们能够携手合作，进一步扩大人文交流，充分挖掘邹鲁文化的深厚底蕴，不断扩大邹鲁文化的影响力。我相信，此次座谈会不仅会为我们共享邹鲁文化提供广阔的平台，并且将对我们共同开创儒家文化的美好未来画下浓墨重彩的一笔。

最后预祝本次座谈会圆满成功！

谢谢大家！

2015 邹鲁文化城市座谈会祝词

韩国国立安东大学孔子学院　李润和

经历了寒冷漫长的冬天，我们迎来了生机盎然的春天。在这万物复苏的季节里，我们相聚在邹鲁文化重要发源地、孟子故里——山东省邹城市，召开“邹鲁文化城市座谈会”。在此，我对此次活动的举办表示热烈的祝贺。

邹鲁作为儒家文化的发源地，千百年来，备受尊崇，影响深远。邹鲁文化作为中华优秀传统文化的重要组成部分，经过两千多年的传承与发展，其思想精华和道德精髓都已深深根植于中华民族的精神血脉之中，成为中华民族独有的精神标识之一。在中国甚至海外的很多人文荟萃之地，都以“邹鲁”自誉。安东是韩国大儒学家退溪李滉先生的故乡，作为韩国的邹鲁之乡，被誉为韩国精神文化的首都，在韩国儒学传播事业中起着举足轻重的作用。

此次座谈会众多邹鲁文化城市的代表相聚一堂，希望我们能够携手合作，充分挖掘邹鲁文化的深厚底蕴，不断扩大邹鲁文化的影响力。我相信，此次座谈会不仅会为我们共享邹鲁文化提供广阔的平台，并且将对我们共同开创儒家文化的美好未来画下浓墨重彩的一笔。

再次对协助本次活动举办的诸位表示衷心的感谢，同时希望通过此次座谈会，各个邹鲁文化城市能够进一步扩大人文交流，丰富和活跃儒家文化。最后预祝本次座谈会圆满成功！

谢谢大家！

福建省漳州市贺信

邹城市人民政府：

欣悉2015邹鲁文化城市座谈会将于4月28日在贵市隆重召开，漳州市人民政府谨向活动的召开致以热烈的祝贺！

邹鲁文化博大精深，是儒家文化的渊源和核心。贵市此次精心组织举办邹鲁文化城市座谈会，必将有利于推动邹鲁城市间的文化交流合作，促进邹鲁文明的传承复兴，对弘扬以儒家思想、邹鲁文化为代表的中国优秀传统文化具有积极而深远的意义。

漳州是国家历史文化名城，素有"海滨邹鲁"美誉和"花果之城""鱼米之乡"的美称。漳州自古受邹鲁文化影响，历史人文资源丰富，文化遗存丰厚，特别是老城区内仍较完整地保留着唐宋以来"枕三台、襟两河"的自然风貌，"以河代城、以桥代门"的筑城形制和"九街十三巷"的街道格局，颇具邹鲁遗风，是漳州独有的城市名片。

希望两地加强文化交流合作，增进两市友谊，寻求合作，共谋发展。

衷心祝愿2015邹鲁文化城市座谈会取得圆满成功。

漳州市人民政府

2015年4月28日

筼筜书院贺信

孟子曰:孔子,圣之时者也。孔子之谓集大成。集大成也者,金声而玉振之也。金声也者,始条理也;玉振之也者,终条理也。于今视之,孔孟皆圣之时者。孟子之乡,今召开邹鲁文化城市座谈会,是得其时,亦是顺其时。

感孔孟之金声,而振孔孟之玉,是邹鲁文化城市之大任,亦为邹鲁文化城市之荣名。“周道如砥,其直如矢。”筼筜书院祝邹鲁文化城市座谈会召开,并愿与邹鲁文化城市与会诸君子,同履大道,为复兴书院文化志业尽心尽力。

今幸逢盛会

耑此致贺

厦门筼筜书院

海内外 37 座邹鲁文化城市相聚孟子故里

2015 邹鲁文化城市座谈会 28 日在邹鲁文化重要发祥地、孟子故里山东省邹城市举行,包括“海东邹鲁”韩国安东市在内的海内外 37 座邹鲁文化城市的代表及国内外研究邹鲁文化的专家学者汇聚一堂,探寻邹鲁文化的当代价值,共商邹鲁文化传承发扬大计。

作为东道主,中共邹城市委书记张胜明首先致辞。张胜明说,举办第二届邹鲁文化城市座谈会,共商邹鲁文化传承发扬大计,共创邹鲁文明复兴，标志着邹鲁文化的传承发展进入了一个新的阶段。他希望，邹鲁文化城市能够携手精诚合作，充分挖掘邹鲁文化深厚底蕴，不断扩大邹鲁文化影响力，创新合作模式，在更高的层次、更宽的领域实现优势互补、互利共赢，推动共同发展和繁荣。

中共济宁市委常委、宣传部长王次忠表示，以儒家思想为核心的邹鲁文化虽然没有阻止住春秋战国时期的战争与杀戮，但她的价值取向和精神追求，思想精华和道德精髓，却经由历史长河的淘洗、打磨，而日益显示出真正的价值，成为东方文化的重要标志和世界优秀文化的重要组成部分，成为不同文明之间沟通和对话的思想桥梁。

"邹鲁文化城市座谈会在山东邹城举行，旨在秉承儒家精神，发挥邹鲁文化的独特优势，为推动城市间的文化、旅游交流提供平台、做出贡献。"王次忠说。

孔子研究院院长杨朝明表示，天下邹鲁，一脉相传，此次座谈会，众多邹鲁文化城市的代表相聚一堂，"希望我们能够携手合作，进一步扩大人文交流，充分挖掘邹鲁文化的深厚底蕴，不断扩大邹鲁文化的影响"。

作为邹鲁文化城市代表，福建省南平市政协主席张建光说，闽北文化与邹鲁文化一脉相承，尤其是北宋之后，理学道统南移，闽北赢得了"闽邦邹鲁"的美誉。张建光认为，以儒家思想和邹鲁文化为代表的优秀传统文化作用日益凸显，其当代价值在于，它是复兴民族精神、实现百年梦想的内生动力；增强两岸认同，促进和平统一的悠长文缘；传扬中华文明，推动世界文化交融的中国声音。

山东省文物局副局长、中华文化标志城办公室副主任高述群说，邹鲁文化体现在大众生活、文化传播、礼仪教化之中，已成为中华文明重要的组成部分。在今天弘扬中华优秀传统文化、弘扬孔孟文化的今天，其中很重要的课题就是弘扬邹鲁文化。高述群说，他希望通过召开邹鲁文化城市座谈会，各城市间能够加强交流、学习互鉴，共同来推动邹鲁文化的发扬。

韩国安东市素有“海东邹鲁”之称，韩国安东市安东大学孔子学院院长李润和说，儒学作为传统文化遗产，在现今仍是人们现实生活的基础，“邹鲁之乡”将会发挥“东方之光、希望宝藏”“回归道德之中心地”的一切作用。

山东省政协原副主席、孟子研究院院长王志民在接受记者采访时表示，邹鲁是孔孟的故里，“邹鲁之风”历来成为一地优良文化风气的代表，在大力弘扬优秀的传统文化，特别是在构建良好的社会风气方面，要大力发扬历史上形成的“邹鲁之风”。

邹鲁是儒学的发源地，以鲁之孔子、邹之孟子而著称于世，邹鲁作为文化昌盛之地的代称，历来备受尊崇，在中国各地有“海滨邹鲁”“江南邹鲁”等诸多称谓，韩国安东市有“海东邹鲁”的美誉。

（黄品璇、曾洁，原载于2015年4月28日中国新闻网）

海内外多地打造邹鲁文化城市品牌

4月28日，邹鲁文化城市座谈会在孟子故里邹城市举行，37个邹鲁文化城市安排代表参加，其中包括有“海东邹鲁”之称的韩国安东市。

邹鲁作为文化昌盛之地，许多城市都以邹鲁自誉。据介绍，全国有邹鲁名称的城市，大约有七十多个，包括“江南邹鲁”“海外邹鲁”“陇右邹鲁”，等等。把邹鲁文化城市当成一个品牌来打造，城市间将如何加强文化交流与合作，文化元素又将发挥何种作用？如今有了一个平台共聚一堂，探讨邹鲁文化的渊源、传承与时代价值。

一条文化根脉

天下邹鲁,一脉相传。这“一脉”就是产生于邹鲁之地的文化根脉。

邹与鲁原为两个自有渊源的方国,后历经长期演变,以其地域相近,自然环境相近,文化相互交流融合,遂形成邹鲁文化。

曲阜师范大学历史文化学院教授王洪军认为,从目前考古资料证明,邹鲁地区最早的原始居民是距今8000年前北辛时期的原始人类,他们来自于鲁中沂蒙山区。从邹鲁古国的由来看,邹国,至夏商时代,邹国故地的原始人群就已经形成东方夷人部族方国,其方国名称“邾娄”,到了战国时代,“邾国”被称之为“邹”,是“邾娄”二字的合音。鲁国,则是西周初年周公之子伯禽受封之地,这里原为东夷部族奄国故地,奄国建国时间比较久远,早在夏商时期就已经存在。

至于儒家思想为什么产生于邹鲁之地,包括儒家思想的创始人孔子和儒家思想的弘扬者孟子产生于邹鲁,以及先秦时代颜、曾、墨、荀等众多思想家也大都产生于这里,王洪军认为,“是中国古代西部文化与东部文化,在这一地区长期交融发展的必然结果”。西周初年,分邦建国,而当时中国东部文化与西部文化的发展尚存重大差异,概而言之,东方夷族尚武崇仁,西部周人则更侧重于社会秩序与“礼”。“这两种文化在邹鲁地区相遇、交流、融合,历经几个世纪的发展,便产生出一种新的文化类型,这便以儒家思想的方式表现出来。”王洪军表示,邹鲁之地儒家思想的产生,“是对中国原始文化的一种超越与突破”。

一个发展愿景

围绕“邹鲁文化的渊源与传承”“邹鲁文化的时代价值”“邹鲁文化的交流与合作”等主题，台北市、徐州市、三明市等邹鲁文化城市代表，详细介绍了邹鲁文化在其所在地区政治、经济、文化、思想、教育等方面的具体体现，以及邹鲁文化对其所在地区社会发展、城市建设、文化传承等方面发挥的积极作用。

韩国安东市有“海东邹鲁”之称。韩国国立安东大学孔子学院院长李润和介绍说，安东在 21 世纪被称为韩国的精神文化之都，不只是一个单纯的口号，也不是虚构自傲的一种表现，而是有具体的事例和实践。“安东仍然保留着以书院为心、以退溪李滉为代表的岭南士林的儒学传统。另外，在安东也保留着以河回假面舞为首的传统民俗文化，透过这些民俗，可以感受到当地人民生活的喜怒哀乐。这些文化遗产称为‘安东学’。”

李润和认为，为了能够不愧于“邹鲁”文化城市这个称号，应不断、有效地发挥各种文化遗产的机能，“这不仅适用于安东，也适用于致力于发扬传统儒家思想而发展的其他邹鲁文化城市”。

李润和说，邹鲁文化城市首先必须确立文化城市的整体性，“如果连自己文化的整体性都没有深层次了解的话，任何主张都将会成为口头禅。因此必须阐释它的真实的存在方式并进一步发扬，使之成为地区文化力量的原动力”。

李润和对文化作为“整体生活方法”进行了进一步的阐述。他说：“由于文化的终极目标是提高生活质量，因此为了准确认识传统精神文化，需要考察如何继承过去的精神文化与生活，并考察如何使之更有意义地融入当代文化和生活之中。因为文化生活化是创造性继承与实践相结合的最好办法。”

一个合作平台

邹鲁文化城市座谈会，去年召开了首届，有23个邹鲁文化城市参加。今年的第二届，到邹城参会的城市已经增加到37个。

显而易见，不仅仅是“邹鲁文化”受到尊崇，“邹鲁文化城市”这个新的城市间文化交流与合作平台也受到越来越多的关注。

在这次座谈会上，福建省的邹鲁文化城市是与会最多的一个省份。福建省的泉州、漳州、福州、厦门、莆田有“海滨邹鲁”之称，同是福建的南平、邵武、建阳等有“闽邦邹鲁”之称。此次，福建福鼎市、上杭县、政和县、松溪县等都专程派代表参加。

福建省南平市政协主席张建光说，邹鲁文化城市座谈会广邀海内外邹鲁文化城市参加，提供相互之间交流合作的平台，这种“士不可不弘毅”的文化责任和文化担当令人钦佩。“近年来，以儒家思想和邹鲁文化为代表的优秀传统文化作用日益凸显，邹鲁文化城市座谈会的召开恰逢其时，必将能够起到承前启后、继往开来的作用。”

孔子研究院院长杨朝明表示，邹鲁文化城市座谈会不仅为共享邹鲁文化提供广阔平台，并且为共同创造儒家文化的美好未来画下浓墨重彩的一笔，“希望邹鲁文化城市携手合作，进一步扩大人文交流，充分挖掘邹鲁文化的深厚底蕴，不断扩大邹鲁文化的影响力”。

作为东道主，邹城市委书记张胜明表示：“希望邹鲁文化城市创新合作模式，在更高的层次、更宽的领域实现优势互补、互利共赢。”目前，邹城市已经与其他邹鲁文化城市签署了文化旅游合作协议。

（于国鹏，原载于2015年5月8日大众日报）

中华母亲节推进大会
暨纪念孟母孟子大典举办

4 月 29 日上午，中华母亲节推进大会暨纪念孟母孟子大典在我市举办。

来自海内外的孟子后裔、参加邹鲁文化城市座谈会的代表在我市相关领导陪同下和社会各界人士一千余人出席纪念大典。孟子第 76 代嫡孙孟令继及夫人首次从台湾回邹参加纪念活动，宣读祭文，并领衔纪念仪式。

上午九时整，孟庙棂星门在悠远、肃穆的古典祭祀音乐声中缓缓打开，参加纪念大典的全体人员正衣冠，表情肃穆，伴着现场演奏的邹鲁传统礼乐，穿过参天古树，沿着神道缓缓步入孟庙，来到亚圣殿前肃穆敬立。

随着司仪宣布 2015 纪念孟母孟子仪式开始，孟子第 76 代嫡孙孟令继偕夫人，中华母亲节促进会代表，北京市妇联家庭建设促进会代表，邹鲁文化城市代表，孟子研究院、孟氏宗亲联谊会、江苏师范大学孟子学院、安徽孟子书画院代表，海内外孟氏宗亲后裔代表以及光影邹鲁摄影家代表敬献花篮并拜祭孟母、孟子。

“三迁择邻，圃园祎祎；母教孕圣，昊天罔极。邹鲁圣地，母教之源；维桑与梓，游子眷眷。”“邾娄孟子，仲尼是尊；道统儒学，享奉亚圣。民贵君轻，社稷永年；能者在职，任人唯贤。”在敬献花篮之后，孟子第 76 代嫡孙孟令继宣读了祭孟母、孟子文。

祭文历数孟母对我国古代母教文化的功绩，追思亚圣先祖孟子对中国和世界文化做出的杰出贡献，深切表达后人的崇敬怀念之情。

随后，全体人员肃立，向我国最杰出的贤良母亲——亚圣孟子之母仉氏和古代伟大的思想家、教育家亚圣孟子三鞠躬。

据了解，此次纪念活动是我市推进“文化突围”弘扬优秀传统文化系列活动之一，是国内外首次恢复使用“黄钟大吕，金声玉振”的宋代雅乐纪念活动。市非物质文化遗产传承中心主任米怀志表示，宋代祭孟雅乐是市非物资文化遗产中心联合本地民间文化学者，阅遍《邹县历代县志十种》《孟府档案》《日本宫内省宋元汉籍》《文渊阁四库全书》等大量相关书籍，挖掘整理出的宋政和五年御制祭祀孟子乐章。仪式有：按“鸣赞”“引赞”的呼吟，整个过程由迎神、初献、亚献、终献、撤馔和送神共六部分组成。礼乐伴奏皆为现场演奏，形象地阐释孟子思想中“礼之实，节文斯二者是也；乐之实，乐斯二者”等思想。

（张长青、于琦、盛超、胡恩姣，原载于2015年4月29日邹城外宣网）

呈现传统文化的礼乐之美

——孟子故里遵循宋代雅乐礼制还原古礼古韵

4月27日晚，在孟子故里邹城市举办的中华母亲节推进大会暨文化惠民演出，以一对母女的温馨对白开场，母亲牵着女儿的手回到“制礼作乐”的年代。开笔礼、成童礼、成人礼、婚礼祭礼、乡社礼，追随着这个女孩的成长，观众们领略了一段典雅庄严而又充满文化趣味的“礼乐”人生。经过广泛考证，按照文献记载，孟子故里遵循宋代雅乐礼制还原一整套古礼，雅容悦目，雅音悦耳，观者可以在这样一种和美的韵致中，品味中华文化美、善与从容。

不一样的文化体验

整场演出由开笔礼、成童礼、成人礼、婚礼、祭礼、乡社礼构成，线索清晰，传递着一种文与质相互生发的“文质彬彬”之美。

当进行到“成人礼”阶段时，台下的观众纷纷表示对此并不陌生。原来，去年高考结束后，邹城市非物质文化遗产传承中心曾在孟庙开展了“十八岁的选择——我的成人礼”活动，免费向刚刚结束高考的学生提供“成人礼”的体验。当时，有不少家长带着孩子前来订制“成人礼”。

我国古代就非常重视成人礼，男子二十岁行冠礼、女子十五岁行笄礼，现代则以十八岁冠(笄)礼为“成人之资”，所谓“已冠而字之，成人之道也”。邹城市非物质文化遗产传承中心主任米怀志是这一礼仪活动的导演，他说：“回想当时的情景我记得还很清楚，在孟庙亚圣殿前，正者对冠者吟颂祝辞，冠者接受三次加冠、行拜礼，象征他们由孩童转为顶天立地的大人。”

观“成人礼”，或者直接感受“成人礼”，成为参与者一种不可替代的文化体验。米怀志说：“通过这样一种‘仪式’化的‘成人礼’宣告人生进入某个阶段，由此教化年轻人，提醒他们要担负起这个阶段的人生责任。仪式性的礼仪最重要的意义在于教化。”

完整恢复古时礼乐

悠扬的古乐中，演员们着宋代服饰或翩翩起舞或规制行礼，举手投足间流露着礼仪的典雅华美。这一整套礼仪，完全仿宋代礼制编排而成。

为了考证相关史实，邹城市民间文化学者董伟甚至自费购买了文渊阁版本的《四库全书》。他与6名民间文化学者一起，依据《四库全书》《邹县志》《三迁志》《孟府档案》等历史文化古籍共同整理了“邹鲁礼乐”。“汉代礼乐最为辉煌，但未达到高峰；唐代结合了胡乐，开放性较强；而在宋代首次祭孟，其礼乐最具代表性。”董伟说，“宋代首次祭孟的文献对礼乐有详细的记载，我们发现了对乐器和乐谱的记载，乃至宋徽宗钦定的礼乐所用衣服图案的记载。”

由此，对整套礼乐的恢复，就确定按照宋代礼制进行。

米怀志介绍说，乐曲来自于乐师运用编钟、笙、竽、鼓、古筝等传统乐器的现场演奏。“从演员的服饰，到演出的形式，包括音乐都从古代的记载中恢复而来，打造原汁原味的古代礼乐。”

当然了，要做到原汁原味很不容易。因为时光流逝了几百年，很多东西已经消失了，典籍文献中记载的内容，现在也早已经没有了实物与之对应。这些困难，都要一点一点解决，米怀志说：“我们与河南大学声乐专家合作，将工尺谱恢复成简谱便于演奏；借鉴本地出土的历代乐器实物，重新仿制古代乐器；并按照典籍记载制作服装，力求最真实的还原。”

以宋代雅乐礼制祭孟礼

“孟子曰：民为贵，社稷次之，君为轻”“孟子曰：老吾老以及人之老，幼吾幼以及人之幼，天下可运于掌”伴随着邹城市 60 名小学生大声诵读孟子名言，纪念孟母孟子大典 4 月 29 日在孟庙举行。祭孟母孟子的礼仪，同样也是遵照宋代礼制恢复而来。雅乐《凝安之曲》声声悠长，来自海内外的孟子后裔、邹鲁文化学者代表们在孟庙前神情肃穆，追思亚圣孟子。此次祭祀活动由迎神、初献、亚献、终献、撤馔和送神六个步骤构成，其间舞生分两列，武舞者左手持干（盾），右手持戚（斧），文舞者左手持籥，右手持雉尾羽，闻乐起舞。是集乐、歌、舞、礼为一体的综合性艺术表演形式，希望用传统礼乐、四佾舞等集中表现儒家思想文化，形象地阐释孟子思想中

“礼之实，节文斯二者是也；乐之实，乐斯二者”“牺牲既成，粢盛既絜，祭祀以时”的思想，再现邹鲁礼乐的盛况。

米怀志介绍说：“中国古代用这套乐舞教育子弟，学习了乐舞，就可以容貌端庄，进退得当，彬彬有礼。”

历史上第一次公祭孟子开始于宋政和五年。所用乐器、乐章、服饰程序均为精通音乐的徽宗皇帝钦定。邹城市非物质文化遗产中心联合本地民间文化爱好者，遍阅《邹县历代县志十种》《孟府档案》《日本宫内省宋元汉籍》《文渊阁四库全书》等大量相关书籍，终于找到宋政和五年御制祭祀孟子乐章，于此次祭孟大典首次恢复使用“黄钟大吕，金声玉振”的宋代雅乐礼制。“金、元入主中原，宋代祭祀孔孟乐章散失。现曲阜大成殿祭祀乐章为明代，台湾祭祀乐章也为明代，韩国祭祀孔孟为明代，日本祭祀孔子为唐代风格胡乐，今天邹城市祭祀孟子大典重新启用‘黄钟大吕，金声玉振’的宋代雅乐，为国内外首次。对弘扬中华传统文化意义深远。”米怀志说。

邹城市文广新局副局长李平介绍，承担这些演出任务的，是邹城市豫剧团改制后的邹城市非物质文化遗产传承中心。“除了平时的文化惠民演出之外，非遗传承中心还专门成立了‘邹鲁礼乐团’，一直在两孟景区向游客展示邹鲁传统的礼乐文化。这次演出及祭孟仪式，就是在平时的演出上作了进一步提升，以最好的水准来呈现我们传统文化中的礼乐之美。”

■相关链接

“礼”与“乐”是我国古代伟大的教育家、思想家孔子所创立的儒家思想体系中的核心价值观念。以孔子为代表的儒家学派所倡导的文化就是以“礼”与“乐”为理论基础的“礼乐文化”。

儒家礼乐文化的宗旨，就是将日常生活中形成的各种规范制度化，并借助制度的力量进一步确认、强化和维护宗法等级社会的秩序和规范；就是通过对人们的衣饰器物、周旋揖让以及音乐舞蹈做出许多具体详细规定，使每个人都培养起自己的社会角色意识，即在复杂的社会关系中，明确自己的身份和所处的地位。人们在接受"礼"的约束，践行"礼"的要求的过程中，在潜移默化中逐渐适应礼乐的规范，最终培养形成循礼守制、不逾名分的风习，并在思想深处认同和接受"礼"的要求和约束，培养起与礼相适应的道德操行，最终形成守礼、行礼的自觉意识和以礼自律的能力。在"礼"的规范下，每个社会成员都在严格的等级序列中明确了自己的定位，充当着特定的社会角色，尊卑上下、长幼亲疏各有分寸而不淆乱，人们各就其位，各司其职，各安其分，各奉其事，各得其所。"序"立则"纲"举，则"名"正。"纲"举"名"正，则"家正""国正""天下定"，社会就会秩序井然、和谐稳定。

（孙先凯，原载于2015年5月8日大众日报）

"光影邹鲁·同尚和合"国际影像文化周开幕

4月29日，"光影邹鲁·同尚和合"国际影像文化周启动仪式在我市举行。中国摄影家协会副主席、中国艺术研究院院长助理李树峰，中国艺术摄影协会执行主席朱宪民，美国洛杉矶摄影协会主席、洛杉矶中国摄影节主席金问禔，中国摄影家协会副主席、黑龙江省文联副主席索久林，美国露西基金会代表李振盛，世界民俗摄影家协会理事、加拿大中国摄影学会副会长刘文炳，中国民俗摄影协会副主席宫正，山东省《走向世界》杂志社社长刘斌，济宁市文化局局长孙爱民，我市领导李来云、朱运华、朱瑞显、王永玲、仇成全、魏洪明等领导嘉宾出席启动仪式。来自不同国家地区的37位邹鲁城市代表、国内外一百余位知名摄影家和我市摄影爱好者参加了启动仪式。

启动仪式由市委副书记朱瑞显主持。市政协主席李来云、《走向世界》杂志社社长刘斌、韩国国立安东大学孔子学院院长李润和、中国摄影家协会副主席、中国艺术研究院院长助理李树峰分别致辞。李来云在致辞中说，邹城一直致力于以孟子思想为代表的邹鲁文化传承和弘扬，不断加强对外文化交流与合作，“光影邹鲁·同尚和合”国际影像文化周将影像艺术、文化交流融会结合，充分挖掘邹鲁文化的独特优势，对于推动邹鲁文化的传承与发展，推进各城市间的文化交流与融合，必将产生深远影响。

启动仪式上还举行了“天下邹鲁·同尚和合”邹鲁文化城市钤章仪式，市人大常委会第一副主任朱运华代表孟子故里钤章。美国洛杉矶摄影协会主席、洛杉矶中国摄影节主席金问禔介绍了“洛杉矶中国摄影节”相关情况，并对第三届洛杉矶中国摄影节“中国地区摄影家”获奖人员进行了颁奖，对参加本次大PK的旋翼机选手进行了授旗。中国艺术摄影协会执行主席朱宪民宣布“光影邹鲁·同尚和合”国际影像文化周启动。随后举行了摄影作品展览。

据了解，本次文化周活动由邹城市人民政府、《中国摄影家》杂志社联合主办，涵盖摄影作品展、中国首届旋翼机摄影邹城大PK、“孟子故里24小时”中外摄影家采风三大主题活动。摄影作品展包含洛杉矶中国摄影节获奖作品、邹鲁城市摄影作品和中外摄影名家作品联展三大模块，拥有诸如有摄影界奥斯卡奖之称的美国露西基金奖在内的国内外多个地区的八百余幅摄影佳作，为广大摄影爱好者带来了一场视觉盛宴。旋翼机摄影大PK，首开国内先河，集中了国内6组高水平旋翼机摄影云台手与飞手，将以“母爱”

为拍摄主题，以风光、人文、城市建设为主要题材，进行 PK 拍摄。

本次活动的佳作将在 10 月赴洛杉矶进行展出，届时在大洋彼岸通过照片展示孟子故里的人文风采，传播孟子的文化及世界共同崇敬的母爱专题文化。

（张长青、盛超、焦良、胡恩姣，原载于 2015 年 4 月 29 日邹城外宣网）

邹鲁文化城市
达成文化旅游战略合作意向

4 月 28 日，2015 邹鲁文化城市座谈会在孟子故里——山东省邹城市举行，包括“海东邹鲁”韩国安东市在内的海内外共计 37 座邹鲁文化城市的嘉宾代表及邹鲁文化专家学者一百余人相聚邹鲁圣地，寻根问源。

天下邹鲁，一脉相承。为加强邹鲁文化城市间文化旅游等交流与合作，共同打造邹鲁文化品牌，推动文化旅游产业共同发展，全面促进邹鲁城市文化旅游产业的优化升级，形成资源共享、优势互补、相互促进、共同发展的新格局。经友好协商，达成了合作意向：

一、合作开展邹鲁文化研究与交流

1. 加快构建城市文化协同创新体系，以中华传统优秀文化复兴、国学繁荣为目的，共同开展相关学术研究，在传播弘扬中华优秀传统文化，深入研究、深度挖掘邹鲁文化精髓，打响邹鲁特色文化品牌上取得新突破、达到新高度。

2. 城市间合作举办学术讲座、专题报告，传播和研究邹鲁文化及当地特色文化，介绍学术研究和文化发展动态。鼓励城市间教育部门利用假期组织学生开展邹鲁文化修学游，并在各环节予以优惠与支持。

3. 深入探讨和总结在加强文化遗产保护、传承传统文化、建设人文生态城市、彰显城市特色以及文化成果创造性转化和创新式发展等方面取得的宝贵经验，让文化遗产在城市可持续发展中发挥巨大的推进作用。

二、建立城市间文化旅游合作机制

1. 逐步探索在邹鲁文化城市间轮流举办各种文化旅游流活动。共同研究确定邹鲁文化城市间文化旅游合作的战略、方针，交流文化旅游工作经验。大力促进邹鲁文化城市间旅游市场互动，推动文化旅游交流合作，共同构建“儒风邹鲁”特色文化旅游品牌。

2. 探索推进设立固定的联络和工作机构，负责邹鲁文化城市间文化旅游交流活动的组织、协调、联络相关事宜。

3. 推动学术研究机构、旅游行业协会、文化演出团体及文化旅游相关协会之间的交流与合作，为文化旅游企业搭建合作交流平台。

三、共同打造邹鲁文化旅游品牌和形象

1. 相互支持各自举办的文化交流和旅游促销活动，鼓励和倡导邹鲁文化城市间互为旅游客源地，互为旅游目的地。联合参加重要文化旅游活动，共同拓展国内外旅游市场，打造邹鲁文化城市旅游品牌和形象。

2. 整合各自优势资源，突出地方特色，共同打造邹鲁文化精品旅游线路，形成能够满足国内外不同客源群体需要的旅游产品体

系。

3. 在当地城市报纸、电视台等媒体开设“邹鲁文化城市专题”节目,并相互交流推介。实现官方网站的相互链接,积极利用政府、文化、旅游、外宣等官方网站相互宣传城市文化旅游政务、文化旅游项目和产品、文化旅游节庆活动。

4. 建立邹鲁文化城市共享的文化旅游招商项目库,提供各自在文化旅游投资方面的优惠政策,引导和鼓励投资者独立或联合开发区域内文化旅游项目。

5. 支持文化旅游企业加强合作,鼓励大型文化旅游企业、著名文化旅游管理公司和知名文化旅游品牌实现跨区域经营、连锁经营和品牌输出,提升区域文化旅游产业整体素质。

6. 充分利用区域内教育资源和人力资源的优势,加强在文化旅游人才培养和在职培训领域的合作,促进区域内文化旅游从业人员整体素质的提高。

2016 邹鲁文化座谈会

2016 邹鲁文化座谈会暨《邹鲁文化丛书》首发式在邹城举行

2016 邹鲁文化座谈会暨《邹鲁文化丛书》首发式在孟子故里邹城举行。邹城市委副书记姜永伟、市委常委高兆波、市人大常委会副主任高善东、市政府副市长吴婧、市政协副主席孟淑勤等出席会议,会议由高善东、吴婧分别主持。曲阜师范大学、济宁高级职业技术学院、山东理工职业学院、济宁邹鲁文化研究会、孟子研究院、尼山圣源书院等单位的嘉宾代表以及邹城地方文化学者、各镇街市直有关部门负责人八十多人参加会议。

邹城市委副书记姜永伟首先致辞,向出席 2016 邹鲁文化座谈会暨《邹鲁文化丛书》首发式的代表和学者嘉宾表示热烈欢迎,并简要介绍了邹城经济社会基本情况。姜永伟说,十八大以来,党中央高度重视优秀传统文化的传承与弘扬,提出了中华民族伟大复兴需要以中华文化发展繁荣为条件,要把跨越时空、超越国度、富有永恒魅力、具有当代价值的文化精神弘扬起来，把继承传统优秀文化又弘扬时代精神、立足本国又面向世界的当代中国文化创新成果传播出去等重要论断。近年来，邹城市以“士不可以不弘毅”的责任担当，全力弘扬优秀传统文化，紧紧抓住打造文化建设示范区的重大机遇，大力实施文化兴市战略，扎实开展“邹鲁文化探源”工程，编撰邹鲁文化系列丛书；不断加大对外交流与合作，先后举办了两届邹鲁文化城市座谈会和孟子思想与邹鲁文明国际学术研讨会，发表了《邹鲁文化城市宣言》，追本溯源、交流提升、合作共建，古老的邹鲁文明正在焕发出新的生机和活力。姜永伟指出，举办 2016 邹鲁文化座谈会暨《邹鲁文化丛书》首发式，共商邹鲁文化传承发扬大计，共创邹鲁文明复兴，标志着邹鲁文化的传承发展进入了一个新的阶段。他希望，各位文化学者以丰富的邹鲁文化资源为依托，携手精诚合作，充分挖掘邹鲁文化深厚底蕴，不断扩大邹鲁文化影响力，打造邹鲁文化旅游品牌，推动邹鲁文化绽放出更加璀璨夺目的光彩，开创邹鲁文化发展的新局面。

会议宣读了齐鲁书社的贺信，山东理工职业学院、尼山圣源书院的嘉宾代表先后致辞，邹城市委副书记姜永伟和市委常委高兆波为《邹鲁文化丛书》首发揭彩，并向邹城市文物局、市档案局、市史志办、市图书馆、峄山风景区、邹鲁书院等单位赠送了《邹鲁文化丛书》。随后举行了邹鲁文化座谈会，曲阜师范大学历史文化学院王洪军教授、济宁职业技术学院贾庆超教授就邹鲁文化的历史渊源、发展脉络及现实意义等问题做了主题演讲，部分济宁市和邹城市文化学者就邹鲁文化有关问题进行了广泛的研讨与交流。

据了解，“邹鲁”是中国传统文化的主流——儒学的发源地，邹鲁文化以鲁之孔子、邹之孟子双圣而享誉于世，进而影响辐射到整个中华文化圈，因此“邹鲁”作为文化昌盛之地的代称，两千多年来备受尊崇，在中国各地有“海滨邹鲁”“江南邹鲁”“东南邹鲁”等几

2016 邹鲁文化座谈会暨《邹鲁文化丛书》首发式

《邹鲁文化丛书》揭彩

2016 邹鲁文化座谈会暨《邹鲁文化丛书》首发式会场

赠送《邹鲁文化丛书》

十个称谓，韩国安东市有“海东邹鲁”的美誉，著称之地皆以名为“邹鲁”为荣。《邹鲁文化丛书》共 12 册四百余万字，由国内著名学者和邹城市文化学者共同编撰完成，第一次比较系统全面地反映了邹鲁文化为中华文明的繁荣发展所做出的巨大贡献，是对邹鲁文化的创造性转化和创新性发展，对于唤起学术界对邹鲁文化的重视，推动邹鲁文化研究的繁荣与发展，具有重要的学术价值和现实意义。

邹城市作为邹鲁文化的源头，一直致力于以孟子思想为核心的邹鲁文化的传承和弘扬，不断加强对外文化交流与合作，先后设立了孟子研究院，开展了邹鲁文化探源工程、《孟子》七篇解读工程，成立了邹鲁礼乐团，恢复了儒家传统礼仪，组织了“孟子修学游”“孟子思想与邹鲁文明国际学术研讨会”等一系列影响深远的文化活动，邹鲁文化在孟子故里家喻户晓、熠熠生辉，成为邹城的一张靓丽名片。继2014、2015年成功召开两届邹鲁文化城市座谈会之后，邹城市委、市政府再次召开邹鲁文化座谈会暨《邹鲁文化丛书》首发式，这次会议的成功举办，必将进一步增强邹鲁文化的凝聚力和向心力，扩大对邹鲁文化品牌的共识和认可，对于弘扬传承邹鲁文化，传播“天下邹鲁、一脉相承”的邹鲁文化精神具有重大的意义。

（李俊峰、李龙博，原载于2016年12月29日中国山东网）

《邹鲁文化丛书》邹城首发
邹鲁文化传承进入新阶段

12月28日，邹城市举行了“2016邹鲁文化座谈会暨《邹鲁文化丛书》首发式”，来自曲阜师范大学、济宁高级职业技术学院、山东理工职业学院、济宁邹鲁文化研究会、孟子研究院、尼山圣源书院等单位的嘉宾代表以及邹城市地方文化学者、各镇街市直有关部门负责人参加了会议。

近年来，邹城市文化系统坚持把挖掘和弘扬孟子思想、邹鲁文化作为一项重大政治任务，紧紧抓住打造文化建设示范区的重大机遇，大力实施文化品牌建设和重大项目带动工程，积极开展系列文化推广普及实践活动，有力推进了文化传承创新、文旅融合发展，打响了“邹东深呼吸”“孟子修学游”等一批文化旅游品牌，建成了一批4A、3A级景区，文化示范区建设取得初步成效。特别是在邹鲁文化挖掘研究上，大力实施“邹鲁文化探源”工程，发表了《邹鲁文化城市宣言》，成功举办两届邹鲁文化城市座谈会，促进了邹鲁文化的交流、合作，形成了良好的社会反响。

邹鲁文化是周礼文化与商文化的延续和发展，融合部分东夷土著文化和株娄文化发展而成，其承载的崇尚亲亲孝悌、讲求礼义廉耻、注重保民重民、倡导节俭朴实，作为儒家思想的核心内容，已深深扎根于中华儿女的精神血脉之中，成为中华优秀传统文化的核心和骨干，成为中华民族独有的精神标识，成为文明兴盛的代指。邹城作为邹鲁文化的发源地，挖掘、传承、弘扬邹鲁文化，是分内之责、义不容辞。从这个意义上说，《邹鲁文化丛书》的出版发行，可谓顺道而生、利在当代、功在千秋。

《邹鲁文化丛书》包括《邹鲁文化探源》《天下邹鲁》《郕鲁春秋》《邹鲁民俗》《邹鲁石刻楹联荟萃》《峄山碑刻集》《邹鲁名门望族》《邹鲁文化随谈》等，内容涵盖邹鲁文化、邹鲁民俗、名门圣贤、历史典故、风土人情等各个方面，对邹鲁文化渊源进行了较为详尽的概括和介绍，系统全面地反映了邹鲁文化为中华文明做出的积极贡献，对推动邹鲁文化繁荣与发展具有重要的学术价值和现实意义。特别是这次付梓的四本书籍，史料丰富，文笔精彩，折射出深沉的历史韵味和绚丽的文化之光。这得益于编撰同志们的不辞辛苦、共同努力，再次感谢大家的辛勤付出。

十八大以来，党中央高度重视优秀传统文化的传承与弘扬，习近平总书记多次作出指示和部署，邹城作为邹鲁文化和儒家文化的发源地，不仅有着无上的自豪，同样也肩负着光荣的责任，必须在传承、弘扬上走在前、作表率。希望各位专家、学者，以邹鲁文化座谈会为契机，发挥邹城邹鲁文化资源优势，深入推进邹鲁文化研究，不断加大挖掘、整理、展示、推广力度，搭建好邹鲁文化城市交流合作平台，推动邹鲁文化绽放出更加璀璨的光彩，为邹城邹鲁文化的传承、弘扬做出新的更大贡献。

（本文系根据邹城市市委副书记姜永伟在2016邹鲁文化座谈会暨《邹鲁文化丛书》首发式的讲话整理）

2016 邹鲁文化座谈会暨《邹鲁文化丛书》首发式祝词

尼山圣源书院　陈洪夫

今天，亚圣孟子故里举行邹鲁文化座谈会和《邹鲁文化丛书》发行仪式，我代表尼山圣源书院对会议的召开和《丛书》的首发表示热烈的祝贺！对参与《丛书》编纂工作的各位专家和朋友致以深深的敬意！

邹城，作为孟子故里，老资格全国百强县（市），县域经济快速发展，社会事业协调进步，长时期以来引领济宁市乃至山东省经济发展，立于潮头，世所瞩目。而今，以孟子研究院的成立为标志，文化建设也迈上了新的台阶。邹城乃邹鲁旧地，作为儒家文化的发源地，作为母教文化的彰明之区，历史悠久，文化深厚。在弘扬中华优秀传统文化的大业中，理应而且能够像经济建设一样，建成全国的文化高地，立于时代的潮头，引领时代的步伐，无愧于时代和民族。《邹鲁文化丛书》的出版发行，既是邹鲁文化建设的重大成果，更是邹城文化高地建设的节点和标志，我们相信在不远的将来，邹城市一定会以崭新的面貌，不仅在经济，而且在文化方面成为全国的鲜艳的旗帜，引领时代。

尼山圣源书院地处孔子诞生地，成立于 2008 年，创设迄今，开拓进取、脚踏实地地开展了学术、培训、普及、文化交流等工作，举办国际、国内学术研讨会三十余次，出版了院刊及学术著作。与“台湾中华孔孟学会”和国家教育行政学院合作，开展国学师资培训，现已培训国内大、中、小学教师及行政管理人员一万一千余人。连续五年开展以欧美大学的汉学教授为主要对象的中华文化种子师资研修,东南亚华人华侨团体研修也连续举办三年,这在中华文化走向世界的途程中具有里程碑意义。自 2013 年始,开展了重建乡村伦理、文化的以乡村儒学为主要内容的乡村文化建设工作,目前已推向全省十余个地市,并走出山东,走向河北、河南、江苏、安徽、黑龙江等地;同时在社区开设每周一次的圣源公益国学讲堂,向市民普及传统文化。书院还与海内外四十余所著名大学、研究机构、文化团体建立了紧密的合作关系,开展了多种形式的文化交流活动。目前,书院已成为大陆弘扬中华优秀传统文化的有生力量,海内外文化交流的重要平台。

书院的工作得到了社会各界的认同,《人民日报》《光明日报》《大众日报》等多家媒体在头版头条,中央电视台在《新闻联播》头条都做了报道,今年 10 月,获得第二届全球华人国学大典大奖。

书院之所以有所作为,除了“天时地利人和”外,更得益于“民办公助”的运作体制和学者主导的运行模式,这也是十八大提出的创新社会治理模式在文化教育领域成功的范例。

“嘤其鸣矣,求其友声”,泗水与邹城同属曲阜优秀传统文化传承示范区,在以后的工作中,尼山圣源书院祈愿得到邹城市及各相关学术团体、专家及各级领导的指导和支持,同大家一道,为示范区的建设,为民族文化的复兴贡献自己的力量。

谢谢大家!

贺　信

欣闻 2016 邹鲁文化座谈会暨《邹鲁文化丛书》出版首发式举办,作为丛书的出版方,谨向丛书编委会表示由衷的祝贺,向与会的领导、专家表示崇高的敬意。

邹鲁文化是中华优秀传统文化的源头和核心组成部分。邹城市多年来一直高度重视邹鲁文化的保护、传承、创新工作，编纂出版《邹鲁文化丛书》即是其中的一项重要举措。该丛书紧紧围绕邹鲁文化的精神内核，从历史源流、文物遗迹、人文民俗、文化探究、天下邹鲁等方面立意入手，精心设计，广约名家，内容厚重，质量上乘。相信本丛书的出版必将会推动邹鲁文化研究工作的进一步开展。

齐鲁书社是国内有一定影响力的专业古籍学术类出版社，建社以来专注于山东地方文化典籍的出版工作。此次与《邹鲁文化丛书》的诸位领导专家合作非常愉快，编著相长，受益匪浅。希望将来有机会继续深入合作，共襄盛举。

最后，预祝 2016 邹鲁文化座谈会暨《邹鲁文化丛书》首发式圆满成功！

山东齐鲁书社出版有限公司

2016 年 12 月 28 日

诗情邹鲁

邹鲁文化诗词

在邹诗

汉·韦孟

微微小子，既耇且陋。岂不牵位，秽我王朝。王朝肃清，惟俊之庭。顾瞻余躬，惧秽此征。我之退征，请于天子。天子我恤，矜我发齿。赫赫天子，明悊且仁。县车之义，以洎小臣。嗟我小子，岂不怀土。庶我王寤，越迁于鲁。既去祢祖，惟怀惟顾。祈祈我徒，戴负盈路。爰戾于邹，茅翦作堂。我徒我环，筑室于墙。我既迁逝，心存我旧。梦我渎上，立于王朝。其梦如何，梦争王室。其争如何，梦王我弼。寤其外邦，欢其喟然。念我祖考，泣涕其涟。微微老夫，咨既迁绝。洋洋仲尼，视我遗烈。济济邹鲁，礼义唯恭。诵习弦歌，于异他邦。我虽鄙耇，心其好而。我徒侃尔，乐亦在而。

示吏民诗

南北朝·萧绎

阙里尚㧑谦，厉乡裁知足。咨余再分陕，少思宜寡欲。
霞出浦流红，苔生岸泉绿。方知江汉士，变为邹鲁俗。

送孙二

唐·王维

郊外谁相送，夫君道术亲。书生邹鲁客，才子洛阳人。
祖席依寒草，行车起暮尘。山川何寂寞，长望泪沾巾。

偶然作六首（其五）

唐·王维

赵女弹箜篌，复能邯郸舞。夫婿轻薄儿，斗鸡事齐主。
黄金买歌笑，用钱不复数。许史相经过，高门盈四牡。
客舍有儒生，昂藏出邹鲁。读书三十年，腰间无尺组。
被服圣人教，一生自穷苦。

始建射侯

唐·韦应物

男子本悬弧，有志在四方。虎竹忝明命，熊侯始张皇。
宾登时事毕，诸将备戎装。星飞的屡破，鼓噪武更扬。
曾习邹鲁学，亦陪鸳鹭翔。一朝愿投笔，世难激中肠。

奉和圣制经邹鲁祭孔子应制

唐·张说

孔圣家邹鲁，儒风蔼典坟。龙骖回旧宅，凤德咏余芬。
入室神如在，升堂乐似闻。悬知一王法，今日待明君。

留别金陵诸公

唐·李白

海水昔飞动，三龙纷战争。钟山危波澜，倾侧骇奔鲸。
黄旗一扫荡，割壤开吴京。六代更霸王，遗迹见都城。
至今秦淮间，礼乐秀群英。地扇邹鲁学，诗腾颜谢名。
五月金陵西，祖余白下亭。欲寻庐峰顶，先绕汉水行。
香炉紫烟灭，瀑布落太清。若攀星辰去，挥手缅含情。

惜　别

唐·李咸用

细雨妆行色，霏霏入户来。须知相识喜，却是别愁媒。
白刃方盈国，黄金不上台。俱为邹鲁士，何处免尘埃。

经邹鲁祭孔子而叹之

唐·李隆基

夫子何为者，栖栖一代中。地犹鄹氏邑，宅即鲁王宫。
叹凤嗟身否，伤麟怨道穷。今看两楹奠，当与梦时同。

书怀贻京邑同好

唐·孟浩然

维先自邹鲁，家世重儒风。诗体袭遗训，趋庭沾末躬。
昼夜常自强，词翰颇亦工。三十既成立，嗟吁命不通。
慈亲向羸老，喜惧在深衷。甘脆朝不足，箪瓢夕屡空。
执鞭慕夫子，捧檄怀毛公。感激遂弹冠，安能守固穷。
当途诉知己，投刺匪求蒙。秦楚邈离异，翻飞何日同。

送裴补阙入河南幕

唐·郎士元

皎然青琐客，何事动行轩。苦节酬知己，清吟去掖垣。
秋城临海树，寒月上营门。邹鲁诗书国，应无鼙鼓喧。

上礼部杨侍郎

唐·皇甫冉

郢匠抡材日，辕轮必尽呈。敢言当一干，徒欲隶诸生。
末学惭邹鲁，深仁录弟兄。余波知可挹，弱植更求荣。
绩愧他年败，功期此日成。方因旧桃李，犹冀载飞鸣。
道浅犹怀分，时移但自惊。关门惊暮节，林壑废春耕。
十里嵩峰近，千秋颍水清。烟花迷戍谷，墟落接阳城。
渺默思乡梦，迟回知己情。劳歌终此曲，还是苦辛行。

送萧十八与房侍御回还

唐·高适

常苦古人远，今见斯人古。澹泊遗声华，周旋必邹鲁。

故交在梁宋，游方出庭户。匹马鸣朔风，一身济河浒。
辛勤采兰咏，款曲翰林主。岁月催别离，庭闱远风土。
寥寥寒烟静，莽莽夕阴吐。明发不在兹，青天眇难睹。

宓公琴台诗三首（其二）

唐·高适

邦伯感遗事，慨然建琴堂。乃知静者心，千载犹相望。
入室想其人，出门何茫茫。唯见白云合，东临邹鲁乡。

鲁郡途中遇徐十八录事

唐·高适

谁谓嵩颍客，遂经邹鲁乡。前临少昊墟，始觉东蒙长。
独行岂吾心，怀古激中肠。圣人久已矣，游夏遥相望。
裴回野泽间，左右多悲伤。日出见阙里，川平知汶阳。
弱冠负高节，十年思自强。终然不得意，去去任行藏。

送净道人东游

五代宋初·徐铉

身服竺乾教，心为邹鲁儒。观风游稷下，访古入中都。
短景程途远，寒原店舍孤。东州多俊造，能赏碧云无。

远　游

宋·文天祥

黄河流活活，太行高巍巍。王屋山以东，百泉山以西。
邹鲁盛文献，燕赵多雄姿。右摩泰山碑，左蹑函谷泥。
郏鄏吊周公，曲阜拜宣尼。或登广武叹，或上北邙悲。
平生几两屐，汗漫以为期。绝交天下士，要为男子奇。
吴会偏王业，中原隔遗黎。安得与黄鹤，比翼天上飞。
江河异风景，击楫感且欷。阳运遘百六，兴否俄推移。
桑田变沧海，楚囚发孔悲。我本槛车客，为我解絷维。
青蝇附天骥，万里相追随。人生尚行乐，矧复新相知。
周道思下泉，王风怀黍离。富贵岂不愿，忧患那自持。
人命危且浅，忽若朝露晞。长恐折我轴，中道欲差池。
去我父母邦，我行且迟迟。听我远游曲，寄我长相思。

白鹿洞

宋·方岳

兹山信雄深,钟梵上云雨。微吾紫阳翁,几何不豪取。
有来青牛车,肯作白鹿主。诗书夜被之,一变至邹鲁。
唐虞际淳熙,此道日方午。涧声撼皇坟,山翠湿章甫。
纷其四方人,会此共谈麈。岳也亙乡童,屦二不及户。
却后七十年,空堂凛遗矩。四书在乾坤,六老自今古。
昭回云汉光,不隔天尺五。厥惟貂续难,谨勿小吾土。

送子尚如浙西

宋·王十朋

嗟我穷居海之角,人物素殊邹鲁俗。
年虽及冠无交游,孤陋寡闻嗟独学。
闭门不出长太息,思得其人共磨琢。
孙子往从西北来,头角轩轩真一鹗。
飘飘逸气凌云霄,凛凛高谈吐锋锷。
文辞翰墨两奇绝,世上群儿徒碌碌。
我昔风期一相遇,欣然握手论心腹。
衡茅三度枉车轩,书剑连年共灯烛。
论交自喜得房杜,言志端能效来郝。

长篇短韵迭赓唱，明月清风共斟酌。
囊无一钱身不忧，食止一箪贫自乐。
有友如君复何憾，百不为多一已足。
今焉舍我将何之，遂使江乡复萧索。
南国初寒旅雁来，吴江已冷丹枫落。
惜君不尽与君别，兀坐无言情更恶。
干戈未息行路难，胡马今独饮河洛。
京国有家归未得，钱塘此去仍栖托。
会须徒步谒天子，慨然一吐胸中略。
请缨缚虏壮志士，庶使平时语无怍。
相将煖律破寒梅，驿筒远寄无辞数。

扬雄二首（其一）

宋·王安石

子云游天禄，华藻锐初学。覃思晚有得，晦显无适莫。
寥寥邹鲁后，于此归先觉。岂尝知符命，何苦自投阁。
长安诸愚儒，操行自为薄。谤嘲出异己，传载因疏略。
孟轲劝伐燕，伊尹干说亳。叩马触兵锋，食牛要禄爵。
少知羞不为，况彼皆卓荦。史官蔽多闻，自古喜穿凿。

挽宁宗皇帝章六首(其三)

宋·王迈

圣化调新瑟,仁师慰望霓。方还赵全璧,旋复禹玄圭。
声教恢邹鲁,威灵畅女鞮。浯碑堪恨处,圣寿不天齐。

哭郑丈四首(其一)

宋·叶适

道义秦城重,声名冀马空。河汾谈圣制,邹鲁振儒风。
有学堪经世,无官可效忠。浮云公岂计,吾道自怜穷。

南山十咏(其六)沂风亭

宋·刘仲堪

四楹倚岩壁,一径临烟坞。诜诜讲习罢,济济生徒聚。
振衣嘉树阴,浴德青江浒。舞咏自忘归,何须在邹鲁。

建阳县二首(其一)

宋·刘弇

东瓯消沉故王日,俗号剽轻如故实。
挟策不数应门儿,雅尚儒人邹鲁匹。
顷来官长稍自安,市里颇闻浮诉窒。
陈侯健者吾故人,坐致岂康得无术。

煌煌京洛行

宋·刘敞

紫极开天门,庆云丽皇居。卜郊定九鼎,悬阙观宝书。
德泽浸无疆,风俗返华胥。冠盖百万家,车马十二衢。
轻肥耀朝日,富庶极中区。游侠信陵后,节义大梁余。
顾盼生光辉,吹拂动萎枯。贵贱且贸迁,高陵忽为墟。
变化若有神,升沉岂尝拘。咄嗟邹鲁士,何用空踌躇。

读邻几泰山十二诗

宋·刘敞

宿心慕邹鲁，寤寐泰山杪。慷慨念遐观，滞留想轻矫。
人寰何鼎鼎，群动困扰扰。安知有神灵，独立万物表。
圆天似车盖，沧海称池沼。丹梯无留迹，绝壑通过鸟。
古今更废兴，万事论莽眇。七十二家旧，永兴耳目窅。
羡君能自力，穷览谢烦湫。超然昔贤趣，处觉兹世少。
吐诗状奇丽，思与云缥缈。忽如按图画，所向得了了。
悠哉仲尼意，信彼天下小。

题浙西新学

宋·刘敞

文翁昔时理蜀土，能令蜀人似邹鲁。
范公今者镇江东，亦云教化似文翁。
文翁范公本同志，蜀人吴人有殊异。
蜀人之先自鱼凫，不闻道德能过吴。
吴前泰伯后季札，礼让继为天下师。
迄今遗风未全灭，得逢贤侯益昭晰。
本之旧俗已相百，况乃磨砻皆俊杰。
当时文翁化蜀者，独有扬雄及司马。

后生可畏不可诬，安知不在吴公下。
吴人于今歌且仰，我公去矣安所仿。
愿公上佐天王明，姬文孔术从兹行。

题阙里

宋·吕蒙正

南沂西泗绕晴霞，北岱东蒙拥翠华。
万里冠裳王者会，千年邹鲁圣人家。
高林蔽日无巢鸟，古碣埋云半吐花。
瞻望宫墙空伛偻，敢从沧海问津涯。

挽李中甫使君(其二)

宋·孙应时

圭玉身无玷，春风物自熙。学非随俗尚，心故有天知。
里社成邹鲁，交游不惠夷。思君兼众美，凋落使人悲。

寄题起莘家义轩

宋·朱松

贞观盛德后，余庆未渠央。旧闻闽海家，欲纵燕山芳。
教子嗣先训，开轩翼中堂。地偏市朝远，几净书简香。
先生陈太丘，饭糜百忧忘。弟子俱羯胡，不闻触屏僵。
一变豪侠窟，遂成邹鲁乡。下车里门外，他年看诸郎。
坐上纡素发，诜诜立冠裳。我诗自可弦，请以侑壶觞。

创建魁星阁

宋·何万选

天开奎壁作灵神，杰构凌霄景运新。
乍向鱼洲排雁塔，更看虎阜跃龙津。
山林风俗如邹鲁，翰苑文章迈汉秦。
此后鳌头夸遂水，应知魁阁瑞光频。

和王石涧儒免韵

宋 · 何梦桂

鹖林何处听遗音，三叹斯文试共论。
梁木梦非千圣往，瓜丘烟断六经存。
悠悠沧海东流远，耿耿中天北极尊。
吾道未亡邹鲁在，肯教失脚落他门。

题义门胡氏华林书院

宋 · 宋绶

六阙表门荣，华林地气灵。乌衣王氏族，玉树谢家庭。
邹鲁多函丈，荀陈更聚星。怡神虚室白，讲学夜灯青。
篇籍巾箱满，弦歌里巷听。兰堂时合宴，槐市正谈经。
丹井通仙穴，西山接翠屏。烟萝皆胜概，何日扣岩扃。

兖海孙学士寄昼锦编述先德宣公进退之美报之长句四韵奉扬盛事

宋·张方平

邹鲁衣冠古士乡，义方不独有扶阳。
德名垂世先君子，经术传家小太常。
闾巷共荣新昼锦，吏民同爱旧甘棠。
前人彝鼎铭勋伐，未似盈编盛事光。

五士游岳麓图

宋·张栻

闭门六月汗如雨，出门褦襶纷尘土。
文书堆案曲肱卧，梦逐征鸿过前浦。
西山突兀不可忘，勇往政须求快睹。
朝暾未升起微风，中流咿哑挟鸣橹。
长林秀色已在望，有如出语见肝腑。
意行爱此松阴直，眼明还喜碑字古。
高低梵释著幽居，深隐仙家开闳宇。
忽看宫墙高十丈，学宫峨峨起邹鲁。
斯文政倚讲磨切，石室重新岂无补。
危梯径上不作难，横栏截出可下俯。

惟兹翼轸一都会，往事繁华杂歌舞。
变迁返覆宁重论，昔日楼台连宿莽。
迩来人物颇还旧，岂止十年此生聚。
泉流涓涓日循除，华表何时鹤来语。
炎气知不到山林，茗碗蒲团对香缕。
鼎来杖屦皆胜引，季也亦复同步武。
洛阳年少空白头，三闾大夫浪自苦。
一笑便觉真理存，高谈岂畏丞卿怒。
不图画僧圣得知，貌与儿童作夸诩。
请君为我添草堂，风雨萧萧守环堵。

再用前韵

宋·张栻

元化首万类，圣学极几深。有如亚圣贤，尚谨殆与淫。
浅见仅一斑，欢喜不自禁。岂知天地全，于穆千圣心。
嗟哉我学子，进道宜骎骎。立志务弘毅，异说毋交侵。
仁端验发见，精微试探寻。超然见大体，皎日破重阴。
重新邹鲁传，挽回韶濩音。当年不自勉，与物终堙沉。
神龙倏变化，岂复顾泥涔。有来南山友，更唱共迭吟。
群材欲封殖，杞梓看成林。殷勤劝学子，逆耳成良箴。

送杨廷芳三首(其二)

宋·张栻

昔人忘言处,可到不可会。还须心眼亲,未许一理盖。
辞章抑为余,子已得其最。当知邹鲁传,有在文字外。

见张钦夫二首(其二)

宋·杨万里

不见所知久,有怀何许开。百书终作恶,千里为渠来。
邹鲁期程远,风霜鬓发催。不应师友地,只么遣空回。

予以缙云进士周启明长书呈秘阁黄少卿黄颇叹重作诗六韵美之因次韵和酬

宋·杨亿

缙云江外郡,封略古瓯中。早被唐虞化,已成邹鲁风。
剖符曾出守,解榻值名公。失意嗟场藿,缄书附塞鸿。
掷金才少敌,泣玉恨还同。后夜蓬山宿,知君必荐雄。

送黄从政宰晋江

宋·苏颂

泉山南望海之滨,家乐文儒里富仁。
弦诵多于邹鲁俗,绮罗不减蜀吴春。
怀章近辍枢廷杰,制锦重纡学馆人。
岂独光荣生邑里,须知美化浃瓯闽。

读语孟二首(其一)

宋·辛弃疾

道言不死真成妄,佛语无生更转诬。
要识死生真道理,须凭邹鲁圣人儒。

念奴娇(其三)用韵答傅先之

宋·辛弃疾

君诗好处,似邹鲁儒家,还有奇节。下笔如神强压韵,遗恨都无毫发。炙手炎来,掉头冷去,无限长安客。丁宁黄菊,未消勾引蜂蝶。

天上绛阙清都，听君归去，我自癯山泽。人道君才刚百炼，美玉都成泥切。我爱风流，醉中颠倒，丘壑胸中物。一杯相属，莫孤风月今夕。

上　丁

宋·陆游

燎火明中庭，老槐泣残雨。白头奉祀事，恐惧剧仰俯。
三终乐在悬，再拜肉升俎。谁言千载后，恍若到邹鲁。
吾国虽褊小，大社胙茆土。如何俨章绶，日夜临箠楚。
藏书如丘山，及物无一羽。吾其可怜哉，去去老农圃。

会稽行

宋·陆游

我欲游蓬壶，安得身插羽。我欲隐嵩华，叹息非吾土。
会稽多名山，开迹自往古。岂惟颂刻秦，乃有庙祀禹。
山形舞鸾凤，泉脉流湩乳。家家富水竹，处处生兰杜。
方舟泛曹娥，健席拂天姥。朱楼入烟霄，白塔临云雨。
修梁看龙化，遗箭遣鹤取。茶荈可作经，杨梅亦著谱。
湖莼山蕨辈，一一难遽数。终年游不厌，冰玉生肺腑。
诵诗有樵童，乞字到俚妪。况复青青衿，盛不减邹鲁。
古诗三千篇，安知阙吴楚。土风聊补亡，吾言岂夸诩。

送王生及第归潮阳

宋·陈尧佐

休嗟城邑住天荒,已是仙枝耀故乡。
从此方舆载人物,海边邹鲁是潮阳。

送潮阳李孜主簿

宋·陈尧佐

潮阳山水东南奇,鱼盐城郭民熙熙。
当时为撰玄圣碑,而今风俗邹鲁为。

奉送阎醇老推官

宋·陈师道

古今犹异俗,邹鲁尚多儒。簿领三年责,云霄一武趋。
数过忘潦倒,惜别更斯须。说与晁夫子,今年锥也无。

楚南伟观楼

宋·陈岘

平生足迹穷遐陬，一麾更守湖湘州。
西接悬崖五溪曲，南望渺极苍梧愁。
天涯牢落孰慰意，千嶂倒影三江流。
千里脉络兹要会，意趣端与江山投。

送翁诚之尉慈溪（其一）

宋·陈傅良

徐刘文采后，邹鲁典刑间。为母求三釜，令人见一班。
时平无事立，地僻得官闲。好索梅花笑，题诗海上山。

次韵吴推官见赠经理达翁家事之什

宋·陈藻

红泉风俗如邹鲁，易合西华数载盟。
莫把肝肠随世变，常分儋石作人情。
哦诗岂诧文章好，立教先须义利明。
戏问苦庐余子畏，论交何重与何轻。

孔　林

宋·范正民

汉陵玉匣尽,秦山银海空。干戈百世后,独完先圣宫。
树有千年色,门无数仞崇。盛德包覆载,遂顺因所宗。
坐若颜闵后,颇闻邹鲁风。抚膺感遗言,零落涕沾胸。

次韵知郡安抚九日南楼宴集三首(其三)

宋·范成大

斯民邹鲁更丰年,雅道凄凉见此贤。
万陇登禾新霁色,千村鸣柝旧寒烟。
锵金绝世诗情妙,倚剑凌空隶墨鲜。
珍重北窗山六六,使君名与汝俱传。

次韵广州梁有为秀才

宋·郑侠

孤直惟知不愧天,飘零无复记流年。
学从邹鲁已如此,贫甚颜原亦浩然。

乞食偶随持钵老,入城因访跨羊仙。
真人到了扶真道,手付瑶台刻玉篇。

奉复鲁斋先生上蔡书院图诗二首(其二)

宋·金履祥

临海关东水满湖,书堂新上赤城图。
地居郊左宜芹藻,天锡奎章示楷模。
王谢后前传正印,东南邹鲁定同符。
谁终溅起平湖水,雨我公田几万夫。

燕漕司进士小诗奉勉

宋·度正

奋迹山林志甚疏,滥当春棘品贤书。
学开邹鲁人无异,文到卿云士有余。
力战吝骄存广大,深培根本黜浮虚。
此中几许经纶地,万里先看一步初。

送黎才翁往荆门

宋·胡寅

圣道原来不易穷,君今何处觅同风。
唐虞世远精神在,邹鲁人归事业崇。
德性未尊须强学,道心才胜即收功。
他时杯酒论睽阔,应有微言激懦衷。

次韵集津兄会群从王敦素宿王立之园明日西征马上寄示诸

宋·晁冲之

秋高访幽居,风急桑未落。天寒鸡犬静,地僻门巷阔。
主人避世贤,自说久栖泊。呼儿出樽罍,梨栗亦不恶。
宾客四五人,谈笑动林薄。夜阑惨无欢,离忧倏中作。
伯也天下士,千金轻一诺。挥斥杨墨徒,正是邹鲁学。
如何但银鱼,生事了无托。惜哉桃李姿,见笑葵与藿。
鸡鸣驱车行,令人意参错。

奉高道中作

宋·晁说之

云埋树林远，雨添山色重。我马自知行，秋风更相送。
悠悠邹鲁间，此意将谁共。明朝是别离，想此如残梦。

送邵大兄知果州

宋·晁说之

先生之子徵聘日，自当黉舍称先生。
即今白头青眼绝，空持短策长安城。
汉宫雨露一朝到，剑阁山川五马行。
既成诗书邹鲁俗，难忘家世伊洛情。
穰橙邓橘饶渠胜，魏紫姚黄如我盟。
约束南充谢家女，飞空倦矣复齐氓。
雁远难群声不断，□□□□□□□。
顾我宁无意远游，羸病不得俱徂征。
长亭无酒酌君别，独将此恨西南倾。

过华夫书屋

宋·晏殊

西斋辉赫亘山隅,嘉致清风世莫如。
乡党名流依绛帐,烟萝幽境似仙居。
趋庭子弟皆攀桂,弹铗宾朋总食鱼。
汗简传经亚邹鲁,粉牌留咏尽严徐。
杯盘互进先生馔,门巷应停长者车。
坟籍岂惟精四部,弦歌常见习三余。
玳簪珠履延豪士,缥帙牙签刊赐书。
碧沼暮凉浮菡萏,纱窗秋静漏蟾蜍。
闲庭潇洒移泉石,华表峥嵘冠里闾。
我恨羁游在芸阁,不陪诸彦曳长裾。

题陈和仲观聚堂

宋·袁甫

习庵筑室,扁曰观聚。堂前何有,万象可睹。
山如郛郭,烟云吞吐。草木沃若,春光媚妩。
脩篁漫山,不知隆暑。何况秋空,呼日入户。
朔风吹雪,松声如怒。上天下地,四方曰宇。
物生其间,何可胜数。我于是观,乐哉斯土。

随意作室，不华不窳。买山旋添，稍葺园圃。
得趣幽闲，不入城府。良朋偶来，倾倒肺腑。
不及时事，惟谈邹鲁。朋去何为，周易一部。
消息盈虚，穷今亘古。观乃自观，寂无一语。

僧子思以卷来见

宋・梅尧臣

明珠与翡翠，中国反好之。诗书出邹鲁，诵学无蛮夷。
服彼而习此，养骍安问犁。古者耕钓士，处心殊处卑。
譬彼乃可语，吾病强扶持。

送惠教谕之兴国任

宋・萧立之

县官崇化育，君复一毡青。吾道春回谷，诸生刃发硎。
岷山开浩荡，剑水见仪刑。要使民邹鲁，飞腾迈迅翎。

庚午秋观进士入试

宋·黄公度

棘扉晓辟万袍趋，邹鲁虽微士所都。
三献有人怀楚璞，滥吹何事试齐竽。
要令廋语题齑臼，莫把元文覆酱瓿。
袖手傍观君勿怪，个中曾是老于菟。

再用韵

宋·黄公度

斗粟驱人堕世纷，卯申凫鹜动成群。
桁杨闲卧吏休日，尊俎清谭士集云。
久矣蛮荒真下策，信哉邹鲁号多文。
酒酣预约鸡豚社，会见婆娑故国枌。

送杨瓘雁门省亲二首(其二)

宋·黄庭坚

蜀客出衰世，独升邹鲁堂。蚊虻观得失，虎豹擅文章。

吾子已强学，草玄宜不忘。江河须畎浍，松柏要冰霜。
马策路千里，雁门书数行。旨甘君有妇，尺璧爱分光。

谢公定和二范秋怀五首邀予同作（其四）

宋·黄庭坚

往日孙阳翟，才可任遗补。击强如摧枯，食蘖不知苦。
属者缺谏垣，时论或未许。傥可假一邦，使民作邹鲁。

广信试院追和东坡催试官考校韵

宋·喻良能

深院锁凉秋，西风坐间好。几净窗明尘不飞，似蹑红云至三岛。数枝淡淡桂新香，千带垂垂柳初老。此邦天下秀，多士邹鲁无。

负薪或解谈王道，被褐无非怀璧夫。五兵夺目库观武，大嚼快意门过屠。谁言扳才古难必，披沙求金要须得。回思裹饭然脂烛，一心敢拟思鸿鹄。

过太和赴主簿邓楚材豫章贡闱之约

宋·曾丰

福建人才古邹鲁，文章师匠道宗主。
余子姑作寻常看，此公仅能一二数。
太学颉颃赋争衡，凌云之气掷地声。
鲲鹏谁碍天南去，麒麟犹落地上行。
南昌倾盖恨不早，西昌扣门喜欲倒。
风雨那容酒绝交，江山不许诗在告。
宦途同调能几人，相逢莫厌情相亲。
言下甘心听苦口，镜中白发催青春。

汲古斋

宋·谢薖

人言曲误周郎顾，岂谓周郎真好古。
长歌短调各风流，说尽心招及眉语。
颇闻汲古用修绠，乃知余事工律吕。
君躯三尺胆如斗，欲窥唐虞探邹鲁。
顷来长安阔画眉，时人半额相媚妩。
天姿洁白恶丹铅，独有溪头浣纱女。
要知学者用心处，不追时好乃如许。
君家有井千尺深，容我时攀辘轳否。

寄潘仲升秀才

宋·释道潜

汉唐夸汝南,豪杰不胜数。山川有灵蓄,郁郁久不吐。
迩来见潘子,秀色实眉宇。是家贤伯仲,学术本邹鲁。
他时俱侍立,肯与哙等伍。浪为叶城游,邂逅得晤语。
异乡逢岁晏,越鸟思南举。江湖结后期,细与论今古。

陶氏一经堂诗

宋·韩驹

古来儒术士,岂为胜籝金。更求紫与青,陋哉徒苦心。
有儿如少翁,但可污儒林。我歌劝学诗,以为邹鲁针。

教授秘书见示学馆唱酬诗稿辄书累句以谢

宋·韩绛

兑悦无如会友朋,况多吟咏思飞腾。
埙篪雅正无它间,孔翠光华不自胜。
好事僮儿歌已远,争传笺纸价还增。
群居岂弟吾儒行,邹鲁风流喜重兴。

送杨志行赴徽州教授

宋末元初·仇远

峨峨紫阳山,翼翼素王宫。中藏朱子书,颇有邹鲁风。
在昔三十年,我尝游其中。一溪练带如,环以千翠峰。
朝岚与夕霏,四景日不同。惜哉屐齿折,我舟遽云东。
子今振木铎,出为斯文宗。诸生列馆下,待问如撞钟。
明经别同异,析理开愚蒙。独坐三鳣堂,教思传无穷。
庠序足真乐,诗书有近功。行当自此升,岂曰难为容。
平生韩孟交,云龙阻相从。愿言寿道体,有书附鳞鸿。

感兴二十七首(其一十一)

宋末元初·方一夔

旧籍占东南,相去天一握。曩闻大瀛海,出缩几蜗角。
欲说耳目隘,欲涉关河邈。离合自有时,甫见一南北。
逝将摆世事,羽化骑鸾椟。朝行过夷门,暮去宿易涿。
三晋多权谋,邹鲁守经学。人生出与处,相逢饱商榷。
弃捐何足惜,无为误奇璞。

次韵赵朴翁赴衍圣公峄山书院之招

宋末元初·方回

邹鲁相望击柝间，亦颜谁许独晞颜。
同源泗水别沂水，接壤峄山连泰山。
万世元勋辟杨墨，一时浮论主雍环。
七篇事业君能讲，男子临岐泪肯潸。

和李太白泰山一首

宋末元初·王奕

泰山天地极，邹鲁圣贤关。周匝二千里，卓然位其间。
五文合泗水，八荒无竞山。扶舆清淑运，日夜何曾闲。
尼山连峄阜，岂徒翠浮鬟。轩辕与羲昊，孔孟垂曾颜。
正气尽此出，高哉其可攀。

和李提学存耕铅山酌廉韵

宋末元初·王奕

先生在荷峰，此日赋泉石。及今又重午，领客酌莲碧。

教雨落九垓，随地成廉泽。师友系天伦，岂必同过客。
孔孟与曾颜，日月照不息。袖香拜邹鲁，历历抚遗迹。
沂水并尼山，雩坛俨如昔。晞发濯我缨，埃溘尽湔涤。
归来见佳吟，转觉肝胆易。此事不得再，此日良可惜。
自怜饮食身，犹受气形役。何当坐百原，一啸脱尘屐。

武夷山

宋末元初·熊钚

我来武夷山，远意起千古。尝疑混沌开，疏凿未经禹。
峡山犹古梁，洪涛莽回互。行舟留大壑，营巢余断树。
垠崖波涛痕，隐隐皆可睹。陶然上古民，要服固深阻。
秦威何桓桓，薄海犹广土。六合皆涌沸，一枝岂宁处。
尝言十三君，隐隐避秦侣。一日厌尘寰，泠然遂高举。
上山娱宾云，下山满豺虎。神仙何渺茫，虹桥想虚语。
桃源亦其类，好事自夸诩。风气日已开，蛇断出真主。
遂令闽山陬，尽入职方宇。汉志名始彰，祠堂用鱼脯。
流传世代久，琳宫粲衣羽。至今此名山，号为神仙府。
恭惟我遁翁，辞辟厥功溥。于焉卜精庐，溪山九曲五。
图书尽在是，斯地俨邹鲁。我以负笈生，来兹有年数。
自惭仁智心，未睹高深趣。斯游亦何意，会心觊真遇。
侃侃平生友，惠然肯来顾。携手敦夙好，抗志企遐慕。
招我山中游，兹游适予素。巍巍大隐屏，屹屹天一柱。
前瞻晚对亭，考槃固其所。何当同心人，相与薙榛莽。
长松期岁寒，修竹倚日莫。我自爱此山，踌躇不忍去。

赠陈教谕

宋末元初·熊钚

每惟斯道南，七闽小邹鲁。考亭四书学，日月行万古。
我生亦何幸，私淑欣有遇。南来证文献，令人动遐虑。
斯文欠统一，正学真一缕。莆阳礼义国，敛衽殷黼冔。
缅思东湖集，复斋接前绪。至今耆俊多，渊源此其祖。
德闳有闻孙，邂逅快披睹。儒先教化地，师传盛称誉。
教成畀邻邦，祖训有遗矩。岂但美彼芹，更思甘棠树。
一邑召可行，尽分皆有补。十室有忠信，矧此万家聚。
派近源可寻，我来重瞻溯。当年弦诵声，溪水自东注。
典刑前辈人，溪山正堪数。安得杖屦陪，安溪溪头路。

送赵有章教谕满还郎步

元·丁复

昔在秋浦还，我行凌浩渺。寻君郎川宅，相逢武林道。
君颜日方滋，我发初未皓。及兹凌阳见，颜发非昔好。
故心无浅交，论诗有深造。良意正云云，远别何草草。
长恐重见日，复此同衰老。相知在久要，各用豁中抱。
中抱何以豁，志士怀其衷。文兴谅斯际，道在讵无庸。
雍雍麟虞化，泱泱邹鲁风。菁莪歌乐育，芹采有遗功。

持兹从所际，谁谓行未通。我生胡不遇，亦云适其逢。
颜稷千载人，趋异心乃同。勖哉戒修德，庶言玉尔躬。

题李奉使诗卷(其二)

元·周伯琦

雕题承正朔，口舌代干戈。气运于今盛，人材比古多。
郎君登膴仕，孙子擢巍科。文物声邹鲁，勋名少伏波。

古墨篇寿韩大雅参议

元·周伯琦

苍松千岁姿，灵根伏琥珀。吐气结晴云，化作古玄璧。
清芬□芝兰，坚质等金石。上进蓬莱宫，遂冠龙宾伯。
磨研发春英，灿烂翻琼液。密传邹鲁心，仰写羲周画。
风雷兴礼乐，日星耀方策。岂惟儒者功，实系斯文脉。
君子坐庙堂，群臣赖滋泽。良辰持此寿，播誉永无斁。

送吴瑞卿归武昌

明·王冕

古越古为山水府，篁竹菁菁无啸聚。
耕田凿井各有为，文物衣冠比邹鲁。
玄风已散茫茫然，几回沧海成桑田。
眼前飞走杂枭獍，草木憔悴愁无天。
君来推谳洗烦毒，画帘不动风肃肃。
荆花脱洒春攸扬，一奁清透湖天绿。
赤子欣欣行大道，拍手争歌君政好。
明月冷浸甘棠阴，光风碧长圜扉草。
三载考绩鹰脱韝，解鞍出买江上舟。
黄童白叟不可留，山风惨淡江风愁。
十里长亭正花柳，绿波翻动蒲萄酒。
玉笙吹切蓬莱云，西去青山如马走。
知君住处好神仙，洞庭赤壁浮紫烟。
武昌樊口最幽绝，东坡曾为留五年。
君今归去荣画锦，水色山光缘席枕。
我亦欲写岩壑图，挂君高堂对君饮。

题静庵

明·朱昇

三圣妙传心，心体存于静。执中又三言，近来惑未省。
诗书每谆切，邹鲁犹衍永。德性敬所尊，放心闲弗骋。
归根乃春茁，用晦岂灰冷。彼所谓善刀，我所谓尚褧。
寥寥越千祀，舂陵一提醒。紫阳书满家，鼻端最机警。
南州今孺子，名庵在近境。明当从之游，飞度韩田岭。

题章三洲易学纪成卷

明·朱澍

天覆与地载，大易行其中。先天地而有，后天地而终。
气机自活泼，理趣何冲融。尝闻古圣人，爰有包羲氏。
洞彻阴阳关，妙写鬼神秘。乃始作八卦，重为六十四。
画成方有易，易在未画前。一画复一画，其势皆自然。
先天虽无言，默焉思已传。尔来几千秋，圣圣凡屡作。
先后互发明，灿然在心目。昭扬玄中玄，所以觉后觉。
孔氏编三绝，犹著为六经。家传而人诵，万古垂日星。
圣朝重置师，教育充明庭。吾莆富鸿儒，正学绍邹鲁。
古老相沿袭，近习述太古。六经缺其一，无乃太莽卤。
夫子台中彦，谪官海上溃。时哉深易道，乐矣阐人文。

端然坐皋比，开口吐所闻。亹亹启青衿，无徒资诵读。
剽窃口耳间，只用媒利禄。善学颜子渊，庶几不远复。
下士未闻道，悔吝动相求。既蹈浚恒凶，或承覆悚羞。
洗心从君学，庶用寡愆尤。

郡学罗守新肄乐请予观赋

明·严嵩

竭闻金丝奏，洋洋黉舍中。迹类观周庙，神疑游泽宫。
徽师来独远，享圣礼攸崇。兹郡惭遐僻，居然邹鲁风。
伟哉贤守化，不羡蜀文翁。

送顺德邓太守之任太平府

明·吴琏

海滨邹鲁气完完，钟物遗人柳语村。
德盛臣逢明盛主，心平人作太平官。
文章温雅儒风振，政事严明吏胆寒。
黄霸功成归内院，四方同见泽漫漫。

送修书黄陈二进士事竣北还

明·吴琏

海滨古邹鲁，山木间梗梓。
先生笔则笔，千载垂青史。

送黄子任大行服阕之京

明·吴琏

邹鲁文光灿海滨，君民尧舜属何人。
谏垣此去知能入，匡济言封莫算频。

言　怀

明·李昱

夜短苦日长，斋居避烦暑。青山在屋上，流水在堂下。
好鸟依高枝，潜鱼集深渚。以兹悟天性，至乐乃其所。
悠然对书帙，发轫自太古。素心契羲轩，余事及邹鲁。
所以贤达人，白首不出户。

赠程生东游

明·李梦阳

邹鲁风犹在，芒砀气有无。霸心空大泽，儒行乃长途。
野艇冰迷雁，村楼冻集乌。无劳怨岁暮，随处是江湖。

送佥宪陈廷嘉之广西提调学校

明·杨荣

圣朝尚文治，建学崇师儒。四方乐熙皞，声教达边隅。
西广古荒服，民夷相杂居。皇仁若天地，雨露皆涵濡。
云胡数载间，庸才滥师模。俊秀失教养，学校多榛芜。
陈君玉堂彦，擢仕登要途。煌煌五色敕，锡命恩宠殊。
于兹振风化，岂惮道里纡。英声动蛮徼，弦诵溢里闾。
坐令荒远邦，俗比邹鲁区。允矣称厥职，千载扬芳誉。

送建阳何贰尹景春复任

明·杨荣

建溪佳致著南土，文物衣冠近邹鲁。

考亭夫子接洙源，道德辉煌照千古。
哲人一去三百年，流风余韵今依然。
桑麻蔽野蔼春昼，弦歌比屋声相连。
贤丞自是俊髦士，佐政琴堂勤抚字。
令克同心足有为，女织农耕日无事。
朅来考绩上帝京，铨曹书最扬芳声。
晓辞双阙瞻龙衮，晚唱骊驹伤别情。
南风吹雨洒行路，酌酒都亭话心素。
隐隐征轮日下归，潇潇匹马河桥度。
勖君此去休迟迟，到官正值新秋时。
道旁棠树多翠色，堂下双松森四围。
更从父老询民瘼，抚慰贞淳祛诈恶。
公庭事简讼不闻，犬卧绿茵花满郭。
方今圣主旌循良，屏除贪墨投远方。
好坚清操保终始，他日行看膺显扬。

陈掌教留饮代简奉谢

明·苏仲

青州从事久不遇，岭表边炉岂偶开。
邹鲁有声谁善继，雷陈交义我非才。
篝灯夜雨斯文席，锦绣春风送客杯。
老兴正浓禁不住，五更魂梦又飞来。

舟中读匏翁诗

明·邵宝

不见此翁还此诗，读诗真想对翁时。
峰回深谷树重叠，渚漾轻波草陆离。
载道弦歌邹鲁国，旅庭彝鼎孔周祠。
平生海月庵中兴，应许藤床竹几知。

杂兴简同志

明·邹元标

涧水何莹彻，仁峰何巃嵸。弦诵比邹鲁，先辈多淳风。
处则躬孝友，出则懋清忠。史书扬其烈，高风激予衷。
年来古道丧，随俗而圆通。我资禀庸愚，耐可守颛蒙。
藩篱须自固，一德以初终。

送张企翱之广东提学

明·陆容

天语遥将度岭南，一方师表羡君堪。

潜回风俗观新政，乐育英才副昔谈。
爱护襟期同郑老，能诗标格近罗含。
少年科第曾谁负，大好文章每自惭。
好士一生心耿耿，阅人多中目眈眈。
芹宫会讲晨留榻，柏府程书晚驻骖。
道路漫从泷吏问，姓名先得峒民谙。
蛮音啁哳初难辩，海味珍奇素所甘。
画鼓发船驯巨鳄，青衿拥座听春蚕。
文身俗在能无教，可语僧来不放参。
龙墨污唇闲吮笔，鹰冠笼发老胜簪。
敷文圣代今同契，典礼仪曹夙陋聃。
逢石只应呼丈拜，歃泉宁复似渠贪。
花明蕉荔供行色，味杂槟蒌当酒酣。
故国乾坤惟欠雪，莫年山水定工岚。
清风入诵炎蒸散，化雨随车槁瘁覃。
骏骨收时忘牝牡，色丝成后看青蓝。
赠行已乏金兼百，饯饮何妨爵过三。
往事莫言温室树，殊恩还忆上林柑。
鸾墀宝玉留情献，蜃窟遗珠借手探。
转眼又期归报最，坐移邹鲁到琼儋。

题饶平公馆

明·陈理

万山环绕一孤城，城外荒郊路坦平。

春煖只看桃李灿，山深不见虎狼行。
俗同邹鲁皆归化，人乐农桑尽力耕。
更喜儒林多俊彦，年来桂籍共联名。

入播州作

明·周瑛

播州旧说非人居，而今南北成通衢。
一乡一聚置官长，半丘半陇皆犁锄。
播州官司万山里，叠翠浮青蹴天起。
烟雨晦冥猿鸟呼，厓壑窈深花木美。
昔日何人披草莱，尔文尔价皆豪才。
南据乌江扼喉领，北营白锦屯风雷。
自归圣朝不用武，比屋弦歌学邹鲁。
千里不闻鼙鼓声，民物熙熙皆按堵。
我时远佩藩侯书，乘高涉险登畏途。
山川形胜皆在目，不劳重写王会图。

镇海楼避暑

明·庞嵩

山上巍城城上楼，俯吞珠海挹丹丘。
晓分若水三更日，雨送桄榔六月秋。

库耸云端擎宝黛，印浮江面浣清流。
漫从直北论邹鲁，且看天南别有洲。

午日卓明堂议修筑北冲河口

明·海瑞

五指参天五岳呈，四州导水四山倾。
地脉不缘沧海断，中原垂尽睹全琼。
特起昆仑浮浩瀁，居然福地拟蓬瀛。
鸿荒世远不可辨，唐虞声教朔南并。
郡县开疆始秦汉，舆图一统归皇明。
玉旨一从褒甸服，珠崖千古表神京。
海滨弦诵追邹鲁，天上夔龙翊治平。
乡里衣冠今不乏，登高远望几含情。
爰稽往牒纪图谶，大魁五解须汇征。
数过时考今则可，后有作者谁先鸣。
北冲河口尚未塞，女娲补炼须经营。
裁成辅相固有道，望景观卜希前旌。
弱龄荏苒今衰晚，去来吾党欣逢迎。
维时天中际佳节，嘤鸣求友罗群英。
蒲觞彩缕纷竞劝，玄谈四座俱高声。
就席探韵陈风雅，稽首神天为主盟。
卓明堂前一杯酒，上帝肸蚃一墙羹。
肝胆镌铭谐楚越，市义好德垂休名。
从此山灵增色色，风云际会符嘉祯。

五百名世应时出，三千礼乐对纵横。
政善民安歌道泰，风调雨顺号时清。
雍熙世拟华胥国，蛮荒时筑受降城。
逸史赓歌摘苏句，载称奇绝冠平生。

海阳厢都古风

明·林熙春

风城原是昌黎地，厢民四绕拥江东。
邻揭太和犹易治，附郭归仁为政丰。
东莆蓬莱连上莆，龙津错绣接登龙。
登瀛准僻登云步，一水天南桂影浓。
风净秋溪攒秀色，龙溪环海庆朝宗。
此中自昔称邹鲁，今日还思渤海龚。

送范太史伯祯奉使册封鲁王

明·欧大任

殿前三策献宸旒，人识词林第一流。
玉节西分周太史，金符东授汉诸侯。
古城弦诵兼风雪，复壁图书烛斗牛。
邹鲁千秋还讲业，归来何异马迁游。

太 霞 洞

明 · 欧大任

岭南总百粤,清淑夙鸠凝。兹山罗浮麓,支分自南衡。
交广古邹鲁,风序蔼冠缨。哲人今挺生,钟彼川岳灵。
餐霞隐中洞,白云为之扃。白云时出山,霖雨四海盈。
归来保太玄,飘摇入朱明。曾城望不远,导我升天行。

蒲弄草堂

明 · 柯潜

艾轩先生鸣大宋,绝世文才岂天纵。
横经讲道倡莆中,别构草堂向蒲弄。
蒲弄山高矗天起,倒影平湖三十里。
渡头频系问奇船,门巷纷纷响珠履。
一从观化去不来,旧基零落荒苍苔。
高林日暮鸟相语,废圃春深花自开。
花开花落几今古,风教何曾委尘土。
绵绵书泽犹在人,满邑弦歌比邹鲁。
我来曾过山之陬,夕阳驻马空回头。
九原之魂不可作,临风一笑云悠悠。

送徐太常之白下

明·胡应麟

骊驹又唱瀫城西，龙剑尊前惜解携。
旭日葵榴争吐艳，春风桃李自成蹊。
千秋大业传邹鲁，六代繁音陋宋齐。
屈指凤台吟啸暇，可无雄笔到幽栖。

代鳌山王西渟
大尹送周古柏先生擢教天城镇边

明·赵完璧

嵚崟牢落沧溟东，绛绡青眼濂溪翁。
云飞巫台碾寒魄，雨余金谷流清风。
瑶草珠帘晓涵翠，夭桃琼圃春摇红。
图丹绘碧耿交谊，青灯细雨调丝桐。
芝兰充庭旧食德，琬琰懿质今谁砻。
青鸾宠锡塞垣迥，白首怅慕蓬瀛空。
邹鲁文旌达荒裔，奎壁瑞采流雕弓。
风树销魂苦萧飒，烟山送目悽冥濛。
金石荒亭一动色，萍踪何处重相逢。
碧峰落日梦初断，青天杳杳凉秋鸿。

为易太守题日本僧所作田庐图

明·倪谦

在昔寻仙闻祖龙,欲度弱水求瀛蓬。
徐生楼船载男女,沧溟远汎将焉穷。
海洲驻节不复返,至今有国扶桑东。
君民举国奉夷教,诗书亦沾邹鲁风。
圣人在御重柔远,梯航万里车书通。
来宾重译贡方物,授馆致饩恩优隆。
史臣笔底晓词翰,丹青绘事兼能工。
始知文化洽殊俗,意匠仿佛荆关踪。
礼曹郎官青琐客,溪藤数幅陈南宫。
召之放笔恣挥洒,风景写出江南同。
野桥百尺跨溪水,旗亭一簇依林丛。
长途策蹇过行旅,隔岸骑牛来牧童。
居民比屋事耕稼,郊原禾黍方芃芃。
岂其经行写所见,家山想是劳形容。
郎官出守分虎铜,携图谒我幽轩中。
为言此画非所重,以出远人聊见崇。
为君乘兴写长句,日华正照东窗红。

圈 里 村

明·唐之淳

晓望嘉祥山,晚投孙家圈。墟曲烟火乱,天高云景鲜。
道旁一废碑,纠结苔蔓缠。知是古乡校,篆笔有瑶镌。
况兹邹鲁邦,文物自古先。云何丧乱后,俎豆没戈铤。
当时揖让地,草木牛羊膻。方今际文明,百举无弃捐。
子产如可作,诸生思执鞭。

绛山书院图

明·徐庸

绛山高峨峨,绛水流汤汤。山水出雄固,城池建封疆。
万家烟树迷,屋宇连垣墙。鸡犬自鸣吠,风俗多淳良。
爰有读书院,轮奂居中央。青衿日济济,探讨攻文章。
岂惟惜一余,亦乃明五常。规模似邹鲁,时世逢虞唐。
学成致登用,高步纡岩廊。而君昔此游,别来岁已长。
丹青写其图,以慰心遑遑。怀土众所同,伟哉重义方。
作诗为赞美,攸久期播扬。

送曹生从师

明・袁凯

白沙入泥沙自黑,蓬生麻中岂不直。
生子当置邹鲁间,礼义薰陶易成德。
三江雪花没马牛,曹生扣门言远游。
天地苦寒子何往,负笈从师清泖头。
鲁君为儒我所知,规矩进退无差池。
座中弟子十余辈,森森玉立多容仪。
子往拜之听教诲,师严友亲各从类。
一篑为山古所闻,百川与海终相会。
他时还乡拜庭闱,百年门户顿光辉。
里中父老皆称叹,胜似苏家相国归。

送孙别驾赴池阳

明・陶安

青莲居士之后身,音节连篇古乐府。
便从大雅论正葩,猗那为宗舜皋祖。
两都三国差可数,南朝绮辞徒织组。
隔江玉树夜无声,岩谷风生闻啸虎。
神交直到开元上,光焰摩天出天语。

飘摇云海超八极，金银台阁群仙侣。
忽闻帝遣荧惑星，火斧虹旗镇南土。
来向辕门拜明主，晓日麻衣光楚楚。
幕中慷慨坐谈兵，何况传家有孙武。
紫薇花下月满池，斗酒当筵珠玉吐。
朝政方劳柱史记，王衮正赖贤臣补。
人生会合苦不常，惊见屏星在门户。
醉踏轻舟溯江去，杨柳飞花望牛渚。
两崖烟雾湿天门，九朵芙蓉照秋浦。
秋浦郡县待摩抚，吏者师模民父母。
虽云官至刺史荣，半刺才能当独步。
兵火疮残极哀苦，仁惠存心百废举。
襦裤歌腾欢鼓舞，千里桑麻沐膏雨。
勤敷治道追往古，再见唐虞运当午。
挽河洗甲天宇清，坐听弦歌响邹鲁。

山桥候送王道思

明·顾璘

念与高人别，郊圻出饯遥。阳乌先羽节，夏叶暗河桥。
风起文堪羡，鹏抟势莫招。愿敷邹鲁化，终赞圣明朝。

吴都台东湖书屋

明·顾璘

五岭精灵聚，当朝更曲江。大名千古敌，直节万夫降。
化俗身为度，摛文笔似扛。如闻邹鲁教，今日在南邦。

重到石鼓书院

明·顾璘

石鼓灵踪渺不存，朱陵仙洞已无门。
洋洋弦诵歌邹鲁，只仰朱张道学尊。

赠北村路中丞赴晋阳

明·顾璘

路公廊庙器，特达莹圭璋。学道出邹鲁，雕文陋班扬。
举政必王道，岂随俗士行。手挈万黔首，盎然履虞唐。
初提北门钥，燕冀尘不扬。再拥南邓麾，按堵清四疆。
天子爱雄才，三命迁晋阳。譬如大旱雨，所至民悦康。
韩范在边重，何如立朝堂。谋国有深意，中外非公量。

山海奇观为崇安司训屠景赋

明·黄仲昭

武夷之山天所辟，三十六峰炫丹碧。
中有精庐祀紫阳，万古斯文赖昭晰。
东海之水龙所宫，吞吐日月涵长空。
海滨佳气忽融结，千年邹鲁闻儒风。
屠君袖然东浙彦，一经早领乡闱荐。
屈登乙榜教崇安，剑气时作虹光见。
年来捧檄过吾莆，平海武学需师模。
清操何尝问修脯，雅志但欲谈诗书。
武夷正在崇安境，千古奇观君已稔。
高山仰止长不忘，进德之功岂容寝。
平海城临东海滨，洪涛细浪皆成文。
君子之文能若此，司马子长焉足论。
观象于山德应进，观法于海文尤盛。
来春三策献天人，疾雷一声寰宇震。

题魏宪长山水

明·黄仲昭

青山万迭高崔嵬，流水几道相萦回。

晓日村墟烟霭散，熏风楼阁帘栊开。
漳南古称形胜地，家尚诗书人礼义。
海滨邹鲁名尚存，图中风景无乃是。
故家门巷深复深，千章古木青森森。
赤日行空绝炎暑，绿云满地屯清阴。
使君亦是漳名族，林隙依稀见华屋。
牙签插架光陆离，弦诵通宵声断续。
学成万里趋天关，手扣阊阖呈琅珄。
中外激扬振风纪，姓名已覆金瓯间。
岁旱还期沛甘泽，回首故山归未得。
他日功成作昼游，山川定应增秀色。

奉见素先生

明·黄衷

万夫众里望堂堂，道气词华两擅场。
名下欧韩堪并世，海边邹鲁是先乡。
临池摇笔光风洒，闭阁焚香静昼长。
浅薄敢承师说迹，愧随同舍到门墙。

赠侍御沈君南湖佥宪之山东诗

明·湛若水

吾庆南湖子，汪汪似南湖。不以澄而清，而况澄定乎。
袖有双龙剑，身佩明月珠。珠以明宝善，剑以断奸谀。
清以濯群溷，定以怀永图。君行有遗则，邹鲁圣贤都。

守　约

明·程敏政

守书作书蟫，守金亦金虏。中有守约人，居然迈凡伍。
三省孰知要，一俭更师古。华扁揭轩斋，箴规仰邹鲁。

泮邻书屋为会稽处士赋

明·程敏政

墦间事埋筑，贾肆竞刀锥。择居苟失所，媚学将从谁。
所以孟贤母，三徙泮宫涯。千载有杨翁，衡门久栖迟。
诵法子车氏，有家学东陲。杏坛藉余荫，芹沼分清漪。
缅怀邹鲁风，礼庭时一窥。归来课诸子，肃容坐皋比。

日夕弦诵声，互答相吾伊。居然二雏者，成名皆在兹。
科第固云好，德性能自持。坐令环堵宫，永作藏修基。
斯人去已远，家训凛不衰。芳邻接孟氏，此语非夸毗。
我歌泮邻词，秋风有余思。

自迤西提学回简曹宪副廷彰

明·童轩

偶因剡荐误乘骢，行遍滇南障塞中。
士习渐看邹鲁盛，提封应比汉唐雄。
金笳夜吸榆关月，画帜晴摇渌水风。
喜有台端曹宪副，贤劳处处筑儒宫。

金华谣为周斗垣学宪

明·董其昌

著处欢迎恐相失，金华千人万人出。
旧恩耿耿新荣观，阡陌骈阗委虚室。
竹马儿童拥翠旌，章缝弟子看雄笔。
依依棠树逼丰茸，朗朗玉山高。
郢中飞雪再徵歌，黍谷驱寒为吹律。
君不见黄次公，承恩召见明光宫。
五马俄纡丞相绶，颍川父老何当逢。

又不见蜀文翁，明经奖士邹鲁同。
岂有皋比秋宪府，高悬水镜摩层空。
何限尘埃腾宝剑，几从爨下赏枯桐。
八咏之楼可搥碎，力追正始还庞鸿。
纵横越甸三千里，流风遗爱都如此。
畏垒兴思未足多，万潭沉石徒为尔。
我亦谈经五伎穷，空山独往携孤筇。
文章有神交者道，尊前豁达开心胸。
朱霞半天何历落，云梦八九殊春容。
一似鋾鈜万石钟，又似森梢百尺松。
孔文举，郭林宗，千秋快士谁希踪。
平生不复骇真龙，神理绵绵欲往从。
传闻胜事画难工，为赋菁莪继国风，
谁其采之达九重。

次韵寄项司训聘之

明·潘希曾

故人过我竹间庐，襟抱重开十载余。
亲老共荣毛义檄，官清仍载邺侯书。
潇湘景好何妨远，邹鲁风回定不虚。
去矣一毡堪卧起，等闲尘土莫驱车。

和徐树人中丞述怀诗

清·丁曰健

大业喧传数省功，关心教育重文翁。
挥戈扼要元戎合，射策逢时九月通。
桃李阴多依北极，芙蓉生不怨东风。
海滨向化同邹鲁，逢吉康强食报丰。

登文昌阁

清·王礼

帘护朱棂绕槛斜，层层蹑级望无涯。
名祠冠履游多士，穷岛弦歌响万家。
环海抱山称胜地，罗奎缠璧散余霞。
曾知道脉宗邹鲁，文物于今喜渐加。

郑香谷主政挽词

清·王松

百年门第乡贤后，邹鲁流风在海滨。

松菊南朝称逸士，沧桑东岛剩孤臣。
园中水木清晖满，簿上金兰臭味真。
我恸梓乡人物谢，不徒交谊一沾巾。

五十初度

清·王松

海滨邹鲁布衣尊，出处依然古道存。
拼以心肝酬戚友，肯将口腹累儿孙？
老来不觉羞看镜，达者何妨效鼓盆！
一事难忘东道谊，百花丛里劝芳樽。

金缕曲·试院示诸生三十五叠前韵

清·叶绍本

尝遍闽江酒。数轺车、历来十郡，岁月绵否。绛节霓旌相映处，惭愧名夸山斗。做中正、人材品九。邹鲁海滨多教泽，愿诸生、坚把遗规守。袖然举、伫称首。

也防中管歧途走。谁则是、俞归铅察，断如银手。丹漆西行通梦寐，自有衣珠宵受。传圣译、玉田金口。高蹑介邱观巨澥，莫黑风、罗鬼狰狞丑。探物始、书成牖。

腊月回杭州次龚孝廉送梓材诗韵留别东阳诸君

清·许传霈

人夸小邹鲁，此地快遨游。家国承遗泽，馨香报晚秋。
洞花春雨足，山树白云留。袖得新图卷，吾怀往事悠。

送学使郑筠谷夫子还朝三十韵

清·吴敬梓

帝德敷文教，醇儒受主知。南屏夸毓秀，西浙信钟奇。
邹鲁心源接，皋夔事业宜。摛辞先紫闼，簪笔上丹墀。
鳌禁回翔日，龙楼申命时。风期储作相，简畀命为师。
圣代恩光美，诸生教育垂。中川飞彩舸，长路飏云旂。
被化千余里，劳臣三载期。弦歌声络绎，羽籥舞参差。
继志人皆仰，因材笃靡遗。冰壶常自耀，水鉴果无私。
舒啸闻鸾凤，挥豪篆虎螭。春风开绛帐，夜雪坐皋比。
语默无非教，周旋必中规。叩帘仍待问，撤幕不差池。
三变容皆见，一隅举所疑。持衡余奖进，取士掩瑕疵。
披览官斋晚，微吟夜漏迟。孤寒群爱戴，蹶弛荷扶持。
昔岁彤廷诏，曾令蓬户窥。不才尘荐牍，授简写新诗。
坐待官厨饫，吟看日晷移。几回瞻謦欬，再拜奉师资。

知遇真难报，蹉跎尚若斯。惊心易寒暑，临别重讴思。
哲匠饶经济，名贤好翼为。鸾台九重待，凤阁百僚随。
教泽咸沾被，酬恩难絷维。抠衣姑孰路，惆怅送旌麾。

望海潮·赠杨期师兄南归毗陵

清·梁清标

家声邹鲁，兰陵寄迹，韶年夙擅才名。帝里重游，新词满箧，居然六代菁英。风木独含情。叹文人孝子，落拓江程。孔李通门，剪灯握手话丁宁。

吾师昔侍承明。想垂绅正笏，海内仪型。羁旅江南，山颓东国，西州涕泪纵横。对子更沾缨。幸父书可读，数亩堪耕。归去孤村，莫虚岁月掩柴荆。

杂　感

清·黄遵宪

少小诵诗书，开卷动龃龉。古文与今言，旷若设疆圉。
竟如置重译，象胥通蛮语。父师递流转，惯习忘其故。
我生千载后，语音杂伧楚。今日六经在，笔削出邹鲁。
欲读古人书，须识古语古。唐宋诸大儒，纷纷作笺注。
每将后人心，探索到三五。性天古所无，器物目未睹。
妄言足欺人，数典既忘祖。燕相说郢书，越人戴章甫。

自黄县至宁海州道中作

清·雷浚

沉沉山中宅,未识何人居。历历山中村,绿窗俯通衢。
岂不虞盗贼,世乱此晏如。自入东莱境,道路无妇女。
汲水临深涧,浣衣来楚楚。山僻偶一见,此风胜邹鲁。

台舟感怀

清末民初·易顺鼎

漫道扶余拥仲坚,海滨邹鲁日中天。
潮州谪宦能驱鳄,汐社遗民有拜鹃。
千圣降灵留命脉,九州同气拒腥膻。
辽东皂帽聊城矢,一节徘徊愧昔贤。

西江月·漫兴

清末民初·樊增祥

案牍汉廷老吏,衣冠邹鲁儒家。文章事业与声华。一任后生描画。
师友漫分蜀洛,风流犹近乾嘉。眼中新事涌狂花。莫入玉壶清话。

邹鲁文化楹联

荆衡秀气；
邹鲁遗风。
——湖北武昌两湖书院

人文古邹鲁；
山水小蓬瀛。
——宋湘题广东丰湖书院二门

接伊洛之渊源；
开海滨之邹鲁。
——武夷山风景名胜区朱熹纪念馆

诗地宫墙新讲幄；
海天邹鲁旧儒风。
——戴凤仪题福建诗山书院

五世大儒，邹鲁流芳奕叶；

一家贤相，父子济美当年。
——佚名撰韦姓宗祠通用联

诚意正心，阐邹鲁之实学；
主敬穷理，绍濂洛之真传。
——康熙四十四年(1705 年)，康熙为朱子祠亲撰并书楹联

白鹭山房，著述文章皆妙道；
紫阳理学，东南邹鲁得真传。
——吴睿题湖北紫阳书院

东南间气钟天目；
邹鲁宗传属海陵。
——顾梦骐题崇儒祠

地接衡湘，大泽深山龙虎气；
学宗邹鲁，礼门义路圣贤心。
——罗典题湖南岳麓书院二门

跃虎凤，翔蚊龙，斯文百代雄山斗；
尊孔孟，拂佛老，正气千年配邹鲁。
——郭子章题广东韩山书院浩然堂

翼轸衡湘并立，于昭大圣之文章；
荆舒邹鲁同芳，丕显真儒之教化。
——湖南岳麓书院

近接程朱，继往开来，振起两朝人物；
远宗孔孟，承先启后，维持百代斯文。
——江西石门书院

地重邠岐，礼乐务还醇厚；
学宗邹鲁，文章须探本原。
——奉天府丞陈德泉题奉天府大堂联

大哉夫子之功，训著遗经，图传太极；
远矣斯文之统，上宗邹鲁，下启程朱。
——杭州朱文公祠

杨伯雍种玉以来，士多怀瑾握瑜；
薛文清毓秀之后，地可比邹望鲁。
——玉田文庙楹联

共仰孔门高，问颜曾七十之徒，何处最多佳士；
休言秦俗悍，自邹鲁三千而外，此间大有传人。
——伏羌石作蜀墓楹联

妙在元微，直溯鸿蒙游太始，文章不数中原胜；
不离日用，静观飞跃识真机，性道还闻邹鲁传。
——罗栋材题儋州东坡书院

江汉钟灵，二千年天府廓名都，看大雅扶轮，渊云嗣响；
峨岷擢秀，廿四属人文循正轨，沼诸生鼓箧，邹鲁同风。
——成都试院

所学四子了生平，惟诚意，惟正心，振邹鲁濂洛关闽之绪；
以订群书为己任，曰知行，曰居敬，阐尧舜禹汤文武之传。
——罗明祖题南溪书院文公祠

盛世本同文，合左云右玉封疆，息马投戈，沙漠寖成邹鲁俗；
将军不好武，萃黑水白山俊彦，敦诗说理，边关长此诵弦声。
——黑龙江虎林虎头关帝庙

由汉晋唐宗元明以迄于今，蚕丛西辟，棘路南通，想当年文翁居守，石室藏经，千百祀学校宏开，固知岷峨钟毓，世载其英，允矣光联井络；溯邹鲁濂洛关闽相沿而后，鹿洞云封，鹅湖月冷，幸此地胥鼓悬堂，绛纱列帐，二三子弦歌不辍，惟参性道渊源，教惭无术，敢云远绍心传。
——王来遴题四川锦江书院

敢因小邑废弦歌，讲苑新开事切磋。谁谓英才蛮地少？原知高士海滨多；
文章大块花争发，诗思渊源水有波。他日应知邹鲁化，好将断简日编摩。
——曾曰瑛题白沙书院

帘护朱棂绕槛斜，层层蹑级望无涯。名祠冠履游多士，穷岛弦歌遍万家；
环海抱山称胜地，罗奎躔壁散余霞。曾知道派宗邹鲁，文物于今喜渐加。
——王礼题文昌阁

从八百英里航路通来，揭耳鼓闻韶，是真邹鲁海滨，何分乐界；
把二十世纪国魂唤起，放眼帘阅史，直等衣冠优孟，同上舞台。
——烟台天后宫戏台

自秦岭南来经略一州，兴学启愚，儒脉传承，居然风气移邹鲁；
由桐城上论汉秦诸子，起衰振古，仔肩力任，独此文光耀斗牛。
——题韩愈祠

海滨邹鲁赋

洛邑吴飞

思明之州，白鹭所居，君知夫子悲周，托王于鲁，应慕赐姓忠烈，在此海滨。自昔经史阁上，讲论声起，许顺之载问答，王力行着传授，吕圭叔赞春秋，丘吉甫补周官，黄丽甫诠孝经，郑得洒守书卷，格致之学，常在同安。时则石子重蠲租，张时敏不扰，斯民富矣；萧元举赴义，金邦卫治军，可谓教行。于是薛惠父断狱古田，陈举正偿茶建州，苏仪父上疏星变，石似之轮对安危，薛钦父赈荒江东，杨仁甫擒贼岭南，傅国鼎胁从勿论，卢以顺通贼立斩，所以左右宜之，以为天理一也。若夫许平子伏阙，可谓仁人，吴茂新举贤，义形于色。陈以中息告讦于应天，蔡守愚免碳课于易州，洪汝尹盈额而止，周子祥执礼无遗，蔡道生杯酒擒大盗，叶可明方略安诸苗，所谓会其有极，礼为节文是也。至于蔡敬夫抚苗而军死，范介卿御贼而取义，民沈祥负母逃贼称孝友，叶秉干屡战海贼旌忠义，更有石声叔、林茂贞谏言新政，李尧俞、蔡体国力争国储，叶国文、林实甫督学肃雍，张尚宰、卢牧洲不阿淫祠，不亦死生有命，为仁由己乎？

太平岩畔，书声何在？三拂净泉，甘苦何如？思明之州，白鹭所居，君知后王取法，必由邹鲁，亦知四海慕化，曾望穿鹭江！

邹鲁治学赋

董　伟

星次奎娄之野，地维邹鲁之邦。星璨文华，孔孟得降；地蕴灵矶，凫峄苍茫。孔子三绝韦编，春秋大义得彰；孟子七篇贻矩，泰山岩岩气象。保有凫峄，孤桐绝响；水称洙泗，山川灵觇。

儒学渊源，治学为尚。有教无类，私学开创。三千弟子蒙教，杏坛芬芳；百家诸子振聋，稷下名扬。中都作宰，劝政过梁。周游列国，王道之说奔忙；退而著述，仁义之语两行。原宪居鲁，桑枢瓮牖；颜回安贫，箪食陋巷。承前启后，开来继往。孟母三迁，为学择邻而傍；漆女一叹，忧国柱门引吭。烈女有传，千古传唱。一经遗子，韦贤父子丞相；夜读无烛，匡衡凿壁偷光。经学致世，青史褒奖。登楼作赋，仲宣过目不忘；注老释易，王弼少年名扬。建安冠冕，玄学滥觞。圣贤辈出，势如腾浪。岂天地独偏予，非风脉之独藏。学如逆水，舟舸竞上。不耻下问，学生问典询章；授业解惑，师者言尽语详。一脉承传，千秋未央。门成邹鲁，文风四海浩荡；里为华盖，礼义九州仰望。

邹鲁赋

邵泽水

乙未仲春,春和景明。登峄怀古,邹鲁在望,花开阡陌,儒风郁郁,试以赋之。

邹鲁北枕泰岱,南襟徐淮,背临大海,古属海岱之区。史前时代,刀耕火种,华夏农耕文明在此发轫;北辛、大汶口和龙山古文化环环相扣,润泽而生;太昊伏羲、炎帝、黄帝、蚩尤、少昊、尧、舜、禹等圣帝名王纵横汶泗,薪火相传。西周东渐,鲁国当立,“周礼尽在鲁矣”;邾娄勃兴,俗仁厚德,播“君子之国……其民好让不争”之誉,邹鲁文化即此发皇。至春秋战国,孔子横空出世,金声玉振,创立儒学;孟子生于邹,辟杨墨,挽儒学于既倒,邹鲁文化再添源头活水、大千气象。

邹鲁文化“道一而风同”——好儒尚德,礼乐相传;亲亲孝悌,万民所化;礼义廉耻,气曰浩然;保民重民,天下归心;节俭朴实,民风淳厚……从此“济济邹鲁,礼义唯恭。诵习弦歌,于异他邦”。

继往圣,开来学。孔孟之乡“得孔孟之正宗,明邹鲁之正传”,门抽杞梓,家握芳兰,礼门义路,文明永续。“江南邹鲁”“海滨邹鲁”“滇南邹鲁”“海外邹鲁”……四海仰圣,心仪孔孟;学宗邹鲁,一脉相承。

斯时斯事，孔孟之乡——邹鲁故地，遍地丰碑满壁诗，十万人家尽读书，东方圣城，海内共仰。大哉邹鲁之功，远矣斯文之统，游目骋怀，吾心飞翔矣！

后 记

回顾历史，灿烂辉煌的邹鲁文化成为邹鲁文化城市人民的骄傲和宝贵的可持续利用的文化资源。历经数千年的岁月沧桑，如今邹鲁文明以极具穿透力和震撼力的文化遗产而倍受世人关注，奠定了新时期文化建设的基石。

当世界进入21世纪，文化交流呈现出新的特点，“各美其美，美人之美。美美与共，天下大同”成为一种共识，参与文化交流成为一个城市发展的必由之路。作为邹鲁文化的发源地，邹城市于2014年、2015年召开了两届邹鲁文化城市座谈会，邀请曾经在各个历史时期引领过中华文化发展潮流和方向的邹鲁文化城市，共同探讨邹鲁文化的优秀思想和当世价值。来自全国12个省以及韩国安东市共计60个邹鲁文化城市的代表与邹鲁文化研究学者共聚一堂，寻根问源，围绕“邹鲁文化的渊源与传承”“邹鲁文化的时代价值”“邹鲁文化的交流与合作”等主题，对邹鲁文化的产生、演进、传承及发展进行了广泛的研讨与座谈。2016年又召开了邹鲁文化座谈会，并举办了《邹鲁文化丛书》首发式，更加深化了邹鲁文化研究交流。

明天的邹鲁文化城市，将以邹鲁文化城市座谈会为平台，以丰富的邹鲁文化资源为依托，结合各地特色文化，建立贯穿邹鲁文化发展的历史经纬，挖掘民俗资源，打造邹鲁文化旅游品牌，以提升邹鲁文化城市知名度，开创邹鲁文化发展新局面。

为使社会各界更好地了解邹鲁文化城市及其文化特色，我们通过广泛搜集有关邹鲁文化的书籍，查阅了现存的档案资料，经过认真地挖掘、研究，编写成这本突出邹鲁文化特色的《天下邹鲁》资料汇编。本书共分四个部分，第一、二部分由徐爽、冯彬、夏振谊等编辑整理，第三部分由徐爽编辑整理，第四部分由王川编辑整理，最后由编委会统改审定成稿。文中图片除部分征集作品署名外，其他由当地政府部门提供，座谈会会场及有关活动图片主要由张卫东、吕卫锋、夏振提供。由于城市发展日新月异，部分城市我们没有亲历采访，很难详尽地记述每一个城市的发展与变迁、繁荣和辉煌，我们只能求其大略轮廓，侧重于历史文化、人文名胜等方面的介绍，有些照片也未必具有代表性。在此，要特别感谢部分邹鲁文化城市参会代表，他们得知要出版《天下邹鲁》一书，主动给我们寄来了文字和图片资料，我们也都进行了收录和修改。

本书在编辑的过程中，得到了许多领导和专家的关注与指导，还有一些提供文字、图片等资料不能一一具名的朋友，在这里一并表示诚挚的谢意。

由于时间紧张，加之我们的编辑水平有限，难免有疏漏不妥之处，欢迎广大读者对于其中出现的舛误给予批评指正。

编　者

2017 年 3 月